古文明

未曾謀面的

史前墓葬挖掘 ✕ 傳說失落寶藏 ✕ 海底考古遺跡

沉睡數千年的神祕古文明，重新建構歷史的奇景！

目錄

目錄

第 3 章　探求神祕的地球現象

第 4 章　古文明的衰落之謎

目錄

第 5 章　著名的自然人文景觀

目錄

第 1 章
迷失的那些寶藏

01　亞馬孫密林中的黃金城

在古代，西方有一個神祕的印加帝國（現在的秘魯附近）非常強盛，京城內所有的宮殿和神殿都是用大量金銀裝飾而成。經歷了 14 任印加王。他們利用千年以來獲得的知識，及從以前的文明中繼承的內容，印加王建立了神權帝國以及神奇的統治機構，把不同部族歸納在其統治之下，帝國的領土廣闊，上至現今的哥倫比亞努多德巴斯特地區，下至現今的智利烏馬勒河。後來，西班牙入侵者來到美洲四處掠奪屠殺，印加帝國於 1533 年在腥風血雨中消亡，末代國王也被敵軍斬首。至此，結束了 400 多年的帝國繁榮史。

當時西班牙軍隊裡最高的統帥皮薩羅聽到傳說，印加帝國的黃金都是從一個叫帕蒂的酋長統治的瑪諾阿國運來的，而且那裡金銀財寶堆積如山，皮薩羅立即組織探險隊，開赴位於亞馬孫密林深處的黃金城。然而在這個廣袤無垠的原始森林裡，每前進一步都意味著恐懼和死亡，這裡有猛獸、毒蛇，有野蠻的食人部落，有迷失道路和威脅，一支支探險隊或失望而歸，或下落不明，皮薩羅也只能乾著急。

隨後英國、荷蘭、德國等國家的人也聽聞黃金城的消息。於是蜂擁而至，深入亞馬孫密林。其中，有位叫凱薩達的西班牙人，率領約 716 名探險隊員，向黃金城進發，在付出 550 條性命的慘重代價後，終於在康迪那瑪爾加平原發現了黃金城和傳說中的黃金湖，搜尋到價值約 320 萬美元的翡翠寶石。然而，對黃金城來說，這點財富只不過是微乎其微罷了。

大約西元 1532 年前後，皮薩羅祕密得到一個消息 —— 印加帝國的大量黃金在阿塔瓦爾帕皇帝遭到殺害後，被部分印加人偷偷運到印加帝國「聖地」 —— 如今的哥倫比亞瓜塔維塔湖（Guatavita）。

　　據說，當時從印加帝國跑出來的人民，帶著巨量的黃金和寶物，到瓜塔維塔湖後，便乘坐蘆葦筏子向湖心划去，等到划了一段距離後，印加人就把帶來的所有黃金寶物都投進湖裡。皮薩羅得知這個消息後，在1533年12月，就派部下前去尋寶。他們到了湖邊東尋西找，相繼找了7、8年，直到皮薩羅被暗殺而死，都沒有在湖上發現黃金城的影子。

　　自16世紀以來，人們對黃金湖的興趣從來沒有消失過。1545年，一支由西班牙人組織的尋寶隊，在3個月時間內，就從較淺的湖底撈起幾百件黃金用品；1911年，英國某公司挖了一條地道，將湖水抽乾，但太陽很快地把厚厚的泥漿晒成乾硬的泥板，當英國人再從英國運來鑽探設備時，湖中再度充滿湖水。這次打撈雖然代價昂貴，卻以失敗告終。

　　後來，也就是1974年，哥倫比亞政府擔心湖中寶藏落入他人之手，出動軍隊來保護這個黃金湖。但是，這裡是否真的藏有大量黃金，根本無人知曉了。

02　關中十八陵

　　關中，指陝西省秦嶺北麓渭河沖積平原（渭河流域一帶），平均海拔約500公尺，所以有渭河平原、關中平原等稱呼。此地勝跡星羅，帝陵王氣蓋世。歷代皇上英魂歸葬關中黃土地的多不勝數，其中唐代皇帝十八陵最為著名。大唐天朝從西元618年至907年，歷時290年間，共有21位皇帝在位。除最後的皇帝昭宗李曄葬在河南偃師、哀帝李柷葬在山東菏澤外，其餘19位皇帝的18座陵墓（高宗李治與女皇武則天合葬一陵）都分布在關東地界。

唐十八陵自西向東依次順序為：高宗李治與女皇武則天乾陵、僖宗李儇靖陵、肅宗李亨建陵、太宗李世民昭陵、宣宗李忱貞陵、德宗李適崇陵、敬宗李湛莊陵、武宗李炎端陵、高祖李淵獻陵、懿宗李漼簡陵、代宗李豫元陵、文宗李昂章陵、中宗李顯定陵、順宗李誦豐陵、睿宗李旦橋陵、憲宗李純景陵、穆宗李恆光陵和玄宗李隆基泰陵，世人將其稱為「關中唐十八陵」。

我們都知道，自古以來，盜墓活動就益發猖獗，而「關中十八陵」也未能倖免，除乾陵外，據史學界和考古學界專家的考證，其他陵墓都遭受過不同程度的盜掘。那麼，究竟是什麼人盜掘了「關中十八陵」呢？民間主要有 3 種傳言：

1. **朱泚**：唐德宗李適曾在詔書中說過一句話：「朱泚反易天常，盜竊名器，暴犯陵寢。」能讓德宗出此之言，可見朱泚確有嫌疑。

    另外，據《新唐書》、《舊唐書》、《資治通鑑》裡記載，朱泚進攻奉天城時「斬乾陵松柏，以夜繼晝」，「據乾陵作樂，下瞰城中，詞多侮慢。」朱泚原為唐朝大臣，後來發動兵變、德宗出走奉天後，他便自稱為帝，明目張膽地反對大唐。但有學者又提出異議，即朱泚缺乏盜陵的動機。

    自古以來，盜墓者多是為財而來，可是朱泚稱帝後，國庫之寶任他取之不盡，何必去盜皇陵呢？另外，據歷史記載，朱泚稱帝不久，即督師西進，與唐軍交戰於奉天，不久兵敗而逃歸長安，根本無盜陵的時機。所以，有專家懷疑德宗「盜竊名器」之言，是針對朱泚自稱皇帝而言的；至於「暴犯陵寢」也可能是對朱泚砍伐乾陵的樹木、移帳陵寢的不敬行為，氣憤而言的。這麼說來，朱泚盜陵是不成立的。

2. **黃巢**：據歷史記載，起義軍領袖黃巢在退出長安城後，高駢寫給唐僖

宗一份奏章，裡面說到「傘則園陵開毀」。有些學者認為：高駢的奏章是他在丟兵權的情況下，命令帳下門客代筆所寫的，其實他們都在淮南，對關中之事並不十分了解。僖宗曾指責他「指陳過當」，因此高駢之言不可確信。

3. **溫韜**：據《舊五代史·溫韜傳》中記載：「唐諸陵在境者悉發。」《資治通鑑》也有記載「華原賊帥溫韜聚眾，唐帝諸陵發之殆遍。」從歷史記載來看，溫韜年輕時就有聚眾為盜的案底，後來，他占據華原並改名為李彥韜，被任命為義勝軍節度使，統耀、鼎二州。曾降於後梁，又降於後唐；後唐大臣郭崇韜說他是劫陵賊，要求將他處死，有學者從分析溫韜的轄地入手，認為如果溫韜盜了唐陵，也只是部分罷了，根本不可能盜取全部。當然，由於歷史對此記載並不詳細，或雖有記載，卻也不乏疏漏之處。

03　黃金船隊

18 世紀初期，西班牙國內財政狀況日漸窘困，國王菲利普五世於 1702 年命令南美洲西班牙殖民政府，把上繳和進貢的金銀財寶，用船火速送往西班牙塞維爾（SEVILLE）。但這麼做會冒很大風險，因為，橫渡大洋運送這批價值幾百億法郎的財寶，必然要有一支引人注目的部隊，更何況當時西班牙正處於和英國的交戰時期，難免會遭到敵軍的攻擊。

儘管如此，國王菲利普還是決定冒險一試。1702 年 5 月 28 日，由費南德茲任長官，掛著「聖荷西」號的大帆船從巴拿馬緩緩啟航，向西班牙領海駛去。

　　然而，當這隊船隻駛入亞速爾群島海面時，突然出現一支龐大的英荷聯合艦隊。面對由 150 艘戰艦組成的 10 支英荷艦隊，船長費南德茲讓船隊駛向維哥灣暫時躲避一下。

　　依當時的情況，最好的辦法就是把金銀財寶從船上卸下來，然後改由陸運前往馬德里。可是當時西班牙國內有規定，凡從南美運來的東西，必須先到塞維爾接受驗收，顯然這個方法是行不通的。

　　無計可施的「黃金船隊」，只能待在維哥灣一動不動，就這樣過了一個多月。10 月 21 日，英、荷聯軍約三萬人一齊向維哥灣發起猛攻，在 3,000 多枚大砲的掩護下，很快西班牙守軍就全線崩潰。

　　面對此種窘況，「黃金船隊」的總司令貝拉斯科做出一個絕望的決定 —— 下令燒毀運載金銀珠寶的大帆船。被焚燒的大帆船和其他被擊中的戰艦，把維哥灣燒成一片火海。很快就控制了戰場的英荷聯軍，想方設法撲滅大火。雖然最後保留了幾艘大帆船，但絕大多數帆船還是沒有擺脫葬身大海的命運。

　　究竟這些船上運載了多少財寶？據被俘的西班牙海軍上將估計：約有 4,000 ～ 5,000 輛馬車的黃金珠寶沉入海底。儘管英國人後來又多次冒險潛入海下，也僅撈上很少的戰利品。因此，長久以來，無數的尋寶者都妄想找到這批寶藏。

　　至今為止，在這片近 100 平方的海面上，還能看到很多冒險家的身影，他們有的打撈起已空空如也的沉船；有的卻得到了純綠寶石、紫水晶、珍珠等珠寶翡翠；有的仍用現代化技術和工具繼續尋覓。隨著歲月推移，風浪海潮已使寶藏蒙上厚厚泥沙，眾多傳聞又使寶藏增添了幾分神祕，而這些都使這批寶藏重見天日的機會變得越來越小。

04　恐怖的亞利桑那州金礦

　　亞利桑那州是美國西南部四個州之一。是第 48 個加入美國聯邦的州。它東接新墨西哥州，南與墨西哥共和國毗連，西隔科羅拉多河與加利福尼亞州相望，西北接內華達州，北接猶他州。

　　在這個州附近，有一座被人們稱為迷信山的山區，這裡荒草叢生，怪石崢嶸，猛獸出沒，到處是凶狠的響尾蛇。在山中某個不知名的地方，有座神祕的金礦吸引著無數探險者前去尋寶。

　　1841 年前，有一位探險家深入迷信山山區，幾經艱險，終於找到一處礦藏豐富的金礦，他仔細地做了標記，以便可以終生享用這裡的財富。這件事情被其他尋寶人得知後，都蜂擁而至，可惜的是，大多數人都不幸葬身荒野，有些則在途中慘遭印第安人的伏擊而身亡……通往金礦的路障礙重重，四處散發著恐怖的氣氛。

　　多年後，終於有一位德國探險家找到了這處金礦，這個人經常隔段時間，就到山上待兩三天，然後神祕地潛回老家，每次總會帶上幾袋高品質的金礦。知道這個金礦地點的還有他的兩個同伴，但這兩個同伴都被人神祕地殺害了，凶手是誰呢？世人不得而知。

　　1891 年，這位德國探險家死於肺炎，他在臨終前畫了一張地圖，向人們標明金礦的位置。直到 1931 年，一位名叫魯斯的男子，透過種種途徑得到傳說中的地圖，於是他攜帶著這張不知真偽的地圖，進入了迷信山山區。直到 6 個月以後，人們才在山區發現了他的頭顱，頭部中了兩槍，狀況慘烈，經過專家們研究，認為他是被一種極為可怕的景象嚇呆了，然而，對他痛下殺手的又是誰呢？

　　1960 年前後，又有兩個不知名的探險者在這處山區遇害，同樣找不到

凶手。然而，這些恐怖事件根本阻止不了倔強的尋寶人，因此，探險者的身影、槍聲、腥血、響尾蛇、荒野的呼嘯更加深了人們對亞利桑納金礦恐怖的印象。

05　魯賓遜島上的黃金從何而來

魯賓遜是智利胡安斐南德斯群島的一部分，距智利西海岸近 700 公里。這片島嶼因《魯賓遜漂流記》（*Robinson Crusoe*）而得名，一直極富傳奇色彩。多年來，世界各地的探險家們不辭勞苦地在當地探索發掘，但都一無所獲。據英國《衛報》（*The Guardian*）2005 年 9 月 26 日報導，智利一家公司在該島上發掘出了 600 桶金幣和古印加帝國的一些珠寶。

這些財寶究竟來自何處？是誰把它們放在這個島上的呢？

1940 年左右，魯賓遜・克魯索島突然變得熱鬧起來。一批又一批尋寶者帶著大量的古代文獻資料和現代化的開採工具，來到這個小島尋寶。

原來，有人根據古代史料發現，200 多年前，英國海盜安遜曾在這個小島埋藏 846 箱黃金和大量的寶藏。可是，儘管這些人很努力的找尋，最終卻都是兩手空空。

喬治・安遜是一位被英國女王加封的勛爵，但他同時又是一名聲名顯赫的海盜。1774 年，英國海軍部委託這名海盜去掠奪非洲南部西班牙帆船和殖民地上的財物。他率領的中型艦隊，由 8 艘作戰能力很強的艦船組成，這支海盜隊伍曾令所有過往的西班牙商船聞風喪膽。

安遜最為成功的勝仗，是對西班牙運寶商船的一次搶掠。據說，他那次共搶得 846 箱黃金和寶石，每箱重 1,300 公斤，總價值高達 100 億美元，

屬歷代以來最巨大的一筆海盜財寶。

西班牙當局對安遜的這個行為非常氣憤，同時命令戰艦「不把搶走的黃金追回來，絕不罷休」。安遜的武器畢竟不能與西班牙戰艦匹敵，加之他的船上裝載 1,100 噸黃金，負載太重。他十分清楚這樣和西班牙軍艦追逐，早晚會被吃掉。於是，他打定主意，把這批黃金轉移到附近的島嶼上（也就是現今的魯賓遜島）。

多年之後，喬治・安遜因為「戰績」顯赫，被英國女王加封勛爵，從此飛黃騰達。當然，以他當時的身分，根本不可能堂而皇之地到魯賓遜島上帶回那批黃金，於是這些寶藏也只能被滯留在這裡。

06　路易十六的珍寶

路易十六是路易十五的孫子，法蘭西波旁王朝復辟前最後一任皇帝，也是法國歷史中唯一一位被處死的皇帝。

路易十六 1774 年被封為法國國王，當時的法國已經危機四伏，新興資產階級對束縛資本主義生產關係發展的專制政體日益不滿，國內政治動盪，社會極為不穩定。但是，即便是這種情況，路易十六仍然四處搜刮金銀財寶，生活極其奢華。

據民間傳言，他在當時所住的行宮 —— 羅浮宮裡，埋藏了很多金幣、銀幣、文物等，價值超過 20 億法郎。不過，最廣為人知的還是路易十六隱藏在「泰萊馬克」號船上的大量財寶。

據說，「泰萊馬克」號是一艘高達 120 多噸，長 25 公尺的雙桅橫帆船。這艘船偽裝成商用船，由阿德里安・凱曼船長駕駛。據說，這艘船在港口

受到革命者檢查時，曾交出一套皇家銀器。船上隱藏著路易十六的一批財寶和瑪麗‧安東妮王后的鑽石項鍊。1790 年 1 月 3 日，滿載財寶的「泰萊馬克」號在經塞納河從法國里昂去英國倫敦途中，在法國瓦爾市的基爾伯夫河下游，被潮水沖斷纜繩而沉沒。據推斷，這些沉沒的寶藏共包括以下東西：

1. 路易十六的 250 萬法國古斤黃金；
2. 王后瑪麗一副價值 150 萬法國古斤黃金的鑽石項鍊；
3. 大量品質上乘的金銀製品；
4. 50 萬金路易法郎；
5. 多名修道院院長和流亡貴族的大量私有財產。

據說，這些財寶確實存在，且已經得到路易十六的心腹和西米埃熱修道院一名修道士的證實。據說，「泰萊馬克」號沉沒在基爾伯夫河下游瓦爾市燈塔前幾公尺深的河底淤泥裡。1939 年，一些尋寶者聲稱他們已找到「泰萊馬克」號沉舟的殘骸，但沒有確切證據表明，他們找到的就是「泰萊馬克」號，因為傳說中的那些寶藏還不知去向。

07　印在羊皮紙上的藏寶圖

奧利維爾‧勒‧瓦瑟是 18 世紀上半葉的法國大海盜，17 世紀末出生在法國加來，他常用名叫拉比斯。18 世紀初，印度洋和東非馬達加斯加海域海盜活動猖獗。大凡途經此地的船隻，大都難免遇難。而這其中最為凶暴、最為顯赫的，當屬拉比斯了。

拉比斯心狠手辣，主要搶劫豪華商船和政府「寶船」。1716 年至 1730

年，他在印度洋和東非海上稱霸 14 年，統共攫取了 54 萬公斤黃金，60 萬公斤白銀，其中還有數百顆鑽石及各類珍奇寶物。1721 年 4 月，他夥同海盜泰勒狼狽為奸，搶劫了印度洋波旁島聖旦尼港灣躲避風暴的葡萄牙船隻「卡普聖母」號，搶走船上價值 300 億法郎的金銀珠寶，並新裝修一番，取名「勝利者」號。1722 年，法國海軍將領在波旁島附近大敗英軍，占領這個區域，此後法王大赦天下，多數海盜洗去罪行改過自新，但拉比斯等少數頑固分子隱藏起來以待時機。

拉比斯詭計多端，他把搶劫的財物僱人運到一個島嶼上埋藏，並一舉殺害所有的埋寶人。於是他以這個寶藏為王牌，要求法政府對其實行大赦。他煞有介事的透露，這個寶藏是從塞席爾群島運到馬達加斯加海角的印度海域。他可以拿寶藏當完全赦免的交換條件。1729 年，法國海軍終於搜捕到拉比斯，經特別刑事法庭審判，最終被處以絞刑。

1731 年 7 月 17 日，拉比斯拖著沉重的大鎖鏈被帶到斷頭臺下。當劊子手們往他脖子套上絞索的最後時刻，拉比斯突然向蜂擁圍觀的人群中扔出一卷羊皮紙，並大聲喊道：「誰弄懂我的羊皮紙，我的財寶就屬於你！」

在拉比斯留下的這卷羊皮紙上，寫著一封密碼信構成的藏寶圖，畫有 17 排古怪稀奇的圖樣，每個圖樣代表一個密碼。拉比斯自幼到青年時期都一直受到良好的教育，才華橫溢，知識淵博。這使他的藏寶圖看起來像天書一樣晦澀難解。如今，這卷羊皮紙被珍藏在法國國家圖書館裡。

據記載，它的一份影印版曾落入英國探險家瑞吉納‧克魯瑟韋金斯手中。這個人斷定拉比斯財富必在印度洋上的塞席爾島，因而他攜帶畢生積蓄，到塞席爾島待了整整 28 年，對 17 排圖樣孜孜不倦的探索，終於破解了 16 排密碼，但對其中的第 12 排圖樣卻尋求不到答案，直到他因病去世

時，也未能解開謎底。當然，這並不是說拉比斯珍寶只是海市蜃樓，只不過能否找出謎底，還需要人們的努力。

08　琥珀屋

「琥珀屋」是普魯士第一位國王腓特烈一世建造的，1716 年，彼得大帝親率大臣來到柏林，受到普魯士國王的隆重接待。為了向彼得大帝表示友好，國王將「琥珀屋」當成禮物送給對方。

據說「琥珀屋」面積約 55 平方公尺，共有 12 塊護壁鑲板和 12 個柱腳，全都由當時比黃金還貴 12 倍的琥珀製成，總重至少達 6 噸，「琥珀屋」同時還飾以鑽石、寶石和銀箔，可以隨意拼裝成各種形狀，「琥珀屋」外觀光彩奪目、富麗堂皇，堪稱奇蹟。

二次世界大戰期間，「琥珀屋」被衝進聖彼得堡的納粹劫走，他們將其拆卸裝箱，運回德國的科尼斯伯格，也就是戰後成為蘇聯領土的卡里寧格勒。「琥珀屋」曾在那裡的美術館展出，然而隨著二戰的結束，它便從世人眼中失去了蹤影。此後，有關這一曠世寶藏去向的傳言就沒有斷過。

其中最廣為流傳的有以下幾種：

1. 「琥珀屋」在卡里寧格勒。一些專家學者認為，1945 年，絕望中的納粹無力將大批寶物轉移，「琥珀屋」應該不會轉移出科尼斯伯格，它也許會隱藏在市內某個地下室裡。有人拿出一些所謂的證據，堅信「琥珀屋」就埋藏在「第三地下室」。

2. 也有人說「琥珀屋」已安全轉移，隱藏在世界某個角落的某個地下室裡。有人說隱藏在柏林附近一座早已廢棄的銀礦，也有人說隱藏在波

羅的海岸邊的一座城堡裡，甚至有人願意相信「琥珀屋」早已被納粹分子偷運到了南美。

3. 也有人說「琥珀屋」被納碎沉入了托普利策湖。二戰發生後，希特勒的軍隊就曾將該湖用於祕密的水底炸彈和水下火箭實驗，但二戰末期，預感末日來臨的納粹德軍又將許多他們想藏匿的東西都投棄到了托普利策湖底。甚至有傳言，納粹士兵還將「琥珀屋」和成噸金條沉入了托普利策湖中。

二戰過後，奧地利政府就發布了禁止令，禁止個人私自到托普利策湖潛水探險。一些獲得授權潛入湖底的探險者們，並沒有發現納粹寶藏，只不過找到了一些戰爭遺物，譬如一些英鎊假幣，納粹曾試圖用這些假幣來擾亂英國經濟；官方潛水者還找到了一些假郵票、炸藥、武器和其他紀念物。因此，也不能確定「琥珀屋」就在這個湖底。

更有人說「琥珀屋」已被納碎銷毀。科尼斯伯格美術館館長羅德博士的助手曾經證實，美術館的所有展品都在蘇聯紅軍快攻進城時，被德國人放火燒毀了。總之，各種說法都有，然而真相究竟是什麼，卻沒有任何人敢肯定。

09　敦煌藏經洞

敦煌是甘肅省酒泉市轄的一個縣級市。它是中國漢唐時期中原與中亞、南亞以及西方交通的重要通道，是著名「絲綢之路」上的一顆璀璨明珠。一批批的宗教信徒，一批批宗教聖地，隨著商路的開通，紛紛雲集在敦煌。而舉世聞名的敦煌莫高窟就位於敦煌鳴沙山下。它是最大、最著名

的有關佛教藝術的石窟。

　　敦煌莫高窟又稱為千佛洞，現存石窟 492 個，壁畫總面積約 4,500 平方公尺，彩塑像 3,000 多尊。1900 年 5 月 26 日，一位被僱來清理洞窟的老農，在休息時發現牆壁是空的，他趕忙告訴王道士。王道士是一個貪心的人，聽聞此言很是詫異，料想其中必有寶物，怕人來搶寶物，就輕描淡寫地把這件事應付過去。晚上，他悄悄打開偽裝的窟壁，打開洞口，出現在他面前的東西讓他大吃一驚，裡面堆滿了卷子、絹畫和各種佛教法器。他從中挑揀一些完整的佛經和絹畫，送給當地的官紳。沒多久，敦煌有古物的消息就被世人得知。

　　王道士找到的這些古董，其實就是「敦煌文書」或「敦煌遺書」，其內容有佛教、道都、摩尼教、景教等宗教文獻，有儒學經典，有官私文書，還有藏文、突厥文、梵文、粟特文、希伯來文等現已成為「死文字」的多種文字寫本，是 5 ～ 11 世紀敦煌繁榮生活的最好證明。

　　自從被人類發現後，敦煌學也隨之興起，學者們紛紛探討藏經洞封閉之謎。它是何時被封閉的？為什麼要封閉呢？種種猜測不絕於耳。

1. 一些研究者認為，莫高窟的僧人為躲避戰亂，使經卷遺書免於戰火而存放。但究竟是在什麼情況下封閉的呢？學者們各執己見。其中最有代表性的說法，是宋初西夏人占領敦煌之前，千佛洞的僧人為躲避戰亂，臨走前便把經卷、佛像、文書等藏入洞內封閉。

2. 另一部分學者認為，這些經卷都是當時敦煌僧眾拋棄無用的廢品。因為當時佛經太多，人們又尊重佛法，這些廢棄的經品既不能丟掉，也不能燒毀，只好用石室將其全部封存起來。

3. 還有人認為敦煌藏經洞的封閉是為了改造書庫。

總之各家說法不一。

　　莫高窟藏經洞重見天日的時候，正值清王朝走向末日之時，從政府到地方官員根本沒有投入精力和財力來保護這些國寶。更為可悲的是，敦煌藏經洞的發現者王道士又是一個貪圖錢財、缺乏民族責任感的人，更讓藏經洞的命運悲上加悲。敦煌藏經洞中共出土文物 5 萬餘件，目前中國所藏藏經洞的文書僅有 9,000 多件，大量的珍貴文物不知何時才能回歸家園。

10　克里姆林宮地下寶藏

　　克里姆林宮是俄羅斯的政治文化中心，這裡過去是統治俄羅斯帝國多代君王的皇宮，十月革命後是蘇聯最高權力機關和政府的所在地。可以說，從西元 13 世紀起，克里姆林宮就與俄羅斯的所有重大政治事件相關，它見證了俄羅斯從一個莫斯科大公國，發展至今日橫跨歐亞大陸的強大國家之全部歷史。它那古老教堂式建築，以及輝煌的金色穹頂，都是俄羅斯首都莫斯科中心的一大亮點，且享有「世界第八奇景」的美譽。但建築家們認為，這些僅僅是克里姆林宮財富的一部分，更有考古學家聲稱，在克里姆林宮的下面，埋藏著大量寶藏。

　　18 世紀初期，彼得大帝頒布了一道保護珍寶的專項命令，要求國人不准隨便變賣家中的珍貴珠寶和首飾，一定重量以上的鑽石和珠寶，必須由皇家收購。另外，彼得大帝還在世界範圍內搜尋鑽石珠寶，很多小國得知他的所好，都把本國最好的珠寶獻上，試圖以此行為得到神的庇護。凱薩琳二世是繼彼得大帝後，又一痴迷於蒐集珠寶的統治者。她對鑽石切割和鑲嵌的工藝要求極高，俄國歷史上最出色的鑽石切割家，就是凱薩琳二世

時期的公民。

　　1930 年代初，人們第一次發現克里姆林宮的地下寶藏。當時，史達林下令拆除克里姆林宮的幾座老建築，房子被拆除後，從一座修道院的牆裡掉出不少 17 世紀的教堂餐具，這些東西全部是由純金所製的。

　　1939 年，建築工人在離卡里寧辦公室不遠的地方施工時，意外挖到了幾個寶盒，裡面有 3.5 萬枚西元 14 世紀的銀幣，還有 20 多件銀首飾。

　　1988 年，蘇聯最高蘇維埃主席團的食堂無法滿足需求，克里姆林宮有關部門決定對它進行改造。誰也沒有料到，在施工時發現 5 公尺深的土裡，竟然有許多稀世珍寶，其中僅金銀首飾就有 300 多件，還有不少王公特徵的徽章等物品。

　　像以上這種發現，林林總總有 12 次之多，耐人尋味的是，克里姆林宮內文物的 12 次意外發現，基本都集中在總統官邸所在地，而其中絕大部分是在 14 號樓內和它的附近區域。克里姆林宮博物館的考古專家斷定，這座樓的下面還埋藏著大量文物。

11　不祥的藍寶石

　　所謂不祥藍寶石，即是美的令人屏息的藍鑽 ——「希望之星」。路易十四稱這顆寶鑽為「法國藍寶石」。在其後的 125 年裡，這顆藍鑽一直被視為法國皇家御寶。據傳，這顆鑽石不僅美麗，且似乎會發射出一股不祥的光芒，擁有它的人都不會有好下場。

　　這枚鑽石是由法國的探險家塔維密爾，於 1642 年在印度西南部找到的。初發現時重 112 克拉，塔維密爾把它獻給當時的法國國王路易十四，

因此得到一個官職，和一大筆錢作獎賞。

但不幸的是，塔維密爾的財產，被他的兒子花得精光，使他到 80 歲的高齡時，窮得身無分文，不得不再一次到印度去，希望尋求新的財富。最終被野狗咬死在異鄉。

再說路易十四得到那枚鑽石後，四處炫耀。期間被大臣富凱借用過一次，沒多久，富凱就以貪汙罪被捕，死在獄中；路易十四本人也因兵變導致帝國瓦解，在萬民唾罵中死去。後來，這顆鑽石傳給了路易十六和王后瑪麗，同樣兩人的命運也好不到哪去，繼位不久便上了斷頭臺。

後來，發生了法國大革命，這顆鑽石在動亂中失蹤近 40 年，幾經輾轉，落到俄國的康尼托夫斯基親王手裡。這位親王把它送給自己的情婦，後來又開槍把她打死，接著自殺。

不知過了多久，這顆鑽石又被一位荷蘭鑽石匠得到，他把它重新思索，並分割成 44.52 克拉。結果他兒子偷了他這顆鑽石，鑽石匠一氣之下也自殺而去。

1830 年，這枚鑽石被銀行家霍普以 18,000 英鎊買走。從此，這顆藍鑽就以新主人的姓氏為名，叫作「霍普」。由於英文 Hope 又是希望的意思，故此鑽又名「希望」。銀行家霍普終生未婚，他將藍鑽傳給外孫（其條件是要他改姓霍普）。這位新的鑽石主人後來娶了一位美國女演員約西為妻，不久，小霍普破產，約西跟他離婚。約西於 1940 年死於美國波士頓，她晚年窮困潦倒，經常埋怨那枚藍鑽「希望」帶給她難以擺脫的厄運。1906 年，小霍普為清償債務被迫賣掉藍鑽「希望」，此後的兩年內，這枚鑽石又被倒賣過多次。

1908 年，土耳其蘇丹哈密德二世用 40 萬美元將它據為己有。據說，經手這筆買賣的商人，在帶著他的妻兒出門時，汽車翻下了懸崖，全家一

起遇難。藍鑽「希望」在土耳其宮廷中由蘇丹賞給他的親信左畢德佩戴，不久之後，左畢德就被蘇丹處死。此時，這顆鑽石的不祥名聲已不脛而走。但有一位美國富商麥克萊恩卻不相信，他用 15.4 萬美元買下了這顆鑽石，把它帶到美國。不久，他的小兒子就被車撞死，麥克萊恩本人因破產而得了精神病，死在醫院。他的妻子吸毒成癮，女兒也因服藥過量致死。

最後，美國珠寶商溫斯頓從麥克萊恩家族的後人手中買了這顆鑽石，隨即便把它捐獻給華盛頓的史密斯博物館。他是唯一得到這顆鑽石而沒有遭到災病的人。至今，這顆鑽石還被存放在史密斯博物館裡，成為科學研究的標本。

12　來歷不明的班清寶藏

泰國班清文化最早發現於泰國東北部的烏隆府班清村，地處瀾滄江 —— 湄公河流域中游地區，它是東南亞青銅時代至鐵器時代早期的重要遺址。

1960 年代，考古學家在泰國東北部高原上的班清鎮發現了一些史前墓地，裡面除了骸骨，還埋藏著價值連城的陶器、石器等寶物。一夜之間，班清這個不為人知的地方，便名揚天下。

據史記載，1974 年，泰國藝術廳和美國賓夕法尼亞大學博物館，在聯合國的資助下，對班清開始聯合考古發掘。當挖掘到大約 5 公尺左右，考古學家們就確定這是六層界線分明的墓葬。最深的一層可追溯到西元前 3600 年，即便最淺的，也在西元前 2500 年。

　　一年之後，在班清挖出的各種文物已多達 18 噸。其中除了大量的青銅器和金銀裝飾品之外，還有一些用象牙和骨頭雕刻的人像等名貴古物。

　　考古學家對挖掘出的文物測定，發現這些珍寶至少已在班清地下埋藏了 5,000 年之久。

　　看到班清人的製作工藝，我們可以想像到當時的技術相當精湛，他們能在一把長柄勺的勺把上雕刻出栩栩如生的動物圖案。

　　當時班清人的青銅器製作也相當厲害，就其銅錫配置的比例來說，也比較科學。由此說明，此時班清人已熟練地掌握青銅的冶煉和製作技術。除青銅器外，在班清的地下還發現少許鐵器，不但有鐵手鐲、鐵腳鐲，還有雙金屬的矛頭、斧頭等。在晚期的青銅製品中，還有用含錫量高達 20% 的青銅鍛打成的頸圈。因為含銅量比較高，很容易碎，所以在製作時，須鍛打成多股，然後再扭曲而成。

　　以此我們可以推斷，班清文化不僅是東南亞，很可能也是世界上出現最早的青銅文化。最早的中東青銅是紅銅與砷的混合物，後來，在接近西元前 3000 年時，錫取代了砷，青銅就變成了銅與錫的合金。中東或中國的冶金術也可能源於泰國東北部高原這一帶。

　　據此，考古學家認為，班清的青銅文化很可能是世界青銅文化的始源。也有人猜想，班清寶藏還遠遠沒有被挖掘，因為這裡還有成千上萬個古墓葬，數量遠遠超過埃及的帝王谷。那麼，班清的地下到底還有多少古墓，多少珍寶呢？這個問題還有待人們去發掘。

13　埋藏在可可島上的無價之寶

可可島 —— 一個面積 24 平方公里的彈丸小島，何以讓人們絡繹不絕、慕名而來？

在中美洲哥斯大黎加太平洋沿岸以南 600 公里的海面上，一個面積 24 平方公里的小島 —— 可可島，可以說是名副其實的彈丸小島。但是，雖然它小，卻是一座價值連城的小島。這裡山清水秀、雲淡風輕，是人人嚮往的旅遊勝地。但真正讓人們來到這裡的原因，卻是來自它那誘人的傳說 —— 島上埋藏著大量的金銀珠寶。

關於島上神祕寶藏的傳說很多，說法不一，大相逕庭。哥斯大黎加著名歷史學家勞爾・佛朗西斯科・阿里亞斯經過多年的研究和考證得出的結論，也證實了此事。可可島以西班牙語為官方語言，英語可以通用，他們信奉羅馬天主教，由於樹木繁多，所以野生動物種類亦繁多。

19 世紀初期，南美各國反對西班牙殖民統治的民族獨立運動，進行得如火如荼。阿根廷民族英雄聖・馬丁將軍率領艦隊沿智利海岸北上，準備解放被西班牙統治的秘魯。西班牙殖民者人心惶惶，一片大亂。趁西班牙人大亂之際，以威廉・湯普森為首的英國海盜，洗劫了秘魯太平洋港口城市卡瑤（喀勞，Callao）。劫掠寶物共 24 箱，其中包括大量金幣、金盃、一尊聖母瑪利亞金像，以及其他數不勝數的金銀首飾和寶石，可說價值連城。海盜們逃到太平洋上，進入公海後，湯普森與 11 名同伴商討，決定駛向無人居住的荒島 —— 可可島。此項決定，湯普森是經過深思熟慮的，因為幾個世紀以來，可可島與世隔絕，其優越的地理位置，使他能輕易擺脫海上任何監控和追蹤，這對南美洲海盜們來說，是頗有吸引力的。

登上小島後，海盜們把這些金銀珠寶埋在島上。幾天之後，他們毀掉

帆船，分乘小艇離開了可可島。

　　途中，他們遇到暴風雨，幾個船員紛紛落水，正在危急時刻，他們遇到了一艘軍艦，於是大聲呼救。誰知，這艘軍艦正是來追捕海盜的，11 名海盜全部被捕。怒氣衝衝的船長，當場槍斃了八名年長的海盜，最後只剩下三名 18 ～ 20 歲的年輕海盜，船長看他們年紀小，出於同情心，沒有殺他們。當時，船上正在流行瘟疫，其中一名年輕的海盜也染上了瘟疫，不久就一命嗚呼了。船上的人都自身難保，誰也沒有心情再去尋寶。其他 2 名海盜見機行事，在一個黑漆漆的夜晚跳海逃走，他們在海上漂泊了數日，被一艘美國捕鯨船救起。當這艘船經過夏威夷群島時，一名海盜要求留在島上，一直在那裡生活；另一名海盜隨捕鯨船到了美國的新貝德福（New Bedford）。

　　20 年後，這名海盜又當了海員。也許是為了擺脫良心的譴責，在一次航行途中，他向一位好朋友透露 20 年前的事。消息很快就傳遍全世界，人們幾乎是在一夜之間，就知道了可可島，可可島也因此聲名大噪。無數的尋寶人到可可島尋寶，使原本風光秀麗的小島被炸得傷痕纍纍。隨著時間的推移，有關可可島藏寶的資料也越來越多，雖然他們都自稱是可靠的，但是，無數的尋寶人總是滿懷希望的去，結果卻空手而歸。也有許多尋寶人把生命丟在了這裡，有的人把這個看成是「對寶藏尋找者的詛咒」，由於人們過於頻繁的「尋寶」，島上的生態環境遭到嚴重的破壞。哥斯大黎加政府從長遠利益出發，決定禁止人們到可可島上尋寶。

　　雖然有政府的明確條令；雖然有寶藏尋寶者的「詛咒」，但仍然不能阻擋人們對可可島寶藏的嚮往。

第 2 章
神祕的未解之謎

01　死亡之丘

　　摩亨佐‧達羅城遺址大約位於今巴基斯坦境內的信德省拉爾卡納縣，西元前 2500 年，它的規模已經相當大。這座古城占地 8 平方公里，分為西面的上城和東面的下城。上城居住著宗教祭司和城市首領，四周有城牆和壕溝，城牆上築有許多瞭望樓，城內還建有高塔、庭院，以及享譽全世界的摩亨佐達羅大浴池。浴池的面積占地將近 1,200 平方公尺，全部由燒磚建築而成，地表和牆面因為以石膏、瀝青填縫，所以滴水不漏。浴場周圍並列著單獨的洗澡間，入口狹小，排水溝設計非常巧妙。相對上城來說，下城就顯得簡陋許多，不僅沒有整齊的布局，且所有房屋都建的比較低矮，有人推測可能是一些普通市民或勞動者的住所。

　　根據專家們對摩亨佐‧達羅城遺址的考察，發現此城的建築布局非常合理，而且有非常明確的建設規畫，甚至已經具備現代城市的某些特徵。此城形狀為長方形，無論是上街區還是下街區，街道均為棋盤格狀，但也有東西和南北走向的寬闊大道。居民的住宅一般分為上下兩層，每個住所裡基本上都有浴室、廁所以及與之相連的地下排水系統。此外，住宅大多於中心地方設置庭院，四周設居室。因此專家們認為，當時人們應該是過著安居樂業的日子，這座城市的文明已經到達很高的水準。

　　那麼摩亨佐‧達羅又是怎麼毀滅的呢？在對摩亨佐‧達羅城的研究中，一種奇特的現象引起了科學家們的注意：城中明顯有爆炸過的痕跡，且破壞程度非常大，只有最偏遠的建築物得以倖存。科學工作者還在廢墟的中央，發現了一些散落的碎塊，這是黏土和其他礦物燒結而成的。經過一些專家們的實驗證明：廢墟當時的熔煉溫度高達 1,000 多度，只有熔爐或持續多日的大火火源，才能達到這樣的溫度。但是這裡從未出現森林，

所以科學家們只好認為大火是源於大爆炸。又有人說核爆炸是導致古城被摧毀的原因，但是常識告訴我們，人類擁有第一顆原子彈是在二戰以後，而出現在 3,000 多年前，顯然不可能。

經過科學家不斷地探索和論證，終於做出一個合理的解釋：大氣中電磁場和宇宙射線造成了爆炸。由於空氣中的化學微粒異常活躍，造成一種叫氣膠的物質產生，它迅速形成許多大小不一的小球，又稱「冷球」。「冷球」能毒化空氣，城中的居民不堪這種毒氣的折磨，接著又發生了大爆炸，最後，摩亨佐‧達羅城灰飛煙滅。

02　空中花園

空中花園又被稱為懸園，它建於西元前 6 世紀，被譽為世界七大奇觀之一。據說，空中花園建造採用的是立體造園手法，整個花園用瀝青和磚塊建造而成，且有獨特的灌溉系統，園中種植許多奇花異草，從遠處看，就像一個懸在半空中的花園。

關於空中花園有兩種說法。西元前 1 世紀，一位希臘的歷史學家在他的書中介紹，空中花園是由亞述女王薛米拉米絲建造的。空中花園或許真有其園，但薛米拉米絲卻實無其人，她是希臘傳說中的亞述女王；還有人說，它是由尼布甲尼撒王擔任巴比倫王時，迎娶了北方國米提王之女阿米蒂斯為妃。而米提是一個山國，山林茂密，花草叢生。在那裡長大的王妃，對長年不雨的巴比倫生活，非常不能適應，所以，一直懷念故鄉美麗的綠色丘陵。國王為了緩解王妃的相思之苦，下令建造一座最瑰麗、美好的花園。

20 世紀初，一位德國的考古學家發現巴比倫城的遺址，在對古城進行挖掘時，挖出了一個不尋常、半地下、近似長方形的建築物，面積約 1,260 平方公尺。它每邊長 120 公尺，是層層加高的陽臺式建築。每一層內都有堅固的磚砌彎拱，上面鋪著用瀝青澆鑄的石板，再鋪兩層熟磚，熟磚上又覆蓋一層鉛板，這是為了防止水分滲漏。它由兩排小屋組成，每個小屋平均只有 6.6 平方公尺。兩排小屋由一走廊分開，對稱布局，周圍被高而寬厚的圍牆所環繞。西邊那排的一間小屋中，發現了一口開了三個水槽的水井，一個是正方形的，兩個是橢圓形的。它的設計充分展現出古代園林設計師的才智。根據這些，專家們推測，這有可能就是「空中花園」的遺址。

但是這只是科學家們的推測，至今仍未被證實。許多對空中花園做出描述的人，其實並沒有到過巴比倫，只是知道在東方有座神奇、美麗的花園。事實上，在巴比倫文本記載中，它本身也是一個謎，甚至沒有一篇提及空中花園。另外，所謂空中花園，並不是說花園建在空中，而是具有「梯形高臺」的花園，總之，傳說中的「空中花園」，它的真實面目依舊隱身於歷史的迷霧之中。

03　來歷不明的蘇美人

蘇美文明在整個美索不達米亞文明中產生的最早，乃至在全世界都是最早的。歷史上兩河流域早期的定居民族，他們所建立的蘇美文明，同時也是全世界最早產生的文明。蘇美文明主要位於美索不達米亞的南部，透過科學家們的研究，證明蘇美的文明大約產生在西元前 4000 年前。他們

似乎不是印歐人的一支，有人說他們的原籍可能是東方某地。為了爭雄稱霸，蘇美人開始與周邊國家相互征戰，這大大削弱了蘇美的力量，最後迫使他們臣服於閃族人。但是沒過多久，蘇美人的城市國家又一個個重新出現，直到烏爾城邦崛起，建立烏爾第三王朝，這個帝國持續興盛了一個世紀。

有人說：蘇美是黃色人種。人類最早的文字 —— 象形文字，由他們發明。他們剛開始用圖形將豬、牛、馬、羊、作物等各種事物畫下來，發展到後來，圖形越來越簡單，於是就將圖形符號固定下來，形成文字，用三角形尖頭的蘆葦桿刻寫在泥板上，然後晒乾，可以長期保存；他們的語言與漢語非常接近；他們創造了農業，發明犁與輪子；他們創造了最早的灌溉系統；他們創造了屬於自己的城市，建立了多達十幾個國家，最大的至少有 5 萬居民……有人說這一切與華夏文明非常相同，例如中國一樣使用象形文字、漢語；古代中國的農業系統亦非常發達，農業工具完善，水利系統開發也很早；中國早在夏朝就已經有大規模的城市；中國建築也多以土木建造，使用巨石建造的房屋也很少。

但也有人提出：中國的歷史文獻中，從沒有提及蘇美文明，這兩者之間並不一定有直接關係；中國的古老甲骨文與蘇美人的楔形文字雖然同為象形文字，但不能肯定甲骨文就是楔形文字的延續，現在只能證實漢字是甲骨文的延續，但真正能讀懂大部分甲骨文的人也沒幾個。不過有一點是確定的：最古老的人類文明是由黃種人創造的，且與中華文明有一定的相關。

04　銷聲匿跡的亞特蘭提斯

　　據說，早在一萬多年前，在大西洋和西地中海地區，就已經出現高度繁榮的文明，如果確有此事，那這種文明為什麼神奇般地從地球上銷聲匿跡？

　　2,000 多年前，希臘的哲學家柏拉圖曾經說過：早在他出生前的 9,000 多年，亞特蘭提斯（Atlantis）就已經出現了高度的文明。這種文明以一個叫亞特蘭提斯島的島嶼為中心，現在已沉沒。據柏拉圖說：這個島土地遼闊，面積比利比亞和亞洲加起來還要大。而且地處航海和交通要道上。島上強大而可畏的聯合帝國揚威四方。然而，令人出乎意料的是：千千萬萬英勇善戰的雅典人和亞特蘭提斯島在一夜之間，突然沉沒到浩瀚無際的大西洋中了。柏拉圖還對亞特蘭提斯居民的生活方式和建築方式作了生動鮮明的描述，說那裡有許多雄偉壯麗的建築物，樹木茂盛、交通發達。

　　西元前 1500 年左右，克里特島以北的火山突然爆發，劇烈的地震奪走了所有人的生命，不可一世的邁諾斯文明（Minoan civilization）在頃刻間被毀滅。這件事過後約 900 年，古希臘一位專家在埃及旅行時，聽到了一個關於「大西島」的傳說，但是他在將傳說寫進自傳裡時，誤譯了古埃及的數字記號，把「百」譯成「千」！若干年後，他的後人就把克里特事件發生的時間說成了 9,000 年前，把沉入海底的陸地面積說成是長 180 萬英尺，寬 120 萬英尺。因此克里特島變成了一塊比地中海還大的大陸，只好認為它沉入了大西洋。

　　正因為有如此大的面積，所以柏拉圖覺得叫島很不適合，於是改名叫「亞特蘭提斯」。當時柏拉圖心裡一定很得意，因為他糾正了前人梭倫犯下的地理位置上的錯誤，因為這麼大的島不可能在地中海裡。沒想到正是他

的添油加醋，使本來很明確的，由於火山爆發而讓島嶼的 2/3 沉入海底的歷史事件，變成了一塊大陸沉入海底，並使這一「千古之謎」一直持續到了現在。

05　巴別塔 / 通天塔

在現仿中東伊拉克首都巴格達城以南約 100 公里幼發拉底河岸邊的巴比倫，5,000 多年前曾立一座無比壯麗的「巴別」通天塔 (Babel)。它堪與埃及著名的金字塔媲美，形狀也有幾分相似，塔基的長度和寬度各約 91 公尺，用巨大石頭築砌成七層臺階，一層疊一層，高度近百公尺，足與當今的電視塔爭相伯仲。在高聳入雲的頂上，還建有宏偉的廟宇……據說，它是天上諸神前往凡間住所途中的踏腳處，稱得上是天路的「驛站」或「旅店」。5,000 多年以前，世界上多數民族還處於茹毛飲血的曚昧時代，在底格里斯河和幼發拉底河之間一隅 —— 古希臘人稱為「美索不達米亞」，意即兩河之間的地方，竟然立起如此氣勢磅礡、巍峨雄偉的通天塔，不能不令人嘆為觀止，更不能不使當時的見聞者有非非之想。

透過相關的零星記載、隻字片語及神話傳說，人們依稀知道，昔日的「巴別」通天塔，可與列為世界古代七大奇蹟之一的「空中花園」齊名，它被視為 5,000 年前美索不達米亞城鼎盛時代的象徵。但是，隨著巴比倫的覆滅，美索不達米亞的偉大文明很快就毀滅了。而那些廟塔原來的用途，也彷彿被當時敬畏的主神帶回到天國去了，人們費盡猜測，結果仍像遺址上的浮土般，紛紛攘攘而已。

06　邁錫尼文明

　　邁錫尼文明是希臘青銅時代晚期的文明，它是在 19 世紀末由施里曼於發掘邁錫尼（1874 年）和提林斯（1886 年）的過程中重現天日的。施里曼相信自己找到了荷馬史詩《伊里亞德》和《奧德賽》中所描寫的世界。在一個邁錫尼的墓穴中，他將所發現的一個金箔面具命名為「阿加曼儂面具」。同樣，他將一個在皮洛斯發掘的宮殿命名為「涅斯托爾宮」。

　　20 世紀初，阿瑟‧艾文斯爵士（Sir Arthur John Evans）對克里特島進行了發掘研究，自此邁錫尼世界釐清了與早於它的邁諾斯文明之間的關係。在對克里特島上的克諾索斯進行發掘期間，艾文斯發現了數千塊年代約在 1,450 年前的黏土泥板，由宮殿的一次大火意外烘烤成型。在這些泥板上，他辨認出一種未知文字，他認為這種文字比線性文字 A 更先進，因而命名為線性文字 B。此外，在邁錫尼、提林斯、皮洛斯等邁錫尼宮殿內也發現了寫有這種文字的泥板。1952 年，這種文字終於被破解，鑑定為古希臘文的一種字體。自此，邁錫尼文明逐漸被人們所了解，從而走進了文字歷史，被定位於愛琴文明的青銅時代。

　　邁錫尼文明從西元前 1200 年以後漸呈衰敗之勢。古希臘的神話傳說曾模糊提及此時王朝更迭頻繁，戰亂相繼；考古材料也反映陶器品質下降，生產萎縮，而「海上諸族」的騷擾，更使國際貿易大受打擊。經濟衰落可能迫使統治者依靠武力掠奪，於是各國各城之間的戰爭也越演越烈，其中最著名的一次大戰，便是希臘同盟與特洛伊的戰爭。此戰打了 10 年之久，最後希臘聯軍雖攻下特洛伊城，實際上卻是兩敗俱傷。得勝的希臘各國（以邁錫尼為首）無不疲憊不堪，元氣大傷，終於擺脫不了「黃雀在後」的厄運：希臘各國一直難以恢復，便被北方的多利安人（Dorians）提

供可乘之機。他們紛紛南下，攻城掠地，逐步征服了雅典以外的中希臘和伯羅奔尼撒各國，宣告了邁錫尼文明的滅亡。

07 樓蘭

關於樓蘭王國的消失之謎，自古以來都是眾說紛紜。自從 1900 年瑞典探險家無意中闖入廢棄的樓蘭古城，帶回了眾多的文物後，人們一下子被樓蘭古城所吸引，紛紛組成科考隊向樓蘭古城進發，想要了解這一座曾經繁華一時的王國，究竟為何一夜之間就消失了。

據瑞典探險家帶回的東西，以及他所描述的樣子來看，樓蘭古國在消失前絕對是相當繁華且富裕的國家。隨著眾多探險隊的進入，在樓蘭故國上那一層神祕的面紗，也隨之慢慢揭開，呈現在世人眼前。

1979 年，新疆考古研究所組建了一支樓蘭考古隊，進入樓蘭古城進行探險考察。在通往樓蘭古城的道路上，也就是孔雀河下游地區，考古隊發現了眾多的大型古墓，在古墓周圍一圈套一圈，共有 7 層圓木圍繞，外形看起來像一個太陽，這樣的構造不禁讓人們對這座古城又多了一些聯想，對於這些奇怪的現象，至今還未有令人信服的觀點出現。

關於樓蘭古城消失的說法，目前流傳較有代表性的有 6 種。

1. 有人說樓蘭古城的消失是由於戰爭，西元 5 世紀後，強盛一時的樓蘭故國開始衰敗，這時北方小國紛紛入侵，樓蘭城破敗，由此廢棄。

2. 樓蘭的消失是由於環境原因。乾旱、缺水、生態惡化等自然原因，迫使他們進行遷移。

3. 它的消失和神祕的羅布泊有關。羅布泊的南北游移週期為 1,500 年左

右。3,000 多年前有一支歐洲的部落生活於此，1,500 年前，樓蘭古國也在這裡繁榮，有人認為這些都是羅布泊南北游移引起的。

4. 絲綢之路的開闢也與樓蘭古國的消失有關。這種說法的依據，主要是因為絲綢之路北道開通後，經過樓蘭的絲綢之路古道漸漸被遺棄，所以對樓蘭的衰敗帶來一定的影響。

5. 樓蘭毀於瘟疫。有人說樓蘭國從外面傳來了一場瘟疫，城中 90% 的人都死於此，剩下活著的人便由此進行了遷移，放棄了這座城市。

6. 有一種神祕生物入侵古城，這種生物在樓蘭沒有天敵，生活在土中，以樓蘭城中的泥土為生，成群結隊對居民進行騷擾，人們無法消滅牠們，只好選擇棄城逃亡。

對外界盛傳的種種猜測和懷疑，科考家們還未能給我們一個明確的答案。不過隨著科考工作的深入以及更進一步的考察，樓蘭古城已經漸漸浮現在人們眼前。相信不久的將來，探險家和科考家們一定能還原一個真實、繁榮的樓蘭古城。

08　死亡谷

山谷是美麗的，而死亡卻是一個會讓人感到恐懼的詞語，兩者碰撞在一起，會怎麼樣呢？世界上真有死亡谷嗎？為什麼被稱為死亡谷呢？

世界上確實存在一種山谷，能讓人或猛獸頃刻之間喪生。目前已經發現的這類地段有俄羅斯的堪察加半島上的克羅諾次基區、美國加利福尼亞州和內華達州、印度尼西亞爪哇島和義大利那不勒斯市（拿坡里）和瓦維爾諾湖附近、被中國稱為的「死亡之谷」在四川的峨眉山中，又被稱為黑

竹溝。

在俄羅斯堪察加半島克羅諾次基山區被稱為「死亡谷」的地方地勢坑坑窪窪，在那裡有不少天然生成的硫磺露在地面，遍地都能見到黑熊、狼獾等野獸的屍骨，讓人毛骨悚然。可能是這個原因才被稱為死亡谷吧！

在美國加利福尼亞州與內華達州連在一起的山中，也有一條非常大的死亡谷，長達 225 公里。有人記載，1949 年美國有一支勘查隊尋找金礦時，因中途迷失方向而不小心到了那裡，幾乎所有的隊員都死亡了。只有很少數的幾個人僥倖離開，不過沒多久也都不明不白的死去。以後也有不少的探險人員前往揭謎，但很多人都遭遇不幸。可是那裡卻大量繁衍著多種鳥類、蛇、蜥蜴和野驢等，讓人猜想不透。

在印度尼西亞爪哇島上有個更加神奇的死亡谷。據說在谷中，一共有六個大山洞，如果有人或動物從這些洞口前經過，就會有一種神奇的吸力，把人和動物吸入洞內，無法逃脫。所以山洞裡堆滿了許多猛獸和人類的屍骨，也許正是這個原因，被稱為死亡谷。

在義大利那不勒斯（拿坡里）和瓦維爾諾湖的不遠處，也有一個死亡谷。這個死亡谷和其他死亡谷完全不一樣，它只會傷害飛禽走獸，但對人的生命卻沒有什麼威脅。有相關人員調查，每年在那裡死於非命的動物不計其數。

中國被稱為死亡之谷的地方在四川的峨眉山中，又被稱為「黑竹溝」。因為黑竹溝內還有很多沒有解開的「謎」，所以當地人把黑竹溝稱為「魔鬼三角洲」。

為什麼被稱為死亡之谷？當地人談起黑竹溝時，就會說出一些神祕的歷史事件來證明。說解放初期時，胡宗南所殘餘的半個連，30 多人，進入這個山溝之後，就不見了蹤影；說解放軍有三個偵察兵進入黑竹溝，最後

只有一人生存；說 1995 年解放軍某部在黑竹溝附近派出兩名戰士去購買糧食，中間經過黑竹溝後失蹤，後來尋找時，只發現兩人身上的武器；四川有一個大隊的三名隊員失蹤在黑竹溝，發動了整個縣的人民去尋找，結果 3 個月後，只發現三具骷髏。黑竹溝又被稱為中國的百慕達，這或許就是它被稱為死亡之谷的一個原因吧！

對死亡谷之謎，到現在還不能給出明確的答案和解釋，不過相信隨著我們不斷的探索，有一天會破解開來。

09　峨眉山佛光

在被稱為風景秀麗的峨眉山，千百年來一直蒙著一層神祕的面紗，它的主峰金頂一帶偶爾出現的「佛光」，更為其增加神祕和靈異之感。很多人都不理解為什麼會出現佛光？佛光是怎麼形成的？不少論說讓佛光更添神祕，有一說，佛光是菩薩顯靈，對不對呢？佛光是怎麼回事呢？

佛光，是峨眉山上舉世聞名的日出、雲海、佛光和聖燈四大奇觀中的一奇，這種現象在其他地方幾乎沒有出現過，不過在峨眉山卻可以看到。它一年可以平均出現 60 幾次，有時一年甚至出現 80 幾次，所以人們把它稱為「峨眉寶光」。千百年來，「峨眉寶光」在中外都很有名，再加上佛教的渲染，讓其更富有傳奇的色彩和神祕感，吸引許許多多好奇者，試圖對神祕的「佛光」作出科學的解釋。

在歷史上，峨眉山的佛光也很早就被記載。相傳東漢永平年間，有一個叫蒲公的採藥人，被一隻仙鹿指引登上了金頂，而後驚奇地發現了佛光。後經一個和尚指引，了解到佛光就是「普賢祥瑞」。蒲公就在金頂建

造了普光殿（也稱光相寺）供奉菩薩，開創了峨眉山佛教的歷史。

　　佛家認為，只有與佛有緣的人，才能夠看到此光，他們認為佛光是從佛的眉宇之間發出的救世之光、吉祥之光。清代康熙皇帝還特地提寫「玉毫光」三字，贈於佛光常現的金頂華藏寺內。

　　當然這些都是神化的說法，並沒有科學根據，也有一些氣象學家對此做出了研究，佛光是因為峨眉山特殊的地理環境造成的，是太陽光和人們的作用。峨眉山的金頂海拔 3,077 公尺，與千佛頂、萬佛頂三峰並峙，猶如筆架一般。三峰東臨懸崖，峭壁高達 2,000 多公尺，這種獨特的地勢，形成了峨眉山特有的「海底雲」。在峨眉山的「海底雲」中，空氣溼度非常大，這就為太陽光線提供了充裕的「遊戲場所」。日光在傳播的過程中，會經過障礙物的邊緣，或空隙間產生衍射的現象。遇到雲層較厚的時候，雲層被日光透射，會受到雲層深處的水滴或其他東西的反射。這種反射穿過雲霧表面，會在微小的水滴邊緣產生衍射現象，從而產生外面紫，裡面紅的彩色光環，色帶的排列剛好與彩虹相反，所以不同的單色光就慢慢地擴散開來，在人們的眼前，出現一個彩色光環。如果觀看者與太陽和光環剛好在一條直線上，人影就會映於光環內，人走動的時候，影子也在動，於是一些遊人就會誤解為是菩薩顯靈了。

10　死亡公路

　　在美國的愛達荷州有一條州立公路，這條路段經常出現恐怖的翻車事件，所以被司機們稱為「愛達荷魔鬼三角地」。傳說正常行駛的車輛如果走進這個地帶，會在不知道的時候被一股看不見的神祕力量突然扔到天

上，然後再被這股神祕力量重新摔回地面，造成車毀人亡的慘劇。

有一個叫威魯特的汽車司機，說他有過這種恐怖的經歷。某天，天氣很好，威魯特駕駛一輛 2 噸重的卡車，離開家去工作。沒多久，他就駛上了愛達荷州的州立公路。很快就到了被稱為「愛達荷魔鬼三角地」的路段上。公路上的車輛很少，就在這時，威魯特突然覺得有一股神祕的力量，一下子讓汽車偏離了公路，向著路邊闖了過去。威魯特想把汽車控制住，汽車被那股神祕的力量猛地抓了起來，又一下子被扔了出去。最後，汽車翻倒在地上。威魯特非常幸運，只受了傷，生命算是保住了。不過許多人就沒那麼幸運了。據統計，在「愛達荷魔鬼三角地」這個地方，已經有 10 幾個人斷送了性命。事實上，這段公路跟其他的公路沒什麼區別，全都是平坦寬闊的大道，可是為什麼造成很多車毀人亡的事故呢？為什麼車輛會被一股神祕的力量扔出去呢？誰也未能解開。

在波蘭首都華沙附近有一個地方，也被稱為「死亡公路」。司機們對這個地方感到頭痛恐怖。司機們開車來到這裡，就像是吃了什麼迷幻藥般，忽然感到昏沉沉的，結果造成車毀人亡。當司機們走到這個地方，都寧可多走一些冤枉路，也不從這裡經過。而且就連豬、狗等一些動物，也不願意待在這裡，牠們只要在這停留，就會昏昏沉沉。可是像貓、鳥、蛇這種小動物，在這裡卻生活的很好。蘋果樹、棗樹、杜鵑花等植物，種在這個地方，沒多久就會死掉；不過像楓樹、柳樹、桃樹等這些植物，在這裡卻生長得枝繁葉茂。

科學家們對這種奇怪的現象，進行大量的考察和研究，想找到原因，且認為，是因為地下水脈輻射的影響，造成這種現象的。但科學家們卻無法知道，這裡的地下水脈跟別的地方有什麼不一樣，而對於這種奇怪的現象是怎麼造成的，又是一個難解之謎。

在中國蘭（州）新（疆）公路的 430 公里處，不但頻繁的發生翻車事故，翻車的原因也很神祕。一輛正常運行的汽車開到這裡，有時就會像飛機墜入百慕達一樣，突然翻了車。像這樣車毀人亡的重大惡性事故，每年都發生幾 10 起，造成國家和人民的生命財產嚴重損失。即使司機們再提防，也無法阻斷這種事情發生。難道這個地方坡陡路滑，崎嶇狹窄嗎？其實都不是。這裡不但道路平坦，視線也相當開闊，這麼多的車輛在前後相差不到百公尺的地方不斷翻車，其緣由究竟何在？

有人認為，這裡的道路設計出了問題。交通部聽到意見後，改建了好幾次。不過不管人們怎麼改建這段公路，神祕的翻車事故還是不斷地出現。

後來人們發現這裡的每一次翻車事故，翻車的方向幾乎都朝向北方。有人就說，這個神祕的 430 公里地方以北，可能有一個很大的磁場，汽車到這裡，會被磁場的吸引力吸引過去，才導致事故發生。這種看法聽起來好像有道理，不過沒有經過科學家們的論證。對於司機們，蘭新公路這個神祕的 430 公里處，成為中國的一個魔鬼三角。

對於這些發生的事故，目前還沒有確切的解答。

11　恆河

恆河發源於喜馬拉雅山脈，長達 2,700 多公里，是印度文明，在印度教徒的心目中，恆河是至高至聖的，是淨化女神化身的河，河水是地球上最為聖潔的水。他們相信恆河能洗去疾病和災難，洗去身上的罪孽，讓靈魂獲得新生。去恆河洗浴是印度教徒最嚮往的事情，認為經過它的洗滌，

靈魂就會得到淨化，生重病的人也會重新獲得健康的生命。

　　每年都有很多朝聖者心懷虔誠而來，在恆河水裡為自己舉行心中重要的宗教儀式。整個恆河不管什麼地方，也無論春夏秋冬，一天到晚都會有印度教徒在洗浴。洗浴之人有的站在齊腰深水中搓洗；面向太陽雙手合十虔誠默禱；也有潛入水中的。有的更為瘋狂，直接在恆河水裡自盡，想以此來洗去這一世的罪孽和冤獄。所以，恆河上有時會漂浮屍體，屍體被打撈後進行火化，然後遵照死者的遺囑，把骨灰灑入恆河。就這樣一年又一年，不斷的重複。恆河水因此受到極大的汙染，成為印度汙染最嚴重的河流之一。不過印度教徒不在乎，仍然我行我素，在此處沐浴、飲水，但是卻幾乎沒有中毒或得病的事情發生。難道恆河水真因其神聖，所以具有某種自動淨化的能力嗎？

　　為了證明，科學家曾經故意將一些對人體傷害很大的病菌放進恆河中，且進行全程追蹤調查，沒多久再次進行檢測時，病菌竟然通通都被殺死了。

　　恆河水所具備的淨化能力從什麼地方而來呢？有人大膽推測，可能是河底的奧祕，河床上可能有一種能殺死病菌的放射性元素，不過這個推測還未被證實。但是恆河水所受的汙染是人們有目共睹的，它的水質在以前非常純淨優良，用壺裝一些河水，就算放很長時間，也依然澄清、新鮮，好像剛打的一樣，可以放心的喝下。

　　但是現在的恆河水已經受到大面積的汙染，即使具有再強的自動淨化能力，恐怕也承受不了人類這樣無休止的破壞和折磨。人們相信，只要停止或不再對它進行危害，它一定可以回到原來最初的樣子，繼續為人們提供澄清、新鮮的水源。

12 死海

　　在亞洲的南部，約旦高原與巴勒斯坦的交界處，有一個充滿神祕色彩的內陸湖，這裡除了微生物外，沒有生存任何動植物。洪水把約旦河及其他溪流中的魚蝦沖入這個湖中，這些魚蝦都無一例外的死去。人們叫它「死海」。死海的西岸為猶地亞山地，東岸為外約旦高原，約旦河自北向南注入死海。死海東岸有埃爾・利察半島（意為舌頭）突入湖中，把湖分為兩部分，北邊的大而深，湖面的面積有 780 平方公里，平均深度 375 公尺。南邊的小而淺，湖面面積為 260 平方公里，平均深度 6 公尺。

　　死海地區氣候酷熱，水蒸發量極大，所以死海的水面上總是瀰漫、飄散著一層柔柔的水霧。死海水所含礦物質成分占 33％之多，其中以溴、鎂、鉀、碘等的含量最高。死海有地球上最乾燥、最純淨的空氣，比一般海面上的含氧量高出 10％，再加上溴和紫外線所形成的獨特自然景觀和醫療功效，吸引世界各地的人紛至沓來。據說，西元前 51 年至西元前 30 年，埃及女王還曾用死海的水療傷。古希臘哲學家亞里斯多德也曾在他的著作中講述過死海水的功用。

　　讓人感到很奇怪的事情是，人掉進死海卻沒有任何事。為什麼死海淹不死人呢？

　　相傳在西元 70 年的時候，一個叫狄度的古羅馬軍隊統領，為了鎮壓當地的反抗者，決定處死幾個被俘的人，殺雞儆猴。士兵們按照吩咐，將俘虜帶上腳鐐、手銬，投入到死海。誰知這些俘虜不但沒有下沉淹死，反而被海浪安然無恙地送到岸邊。最後又被這個統領扔進海裡多次，但都和以前一樣安然無恙。狄度非常驚恐，以為這些俘虜有神靈保佑，趕緊把那些俘虜都放了。

現代的我們當然不會相信死海裡有什麼神靈。那為什麼死海淹不死人呢？

那是因為死海中含有大量的鹽分，有資料顯示，死海海水中含鹽量比一般海水多好幾倍。水中含鹽量越大，其相對密度也大，浮力也就隨之增大。死海的海水含鹽量高，水的比重超過人體比重，所以人掉進死海就不會被淹死。也正是湖中高含量的鹽分和稀薄的氧氣，導致魚蝦無法在這裡生存。

死海中為什麼會有如此高含量的鹽分呢？

這就與死海所在的地理環境有關。死海是一個典型的內陸湖，東西湖岸是懸崖峭壁。北面是進水口，約旦河由此注入死海；哈薩河則從東南角流入，每天總注入百萬立方公尺的水，死海的湖面比地中海海面還低，是世界陸地最低的地方。死海四面地勢高，只有進水口而無出水口，流入死海的又都是含有豐富礦物鹽的河水，河水把鹽分帶入死海，全部留在死海。加之這裡氣候非常炎熱乾燥，很少降雨，長期下來海水大量蒸發，鹽分就越積越多，水中含鹽量也就越來越濃。而且有人說，死海中所含的鹽分，足夠全世界的人吃千年呢！

13　會滴聖水的石棺

在法國的庇里牛斯山區，有一個名字叫亞耳的小鎮。這個小鎮有一個教堂，裡面有一口大約是 1,500 多年前雕製的石棺，長約 1.93 公尺，用奢華的白色大理石雕刻成。這並不稀奇，最令人不解的是，這口石棺中，竟長年盛滿清泉般的水，從來沒有停過，但對此奇特的現象，卻沒有任何人

能解釋。

　　鎮上有的居民說，這件怪事是從西元960年以後發生的。那時有個修士從羅馬帶來兩為波斯親王，是聖阿東和聖塞南，他們在修士的指引下，開始皈依基督教，並把自己帶的聖物放入教堂的石棺，以表虔誠。從那以後，石棺內就有了水，且源源不絕，這個水還為當地的居民帶來吉祥和幸福。聖阿東和聖塞南也成為「聖人」。為了紀念聖阿東和聖塞南，人們就稱這神奇的水為「聖水」，它還具有神奇的治療疾病功能，人們很愛惜它，只有在萬不得已時才拿來使用。

　　這個石棺裡的水流之不盡，也很讓人費解。有人說在法國大革命期間，外來的侵略者和當地的一些人胡亂造反，把什麼東西都倒在這口石棺裡，它簡直變成垃圾箱。在這幾年中，石棺再也沒有流出一滴「聖水」，人們以為再也不會有了。法國大革命結束後，人們懷著虔誠的心情，將石棺裡的髒東西清除，這時石棺竟又重新流出神奇的「聖水」。而且以後即使再乾旱的年頭，這口石棺照樣提供清泉般的「聖水」，讓人很難理解。

　　亞耳鎮上教堂裡的這口石棺，為什麼會有源源不斷的「聖水」流出呢？這個「聖水」是從哪裡來的呢？對這些疑問，科學家們被深深地吸引了。

　　1961年，石棺裡的水源之謎吸引了兩位水利專家，試圖解開石棺內的水源之謎。

　　剛開始水利專家認為這可能是滲水或凝聚產生的，於是想方設法讓石棺與地面隔開。為了進一步揭謎，他們還用塑料布把石棺嚴實地包了起來，防止外界的雨水滲入；為了防止有人故意往棺內灌水，還在石棺旁設崗，兩個人輪流日夜值班。但是所有的方法都無法讓石棺裡的水源斷絕。一些專家們還用科學方法對石棺內的水進行鑑定，發現就算石棺裡的水不

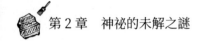

流動，水質也很純淨，好像能自己自動更換一樣。

　　還有一些相信「超自然能力」的專家做過這樣的解釋：當初聖阿東和聖塞南拿著「聖物」，還沒放到亞耳鎮教堂之前，曾經在別的教堂裡放置過，而那個教堂的旁邊一定有一個泉水井。泉水井裡的泉水滲透了到「聖物」上，這樣那個「聖物」就有了出水的神奇功能。放到石棺以後，石棺也有了出水的功能。

　　有關專家考察石棺後發現，這口石棺總容量還不到 300 公升，可是每年從這口石棺中流淌出來的水卻是它的 2 ～ 3 倍。也很難讓人理解，無法得到合理的解釋。

　　這一切都還是一個謎，或許將來有一天有人會破解它。

14　會自行移動的棺材

　　在巴貝多奧斯汀灣的克萊斯特切奇教區有一個非常古老的墓地，這個墓地看似普通，卻時常發生一些不尋常的事件，這裡的棺材竟然會自己移動。

　　克萊斯特切奇的這個陵墓由珊瑚石砌成，還有一塊沉重的大理石板封口。它有一部分在地上，而另一部分則是埋在地下，有一段臺階將其上下連接。陵墓長 4 公尺，寬 2 公尺，墓頂從裡面看是拱形，但從外看卻是水平的，構造很奇特。

　　1807 年 7 月，托馬西娜・戈達德夫人第一個被安葬在此。一年過後，年僅 2 歲的女孩瑪麗・安娜・蔡斯也被安葬在這裡。沒多久，瑪麗的姐姐也隨她而去。同年年底，這個莊園的主人湯瑪斯・蔡斯先生躺進了這個墓

穴。按照當時巴貝多的習俗，富有的人通常使用笨重的鉛封結構，這樣的棺材至少要 10 幾個壯漢才可以移動。

時間在慢慢流逝，四年以後，1816 年 9 月 25 日，只有 11 個月大的薩繆爾·阿莫斯也要被葬入這個陵墓。當那塊沉重的大理石墓門被打開時，幽暗的陵墓中一片狼藉，所有的棺材被放的亂七八糟，就連湯瑪斯先生的笨重鉛封棺材也離開它原來的位置好幾公尺遠，並且翻轉了 90 度。

這裡到底發生了什麼事？是誰？是什麼力量移動棺材的呢？因為得不到答案，人們把這些棺材又重新放回原地，可是此後每當這個家族去世的人要入墓時，都會發現墓內被弄的亂七八糟，這裡的人將墓室徹底搜查了一遍，沒有任何發現。有人猜測可能是地下水衝擊，可是墓室中的每一處看起來都相當乾燥，而且附近的墓地也沒有出現這樣的情況。人們迷信，認為這個陵墓被某種超自然的力量所控制，或是受到詛咒，都盡可能遠離墓地。

那些棺材又被重新放回原位，人們還在地面上撒了一層厚厚的白沙子，以便能留下什麼東西的腳印或拖痕。沉重的石板用水泥封在原處，當地政府還在水泥上蓋上封印。

人們對此事很好奇，經過討論後決定，為了解開棺材移動之謎，決定再次打開陵墓。上面的封印沒有被動過，依然清晰，水泥被敲開後，大理石墓門仍然難以移動，原來是湯瑪斯先生的鉛封棺材以一個很陡的角度頂在門上。根本無法解釋，可是沙子上沒有絲毫棺材拖動的跡象，也沒有腳印、地下水的痕跡。陵墓還是一樣堅固，沒有裂痕和石頭鬆動。人們對此不知所措，地方長官命令把所有的棺材都移葬到其他地方。

此後人們為了了解巴貝多棺材移動之謎，給出很多解釋：可能是黑人的報復、突發的洪水、真菌的作用、小規模的地震等，最後，連 UFO 的

研究者也來插足，他們指出可能是外星人在地球上做的遠距離牽引實驗。雖然正統的科學家對此嗤之以鼻，但這種神祕力量使人們更加感興趣。最終棺材自行移動的現象也沒有讓人信服的解釋。

15　遺留在荒原上的巨畫

　　在今天的秘魯共和國西南沿海的安地斯山脈，有一片被稱為「鬼地」，那就是人跡罕至的廣袤荒地 —— 納斯卡荒原。納斯卡荒原的巨畫，被稱為「人類第八大奇蹟」。

　　本世紀中葉以來，全世界發生的所有關於 UFO（「飛碟」）的報告，70% 都與這塊神祕的荒原有關。秘魯國家考古隊的一次意外發現，讓這片荒原成為現今世界上的一個旅遊熱點。

　　當晨光熹微，若人們從空中俯瞰，展現在眼前的是一種不可思議的「大地藝術」 —— 納斯卡荒原巨畫。巨畫上有大小不一的三角形、長方形、梯形、平行四邊形和螺旋形之類的幾何圖案，還有許多動物、植物與人的形象。在這些幾何圖案中，三角形圖案大的有好幾公里，但是角度之間的誤差竟在 1 公分之內！從航空拍攝的照片來看，圖形栩栩如生：大鵬的翼長 50 公尺、身長 300 多公尺，猶如扶搖直上雲霄；而章魚的腹下插著一把鋒利的長刀，痛苦地掙扎著……除了這些之外，還有很多地球上沒有的奇形怪狀的動、植物。

　　這「大地藝術」的製作者，不僅得是卓越的藝術家，還得是精通光學原理的科學家，必須精確計算朝陽斜射光線的入射角度，以此才能確定圖案中每根線條的深度、寬度與間距。這些「線條」就是把荒原的陽礫石挖

開後形成的「溝槽」。當朝陽升到一定高度，就會在雲蒸霞蔚中顯現那千姿百態的巨畫。

　　納斯卡荒原的巨畫轟動了世界，那麼這些荒原巨畫的「作者」是誰，在什麼年代「創作」，又是為什麼創作的呢？半個多世紀以來，各種說法都有，而且越爭論越玄虛。

　　一種說法是，這是外星人的基地，瑞士考古學家馮・丹尼肯就贊同這個觀點，他認為荒原巨畫中那些地球上沒有的奇異東西，都來自外太空。不論是幾何圖案、生物圖案，都是「外星人」傳遞訊息的符號。砌成這些神祕圖案邊緣的石塊質地，在整個納斯卡荒原是找不到的。全世界UFO報告70%出自這裡，正說明納斯卡荒原是外星人探訪地球的大本營。經過測試，無論用風鑽鑽、炸藥炸，納斯卡荒原表面絲毫沒有損害。它平面傾斜的角度與火箭發射臺的傾斜角相同，而且又是地球上磁場強度最弱的地方之一，所以，它被認為是「飛碟機場」的理想選址。

　　還有另一種說法，荒原圖案是古納斯卡文明的產物，是古納斯卡人的傑作。瑪麗亞・萊歇認為，古代的居民可以先用設計圖製作模型，再把模型分成若干部分。最後照比例把各部分複製在地面上。而一些人則認為，這些巨畫是按照空中的投影，在地面上製作的。這樣的解釋雖然直接解決了設計和計算的困難，可是也同時引出更多的疑問，因為古代的納斯卡人不可能掌握飛行技術，所以是誰在空中進行投影呢？還有學者認為，荒原巨畫是古納斯卡人的天文圖，或是有特殊用途的年曆。巨畫中的「線條」，有的指向冬至、夏至時節，有的指向太陽、月亮升降的位置，可能是古納斯卡人利用太陽光照射在那條溝道線上的角度，來判斷一年中的四季與一天中的時辰。有的學者則認為，荒原圖案可能是古納斯卡人舉行盛大比賽或盛宴的地方，又或者是古納斯卡人的祕密藏寶圖。

英國歷史學家漢斯‧鮑奇認為，荒原巨畫乃宗教圖畫。古納斯卡人相信靈魂不死，為了表達對死後進入天國的想像與憧憬，就創作荒原巨畫。歷史學家艾倫‧薩耶也認為，也許古納斯卡人相信在這些迷宮似的圖案線條中前行，能得到某種神的啟示與力量。這些對當代的人們來說是不可理解的。

16　百慕達三角區

在美國東南面的大西洋上，有一塊神祕的三角形海域，它的位置在百慕達群島、佛羅里達半島南端和波多黎各這三點連線組成的三角形之內，所以被稱為「百慕達三角區」。

近 100 多年，那裡總會不時傳來駭人聽聞而又令人不解的消息：飛機在那裡突然墜落，輪船在那裡意外沉沒。據不完全統計，從 1800 年到 1981 年這 180 多年裡，墜機沉船的事件就有 40 ～ 50 起，失蹤的飛機和船上百件，遇難人員近 1,000 餘人。所以這塊海域又被稱為「魔鬼三角」、「死亡三角」等。

在這個地方發生的最大飛機失蹤事件，是 1949 年 12 月 5 日下午，美國海軍第 19 飛行中隊，奉命執行一項訓練任務。這個飛行隊是由 5 架魚雷轟炸機和 14 名飛行員組成的，他們計劃從勞德代爾堡海軍基地起飛，然後在方圓 120 公里的空域內繞一圈後返回。就當飛機完成俯衝練習繼續向東飛行時，基地導航塔的人員忽然收到機組領隊的警報，說他們失去了方向，大洋和平時不一樣，蒼茫渾沌一片，然後無線電完全中斷，再也沒有任何音訊，19 中隊消失了。為了尋找 19 中隊，司令部又派出一艘巨

型飛艇「馬丁水手」號緊急前往出事海域。意想不到的是，這艘救護船和 13 名機組人員也失去了消息。這樣一共 6 架飛機和 27 名飛行員全部都失蹤了。更讓人疑惑的是，海上竟然沒有發現任何一個遇難人員的屍體和遺物！這些人是死是活沒有人知道。

1968 年，美國航空公司的一架大型客機在經過百慕達海區時，在地面螢光幕上消失達 10 分鐘之久，雖然最後安然無恙地降落在邁阿密機場，但抵達時間大大提前。機組人員未遭遇任何奇怪事件，但飛機上所有鐘錶都比陸地上慢了 10 分鐘。

1977 年 2 月，一架載了 5 名乘員的水上飛機，進入百慕達水域進行現場考察，當乘員在機艙吃晚餐時，發現刀叉竟變彎，機上鑰匙也變形，羅盤指針偏離了幾 10 度，錄音磁帶也出現噪聲。

這些奇怪的事，有很多人作出各種猜測。

有人說在這個海域看見一種很奇異、極其明亮的光，但沒人知道這奇異的光芒從何而來。

有一種看法認為，百慕達三角海域海底強大的磁場，使它造成羅盤和儀表的失靈。

不少學者指出，百慕達三角區就像黑洞一樣，雖看不見，但卻能吞噬一切物質。出現在百慕達三角區機船不留痕跡的失蹤事件，沒有這個理論就難以解釋它們何以在剎那間消失得無影無蹤。

也有人認為是叫作晴空亂流（clear air turbulence，CAT）的風。這種風產生在高空，當風速達一定強度時，便會產生風向角度改變的現象。突如其來的風速方向改變，會伴隨著次聲的出現。

還有人認為百慕達三角區的海底有一種不同於海面潮水湧動流向的潛流。

　　不過這些僅僅是假說，而且，每一種假說只能解釋某種現象，並沒有
徹底解開百慕達之謎。這裡除了飛機和船隻無故失蹤外，百慕達海底和海
面還有很多難以置信的怪事。

第 3 章
探求神祕的地球現象

01　神祕的銀狐洞

在北京西部的群山中有一座山，山上植物蔥鬱，內部還隱藏著另一個神祕的世界 —— 銀狐洞。銀狐洞是一個巨型的地下溶洞群，是中國北方最大的水旱一體洞穴系統，這個洞總長 5,000 多公尺，其中地下河長 1,000 多公尺，深入地下 106 公尺，容積超過 20 萬立方公尺，不僅如此，它還是一座地下迷宮，既神奇、詭異，又雄偉壯觀。

銀狐洞是岩體內的溶洞，是流水在大山的岩石中溶解沖刷出來的孔道。洞內化學沉積物種類繁多，門類齊全，不僅有一般溶洞常見的鐘乳石、石筍、石柱、石幔、石盾等碳酸鈣化合沉積物，還有很多石菊花、石珍珠、石葡萄、鵝管和晶瑩剔透的方解石。最為典型的是洞內眾多的雲盤、石梯田、石壟長城、仙田、晶化、邊槽石壩，在全中國的溶洞中堪稱第一。由針狀、絲狀、團狀鈣化膠結物組合而成的「銀狐」，更是造型奇特，通體晶瑩潔白，美輪美奐，世界上很罕見，被譽為「世界第一岩溶奇觀」、「中華國寶」等。

銀狐洞內多層多支，主洞、支洞，橫洞、豎洞，水洞、旱洞，縱橫交錯，蜿蜒曲折，是一座名副其實的地下迷宮。溶洞裡大型晶體喀斯特岩溶奇觀「銀狐」，總長 2 公尺，全身布滿毛絨狀銀刺，和真狐的絨毛極為相似，晶瑩潔白，為世界首次發現，銀狐洞也是由此而得名。銀狐洞發育在距今 5 億年至 3 億 2 千萬年前之間的奧陶紀，具有很高的科普考察和旅遊觀賞價值。銀狐洞的特色：銀河泛舟、水晶穴盾、鳳凰歸巢、比薩斜塔、彩旗飄舞、玉柱寶燈、世界鐘王、海獅望天、漁翁垂釣、毛籠竹舍、玉石葡萄等。

最令人不解的是，洞內石花的數量驚人，形狀奇異。洞頂、洞壁，以

及支洞深處的仙田裡布滿了菊花狀、松柏枝葉態、刺蝟樣的石花。為什麼只有這個洞裡有如此多的石花，沒人能夠說明白。尤其是對「銀狐」形成的成因，有許多不同的說法。有部分工程師認為，「銀狐」是因為霧噴之後凝聚形成的。地質研究所的部分專家教授們則認為，絲絨般的毛狀晶體含有這種物質的水，是內部透過毛細現象滲透到外部而形成的。前者持外部的成因論，後者持內部的成因論，但是到底哪一種正確，誰也無法確定。而第3種成因，目前還沒人能說明白。有一位很有名氣的氣功師光臨銀狐洞，進行發功測試，結果發現此處「磁場」異常強，遠遠超出其他地方。如果氣功師測得的結果可信，是否可以說「銀狐」以及洞內石花等溶蝕物都是強磁場「造化」的，也未曾可知！

　　銀狐洞，到現在還是一個謎。

02　無底洞之謎

　　地球上是否真的存在「無底洞」呢？照理說地球是圓的，由地殼、地函和地核三層組成，真正的「無底洞」不應該存在。我們所看到的各種山洞、裂口、裂縫，甚至火山口，也都只是地殼淺部的一種形態。不過中國的一些古籍卻有提到，海外有個神祕莫測的無底洞。《山海經》記載：「東海之外有大壑」。《列子・湯問》中也記載：「渤海之東，不知幾億萬里？有大壑焉，實惟無底之谷，其下無底。名曰歸墟。八紘九野之水，天漢之流，莫水注之，而無增無減焉。」

　　而這些古籍中提到的這個無底洞，位於希臘亞各斯古城的海濱。由於它瀕臨大海，每當漲潮的時候，洶湧的海水就會排山倒海般朝著洞裡

流去，從而形成一股特別湍急的急流。據測，每天流入洞內的海水量達 3,000 萬公斤。但讓人感到奇怪的是，如此大量的海水灌入洞中，卻從來沒有把洞灌滿。

對這種奇怪的現象，人們有各種猜測。有人曾經懷疑，這個無底洞會不會就像是石灰岩地區的漏斗、豎井、滲穴的地形，因為那樣的地形，不管有多少水，都無法把它們灌滿。不過有一點，就是這類地形的漏斗、豎井、滲穴都會有一個出口，那些水會順著出口流出去。所以人們在希臘亞各斯古城海濱的這個無底洞附近，尋找好多地方，做了各種努力，卻一直沒有找到它的出口。

為了揭開其中的祕密，1958 年美國地理學會派出一支考察隊，來到希臘亞各斯古城海濱。

考察隊員們想了很久，決定採用這種辦法：他們把一種經久不變的深色染料，投入這個無底洞附近的海水裡，然後想看這種染料是怎麼隨海水一起流進無底洞裡去的。接下來，考察隊員們滿懷希望，立刻分頭去觀察附近的海面和島上的各條河流、湖泊，想看看有沒有被這種染料染出顏色的海水。不過可惜的是，考察隊員們費盡了力氣，察看了所有地方，都沒有看到被染料染了顏色的海水。他們覺得奇怪，到底是怎麼一回事呢？難道是因為海水的量太大，把有顏色的海水稀釋得太淡了，無法讓人看出來嗎？考察隊員們只好回去了。

不過這些考察隊員一直沒有放棄。又過了幾年，他們研究製造出一種淺玫瑰色的塑料粒子，它比海水稍微輕一些，能夠漂浮在水面上，不沉入海底，所以也不會被海水溶解。

考察隊員們又一次來到上次的那個無底洞。他們把 100 多公斤的塑料粒子全都倒進了海水裡。沒多少時間，這些塑料粒子就順著海水流進了無

底洞。考察隊員們本來的想法是，從現在開始，哪怕只有一粒塑料粒子在別的地方冒出來，他們就可以找到「無底洞」的出口，揭開這個「無底洞」的祕密了。不過結果仍讓人失望，考察隊員們發動了許多的人在各個地方的水域裡整整尋找了一年多的時間，沒有找到任何一顆塑料粒子。

　　也有科學家認為，「無底洞」可能是一個尚未被認知的海洋「黑洞」。根據海水振動頻率低且波長較長來看，這個洞可能存在一個由中心向外輻射的巨大引力場，不過這只是一種猜測，還有待進一步科學考察。所以一直到現在，它還是一個謎！

03　探祕三星堆文化

　　從四川廣漢走出來大約 4 公里，你會發現三座突兀的黃土堆，這就是「三星堆」。其遺址的發掘是在 1929 年，當地一個農民在挖排水溝時，發現了一坑精美玉器，由此開始了對三星堆文化的研究，並在 1934 年由月亮灣考古發掘隊對其進行了首次發掘。

　　由於當時的條件有限，考察取證也相當困難，因此所獲資料並不多，很多人對遺址的時代和文化內涵的認知都不一樣，命名也不統一。例如有人稱之為「廣漢文化」，還有「月亮灣遺址」，或「真武村」等。對其年代的認知也不盡相同，有人說是春秋戰國，有的說是西周，還有說是新石器時代的。儘管各說紛紜，但這些調查還是對三星堆文化的研究做出了貢獻。

　　那麼在這個神祕的地方，最早居住什麼人呢？據考古學記載，「巫山人」是迄今在亞洲發現的最早人類，然則蜀人的祖先蜀山氏，就是四川最古老的民族？還有人說，伏羲是由華胥華陽所生，所以中國人類的「再生

始祖」也住在今天的四川；還有專家指出蜀人是羌人的一支；還有一種說法，他們認為蜀人是古彝人的一支，但從一些舉證來看，蜀人與彝人長期不合，這種說法好像不是很可靠。據有關史料所述，濮人多伴水而居，而古時的川西平原有許多河溝沼澤，正是濮人的最佳住所。另有調查顯示，現在涼山一帶的彝族人祖居原來在成都，後來才從低處搬到山上。可見，古蜀國是一個多民族的國家。

80 年代以後，考古學家又多次對三星堆遺址進行發掘，出土了大量文物，例如房子、墓葬、陶器、玉器等古蜀人的遺物，首次比較全面的揭示了古蜀文化的面貌。其中以青銅人物造像最具特色，它們不僅有精美的造型，且形態千變萬化，充分展現古蜀人的勤勞和智慧。

在出土的銅人像中，大部分都沒有瞳孔，這一點引起了考古學家們的重視，但對這種現象，他們也有不同的說法。根據一些資料顯示，古老民族的神職人員在作法時，都會提前服下一種令人迷幻的藥物，然後借這種藥力作法。這些人在族群中很有權威，且掌握較高的文化，他們的雙眼是看不見的。莫非三星堆王國的神職人員，真的是一群瞎子嗎？這個謎題仍在探索之中。

在專家學者們不斷對古蜀文化的探索下，現在已經知道了四川省的雅安、成都以及長江中游、湖北省的宜昌等地是三星堆文化主要的分布地區。但在成都平原發現的古蜀人遺跡更多，例如古蜀人的城址群，其形狀、建築技術都與廣漢三星堆遺址發現的如出一轍，這就充分說明了，古蜀文化曾有一個繁榮鼎盛的時期。目前考古學家們仍在對三星堆遺址繼續發掘研究，相信還會帶給大家更多新的發現。

04 木乃伊真能復活嗎

　　木乃伊俗稱乾屍，因為古埃及人深信人死後靈魂不會隨著死亡，仍然會依附在屍體或雕像上，所以古埃及人在死後均被製成木乃伊，表示死者對永生的期盼。木乃伊原意為乾枯不腐爛的屍體。就目前來說，埃及發現的木乃伊數量最多，且時間最早，製作方式也遠比其他國家發現的複雜。

　　埃及人不論貧窮、富有，在死後都會被製成木乃伊，窮人的製作方法稍微簡單一些。一般在這些富人死後，會先將死者的腦髓取出一部分，然後再將一些藥物放進腦中清洗；再用一把石刀把死者的腹部切開，取出內臟以後將腹部清洗乾淨，放入椰子酒、香料，然後再把腹部縫好。所有的工作做完之後，把屍體放進泡鹼粉裡，70天以後取出屍體洗乾淨，然後將屍體用細麻布包裹起來，再塗上樹膠，放進人形木盒裡，最後保管在墓室中。他們認為只要將肉體保存完好，讓靈魂得以依附，死者一定會轉世再生。

　　因為古埃及人相信「來世永生」的存在，他們恐懼死亡，所以在死後做了各種準備，以便復活時使用。隨著社會的進步，埃及進入了法老時代，這也導致了嚴重的貧富分化，因此，人們更加期盼美好的來世生活，逐漸的，這種期盼演化成對死者屍體的崇拜。他們覺得只要將屍體以可辨認的形式保存，人的「靈魂」就可以重新回來，這樣人就可以獲得重生。所以為了來世的生活，一定要保存好屍體。另外，由於尼羅河有規律的泛濫與消退、春夏秋冬的循環交替、自然現象的週而復始，古埃及人更認定了世界萬物都是可以死而復生的，人也包括在內。正因這種信念，才讓古埃及人在保存屍體上絞盡了腦汁。

　　當然除了這些原因之外，大自然也能塑造木乃伊。人體約70%都是水

分，為細菌的生長提供了場所，所以屍體比較容易腐爛。但在炎熱的沙漠裡，由於氣候極為乾燥，造成了屍體迅速脫水，從而很好保存屍體；在嚴寒的地方，過低的氣溫抑制了細菌的生長繁殖，屍體水分蒸發的速度也相當緩慢，為屍體脫水贏得了時間，屍體當然就保存的很好了。

古埃及人堅信靈魂存在的方式有好幾種，主要包括「卡」和「巴」兩種形式。「卡」是代表力量、財富、繁盛、永恆等，而「巴」則是代表自由飛翔在陰陽界的靈魂。如果想要一個人重生，「卡」和「巴」就必須在木乃伊身上重聚在一起。埃及的法老們都相信，神靈就是他們的祖先，這些神靈是上天派來的，他們擁有無窮的智慧。且法老們深信他們會在死後升天，並和他們的祖先相遇。

許多研究還表示，金字塔的形狀使它有一種奇異的功能，可以加快屍體脫水的速度，加速「木乃伊化」。20 世紀末，有位專家在二世王后金字塔內發現兩個陶罐，有人說這是墓主人為重生做的準備，這也許就是古埃及人們祈求永生的方法。

05　消失的馬雅文明

許多考古專家對馬雅人消失之謎做出了許多猜測，有人認為是疾病導致，有人認為是因為戰爭，還有人說是因為氣候，總之各種說法給馬雅文明塗上了濃厚神祕的色彩。為了解開這些疑問，在 1990 年代初，一支由許多專家、學者組成的科考隊，花費幾年的時間，對約 200 處的馬雅文明遺址做了考察，最後得出一個結論：馬雅人是因為內部戰亂、自相殘殺而毀滅的。據他們調查，馬雅人並非很熱愛和平的民族，在西元 300 ～ 700

年的鼎盛時期，馬雅貴族們經常因為爭權奪勢而互相攻擊，僅有 10% 的人倖存下來。西元 761 年，馬雅社會隨彼拉斯城的王宮覆滅而漸漸衰落。彼拉斯城王宮作為當時的中心城邦，經常遭到周邊敵人的攻擊，到西元 820 年以後，那裡已經杳無人煙，馬雅人捨棄了他們居住了上千年的土地，再也沒有回來。

　　現在有些人認為馬雅文明的消失是由於氣候原因造成的。近年來，一些專家對宇宙和當地的岩石做了觀測和研究，指出在馬雅社會時期，平均兩個世紀就會出現一次特大旱災，這種現象與天文學家發現的太陽振動波極為相像。由於太陽受到宇宙的影響，每隔 200 年就會發生一次振動波，造成比平常溫度高出幾 10 倍的天氣。當時的馬雅正日漸衰落，根本不能解決高溫天氣造成的乾旱問題，從而導致了馬雅文明的滅亡。當然這些都只是人們的推測。

　　16 世紀初，西班牙的埃爾南·科爾特斯率領其部下攻占馬雅人的家，他們把這裡當成殖民地，而馬雅人則淪為他們的奴隸。除了占領馬雅人的家園外，他們還帶給馬雅人天花、結核等疾病，因此有些人認為馬雅文明的消失可能是疾病造成的。

　　後來有人在百慕達海域的海面下發現金字塔的遺跡，而這裡剛好就在馬雅文明的附近，因此有人大膽設想，馬雅人離開陸地去海裡生活了。這種假設當然荒唐，馬雅人可以在水中生活，我們為什麼就不可以呢？

　　縱然找遍所有屬於馬雅文明圈的地方，人們還是不能確定馬雅文明到底是為何消失，它的消失如煙霧一樣飄渺無影，既沒有將文明流傳下來，也沒有留下關於他們的任何傳說。

06　奧爾梅克巨石雕像

　　在中美洲，還有一種文化與馬雅文化一樣神祕，它就是奧爾梅克文化。它與馬雅文化一樣，都是考古學家多年來不斷研究、分析的對象，對於它的說法也是層出不窮。最近更因一項新的發現，在美洲的考古界再次掀起研究奧爾梅克文明的熱潮。

　　奧爾梅克文明出現在 3,000 多年前，這時世界上大多數地方還處於文明的黑暗時期，而勤勞、聰明的奧爾梅克人已經開始創造屬於自己的文明。他們將城市建在高原上；製作精美的陶器……直至西元前 900 年，一度強盛的他們卻突然消失，而根據專家們對奧爾梅克文明遺址的考察，並沒有發現任何戰爭的痕跡，那麼到底是什麼原因導致他們突然消失呢？有人做出大膽猜測，認為可能是他們賴以生存的河流被淤泥堵塞而改道，所以造成了他們流離失所，遠走他鄉。

　　許多人都認為奧爾梅克文化是中美文明的始祖，因為它給後人留下了諸多文明財富：氣勢恢宏的宮殿殘骸、精美的陶器、人形美洲虎圖案等，但最具代表的，應屬奧爾梅克的石雕，這些雕像多是以巨大的石頭雕刻而成，形象酷似非洲人，專家們猜測這可能是奧爾梅克當時領袖的頭像，或是用來紀念死者的紀念物。

　　這些石雕不僅造型精美，而且神態逼真，栩栩如生，不禁讓人驚嘆幾千年前奧爾梅克人的高超技藝。更令人驚訝的是，製作這些雕像的石頭，並非是在附近開採的，而是來自很遠的地方，在當時完全沒有任何機械設備的條件下，奧爾梅克人竟從幾 10 里外的火山區，運來了這些沉重的石塊，並把這些巨石雕刻成高達 10 英尺的頭像。由此可見，奧爾梅克人有著何等力量與智慧，因此科學家們把這些石像認定為文明的象徵。

但有部分人認為，奧爾梅克文明是與當時其他文明並存的，他們彼此影響，共同發展，所以奧爾梅克文明並不能算是中美文明的始祖。為此，一些考古學家專門在其他地方做仔細考察，並發現古代複雜社會的蹤跡，且證明了在奧爾梅克時期，那裡的確存在人類文明。於是奧爾梅克文明並不是文明始祖的說法流傳開來。只是後來又有人推翻了這種觀點，因為經過專家們對聖羅倫索遺址的研究，發現這裡曾有過由巨大的石柱雕刻、建造成的宮殿存在，而當時其他部落首領的宮殿則是用籐條等編成的小房子，所以，那時奧爾梅克文化是高於其他文化的。

當然這些都只是科學家們的猜測，並未被證實，但表明了無論是在自然科學領域或在人文科學領域，到現在仍有許多未解之謎等待我們去一一解開，這就是科學探索的樂趣。

07　探祕復活節島

說起復活節島，沒有人不為島上的近千尊巨石雕像感到驚嘆的。它以其獨特的造型、精湛的雕工，給人留下了深刻的印象。相信很多人都有這樣的疑問：是什麼人雕刻出這麼多的石像？他們這麼做又是為了什麼？難道僅供人觀賞用？或還有其他的目的？帶著這些疑問，許多專家學者們多次上島，對這些石像進行深入的探究。

在對石像研究的過程中，專家們發現島上石像的高度一般都在 7 ～ 10 公尺之間，而重量則重達 30 ～ 90 噸，還有一些戴帽子的石像，僅帽子的重量就有 10 噸重。這些石像均為半身像，形象也大同小異，且均由一塊完整的紅色火成岩雕刻而成。它們神態各異，表情冷漠，全部面朝大海，

從遠處看就像一支整裝待發的隊伍，頗為壯觀。

　　科學家們發現在諸多的石像中，只有 70 多座頭頂戴有帽子，那麼這巨大的石帽到底是從哪裡來的呢？它又有什麼意義呢？

　　有人曾在復活節島上發現一條專門運送石料的道路，這條道路通向一個巨大的石坑。據說當時的酋長動用大量的人力去採集石料，然後將雕刻成的石帽用滾動的樹幹運到幾英里外的目的地。這個大石坑是個非常隱祕的地方，從島上的其他地方根本看不到，而且製作過程中產生的噪音也被石坑所吸收。由此可見，當時島上的人們已經生活在有嚴密組織的社會裡了。專家們還發現一把大約 20 公分長，類似斧頭的工具，大概是用來劈開木料的。由此，有人推斷，第一批石帽大概是在西元 1200 年出現，從這個時候起，島上的石像體積開始慢慢變大了。

　　有些人認為有帽子的石像代表的是酋長，為了擁有更多的權利，酋長們開始互相殘殺，同時建造更高的石像，石像越高，代表聲望和權利也就越大。因此，那時島上的資源曾一度被過度開採，原來島上有近 20,000 棵棕櫚樹，在 1400 年時只剩不到 10,000 棵，由於沒有了樹木，風雨加速破壞肥沃層，土壤也變得越來越貧瘠。後來隨著歐洲人的到來，島上的居民更是感染了鼠疫、天花等瘟疫，疾病幾乎奪走了島上所有人的生命……。

　　當然，這些都還是專家們提出的理論，並沒有經過證實，所以，為了揭開歷史的真相，一定要對這些假設做一番驗證，由於眾多的考古學家、歷史學家對這些疑問孜孜不倦地探索，對復活節島石像之謎的研究，一定會有新的突破。

08 水晶人頭

　　據美洲的印第安人說法，祖先留給他們 13 個能言善語的水晶頭骨，它們知道過去且能預言未來。還說將來有一天，人們會找到所有的水晶頭骨，把它們聚集在一起，集人類大智慧於一體，發揮它們的作用。人們把它當成一個美麗的神話一代代流傳了下來，但是並沒有人知道它到底是什麼樣，甚至懷疑它是否真的存在。

　　有些考古學家們對此卻深信不疑，即使從沒有人見過水晶頭骨。1924 年，英國的一位探險家組織一支探險隊，經水路來到中美洲，與他同行的還有他的女兒。他們在當地人的幫助下，終於找到了一處馬雅文明的遺址。但這座古城早已被大樹、蔓藤包裹的緊密結實，他們花了將近一年的時間，才讓它恢復了原本的面貌。看到眼前的這座古城，探險家們都非常驚訝，它的高度足足有 150 英尺，占地 7 平方英里，遠遠高出周圍的村落，而且全部由割好的白石頭砌成。城堡由金字塔、宮殿、墓塚、地下室等組成，馬雅人在完全沒有任何機械設備的條件下，建造出如此恢弘的宮殿，可見當時的勞動強度。

　　看到這些，探險家的女兒也感到興奮不已，於是她登上城堡的最高處，準備瀏覽一下這裡的風光。這時她忽然覺得在金字塔的裂縫深處有一道亮光，於是她趕快告訴父親。經過探險隊員的努力，終於搬開了裂縫周圍鬆動的石塊，最後發現了亮光是來自一個酷似人頭骨的水晶樣東西，不過這個水晶頭骨只有上半部，幾個月以後，探險家們又在附近找到另一半的水晶頭骨，它們合在一起剛好和真人頭骨一樣大小。整個頭骨長約 18 公分，寬、高都為 13 公分，重量大約有 6 公斤。根據專家們研究，這塊水晶頭骨是模仿一個成年女人的頭骨，用一塊完整的水晶雕刻而成的，做

工精緻、設計巧妙。

專家們將水晶頭骨與真人頭骨做了比較，只有眼睛的特徵稍稍與真人有點偏差，其餘幾乎都一樣。大家都知道光學產生於 17 世紀左右，而人們在認識自己的骨骼結構也是在 18 世紀以後的事了，但這個雕刻水晶頭骨的人應該非常了解人體骨骼結構和光學知識，那麼 1,000 多年前的馬雅人真的擁有如此高的教育程度嗎？另外水晶的質地雖然硬，但是易碎，那時的人又是利用什麼工具打磨的呢？因此科學家們推斷：1,000 年前的人想製作這樣一塊水晶頭骨，只能用水或細沙一點點將它打磨，且打磨者需要一天 24 小時不停地製作幾百年，才能做成這樣的曠世傑作。

種種表現在水晶頭骨上的謎團都讓人不可思議，於是就有人推斷這並不是馬雅人所製作，也許是那些天外來客的傑作。在他們離開時，把它當作禮物贈送給了馬雅人，於是馬雅人把它保存起來，直到被英國的探險家們發現。對於這種說法，科學家們無從考證，但當科學不能對一些神祕現象做出合理解釋時，也許這種推測更讓人容易接受。

如果去過大英博物館，應該知道那裡陳列著無數的奇珍異寶。不過，在眾多的珍寶之中，透明的水晶人頭，卻是寶中之寶。

考古學家發現的水晶人頭，一直都是未解的謎團。那麼，這些水晶人頭來自何方？又是什麼人製造的呢？為什麼這些水晶人頭白天與晚上所發出的光會出現如此大的變化呢？

考古學家們發現的水晶人頭，一直都是未解之謎，這一發現，引起了世界考古學家們的關注。

1898 年，水晶人頭第一次向世人展出之後，考古學家對其投入了相當大的關注。然而，據有關資料顯示，這些水晶人頭卻是從紐約「提法尼」珠寶店進購的，且可能出自拉丁美洲人之手。

　　後來，提法尼珠寶店店主的口中，考古學家們得知，這個水晶人頭是在 18 世紀末時，一個英國士兵賣給商店的。大概是由英殖民者中從墨西哥得到的。得到這個消息後，考古學家們相繼趕往墨西哥。然而，又是 100 多年過去了，考古學家還是沒能弄清楚這顆水晶人頭到底是怎麼來的。

　　到了 1927 年，一位英國人與自己的女兒安娜，帶領考察隊到達英國北部的盧巴·安吐姆古城遺址。正當安娜穿過殘垣斷壁時，由於天氣晴朗，一縷刺眼的白光照在安娜的臉上。於是，她立即蹲下去，並開始尋視。突然間，她發現在亂磚之下，有一塊玻璃似的東西，當她將碎磚搬開後，被水晶人頭的上半部分嚇得差點暈過去。安娜的這一發現，引起考察隊的重視。3 個月後，安娜又在離發現上半部水晶人頭的不遠處，挖掘出水晶人頭的下半部。

　　之後，人們將這顆完整的水晶人頭無償地贈送給米希爾。到了 1959年米希爾去世時，卻又將這顆珍寶傳給安娜。考古學家對這顆水晶人頭進行鑑定後，得知製作這顆水晶人頭至少需要 150 年，且在雕刻好後，還要用沙粒進行打磨。考古學家還檢測出，這顆水晶人頭被埋於地下至少已有 3,600 多年的時間。這顆水晶人頭的出現，引起了更多考古學家的重視，也使水晶人頭成為全世界考古界的謎團之一。

　　自從安娜發現了第二顆水晶人頭後，科學家們又相繼到安娜發現的地方進行考察、研究。最終，一位考古學家在這裡發現了一些線索，然而，這顆水晶頭也只能讓人們明白，它是由水晶塊完全仿照人頭骨精製而成的。其中，這顆水晶人頭的牙床上鑲嵌著晶齒，由三塊水晶拼成的鼻骨，眼眶也是一塊圓型的水晶。這顆水晶人頭向人們展示著驚人的靈氣。

　　第三顆水晶人頭，被存放在法國巴黎的人類博物館。然而，對這顆水

晶人頭的由來，也是眾說紛紜。有人認為，這顆人頭是 14 世紀或 15 世紀，由墨西哥的阿茲提克人製作的。而且，從其裝飾來看，處於中古時期的阿茲提克人就已經懂得水晶的美麗與製作技術，他們很早就懂得如何冶煉銅，因為這這顆水晶人頭的近處，還發現了一些精製的小型銅工具。然而，一些考古學家對此提出異議。他們認為，當時的印第安人，在 40 年代時期，還生活在密林之中，且過著原始人的生活，因此，不可能已經冶煉出銅，更不可能掌握如此高超的雕刻技術。

　　總之，這些水晶人頭，究竟來自何方？出自何人之手？是什麼時期製作出來的？當時製作這些水晶人頭又是出於何意？這些問題都是未解之謎。

09　米諾斯迷宮與吃人怪物

　　傳說米諾斯（Minos）是宙斯的兒子，他因公正、聰明而被人熟知，因此在死後他便成為冥國的判官。為了爭得王位，米諾斯只好請海神波賽頓（Poseidon）幫忙。波賽頓將一頭白色的公牛從海中升起，表示自己已經答應了米諾斯的要求。並且，海神命令米諾斯將公牛祭獻給他，以證明米諾斯對海神的崇敬。但由於白色公牛的稀有，米諾斯想把牠占為己有，於是他違背了海神的旨意，把這頭公牛飼養在自己的畜欄裡，而將一頭普通的公牛交給了海神。後來米諾斯與帕西懷結為夫妻，同時海神知道了米諾斯欺騙自己的大膽行為，於是他對帕西懷施了法，使她瘋狂地愛上了那隻公牛。她為了吸引那隻公牛，還將自己裝扮成一隻母牛。

　　不久之後，帕西懷生下了一個牛首人身的怪物米諾陶洛斯，他除了人

肉之外，什麼也不吃。米諾斯只得將他關進一座迷宮中，這座迷宮是由一個叫代達魯斯的雅典設計師修建的。代達魯斯在雅典因為嫉妒自己的侄子而將他殺害，為了尋求庇護，他投靠米諾斯，所以他認真地進行國王交付的工作。有一次，米諾斯的一個兒子被雅典人殺害，他就找自己的父親宙斯要求幫忙，宙斯就給雅典帶來瘟疫，如果想免受瘟疫的災難，雅典人就必須每年向米諾斯進貢 7 對童男童女，而這些孩子最後都成為怪物米諾陶洛斯的食物。這讓所有雅典人都活在恐懼中。又到了該向米諾斯進貢的時候了，這次王子提修斯願意充當這 7 對童男童女中的一員，目的是為了除掉怪物米諾陶洛斯，讓人們不再恐慌。當他出發時，他與老國王約好，如果回來時船上掛起白帆，就證明除掉怪物，平安歸來，如果掛上黑帆，就說明失敗了。

王子和其他被進貢的人來到克里特島，國王米諾斯親自召見了他們。王子是如此英俊，以至於米諾斯的女兒一下就愛上了他，而王子也對這位漂亮的公主一見鍾情。公主將進入深宮的路線詳細地告訴了王子，並交給他一個線球和一柄魔劍。提修斯在公主的幫助下，順利地進入了迷宮，且殺死了怪物米諾陶洛斯。國王米諾斯遷怒於代達魯斯，想要將他殺死。於是代達魯斯就找來羽毛和蜂蠟，將它們製成雙翼，終於逃離了米諾斯。可是代達魯斯和他的兒子由於飛得太高，太接近太陽，蜂蠟熔化，墜海身亡了。而王子由於太過高興，在歸途中忘了與老國王的約定，用黑帆代替白帆揚起，老國王看見之後痛不欲生，隻身躍入海中。

這就是傳說中米諾斯迷宮與吃人怪物的故事。100 多年前，科學家們在克里特島上發現一座王宮，有人認為這就是米諾斯迷宮。那是一座有五層，1,000 多間房間的巨大王宮，和其他王宮不同的是，米諾斯王宮的各

個宮室都是以長廊、門廳、暗道、階梯相連接，千迴百轉、撲朔迷離，就算是王宮貴族也不一定能完全自由出入，的確名副其實。

10　消失的海上霸國

　　邁諾斯文明曾經很繁榮，約在西元前 2300 年至西元前 1500 年間盛極一時，尤其是在邁諾斯王朝達到最鼎盛的時期。當時，邁諾斯稱雄愛琴海，他的王國被稱為海上霸國。1960 年代，美國的一位科學家在一個叫桑托里尼島火山灰下，發現了一座古城遺址。經過考證，西元前 1500 年，這座島上的火山爆發，將城市瞬間掩埋。據記載，此次火山爆發是人類有史以來最為猛烈的一次，噴出的火山灰渣占地面積多達幾 10 平方公里。據說當時埃及的上空曾出現三天漆黑一片的情景，除此之外，火山爆發引起巨大海嘯，浪頭高達 50 公尺，滔天巨浪，滾滾南下，摧毀了克里特島上所有的一切，包括邁諾斯王國。

　　20 世紀末，考古學家們發現一座王宮遺址。它占地約 2 公頃，房屋有幾百間，均由迂迴曲折的廊道連接，結構之複雜實為罕見。另外，專家們還在迷宮中發現一種特殊的符號 —— 雙斧符號，因此，專家們普遍認為，這就是邁諾斯王國的雙斧宮殿。王宮的牆壁上有豔麗如初的壁畫，倉庫中儲存著大量糧食、橄欖油、酒以及戰車和兵器。一間外包鉛皮的小屋 —— 有國王無數的寶石、黃金和印章，它們外形漂亮、做工精細，展現了克里特人非同尋常的聰明與才智。

　　科學家們又在後來的不斷挖掘中，挖到了一座神廟。在神廟中間的供臺上，他們發現了一具身長 165 公分高的青年骨骸，臺邊有一個接血用的

盆狀容器，附近還發現一把宰人的青銅尖刀。就在供臺的附近，科學家們發現一些手戴銀戒的骨骸，他們全部面部朝天，雙手摀住臉，因此專家們推斷這些骨骸應該是祭司人員。離祭臺較遠的地方有許多雜亂的屍骨，據推測是參加儀式的官員和祭司的隨從們，來不及跑出廟堂便被砸死了。根據以上的發現，專家們推測：當時的克里特島人有祭祀活人的行為。為了避免上天帶給他們災難，克里特島人就用祭祀活人的方法祈求上蒼讓災難遠離他們，可就在這時，災難忽然降臨，埋葬了所有的人。

　　透過科學家對克里特島的研究和考察，讓我們了解了海上霸國的發達與文明，同時也看到了它的衰落，也證實了他們殺人傳說的真實性。所謂文明，應該是能理性思考、和平共處，尊重生命的行為。然而在當時的文明裡，殺人行為不僅被允許，而且還是由首領所主導。這樣的行為還能說是文明嗎？退回來說，如果一個國家頻頻遭受危機，身為這個國家的首領，應該想如何幫助臣民度過危機，減少大家的痛苦，而不是迷信用活人祭天，祈求消災解難，這樣的文明即使能繁榮一時，終歸會走向滅亡。世間一切皆有定律，如果想要一種文明經久不衰，必須順應萬物發展的規律，擁有一顆善良、正直的心才是根本之道。

11　神奇的「死人之臉」

　　在巴基斯坦的大漠深處，有一堆巨石所組成的巨大人臉圖案。這張人臉雖然有高高隆起的鼻子，但眼睛卻呈半閉狀，看起來就像一張死人的臉。所以，考古學家將其稱之為「死者之臉」。「死者之臉」無疑是這個世界上最不可思議的謎團之一了，但是，正因其詭異，才讓人們對其保持強

烈的探索之心。或許在探索的過程中，結果並不如想像般瑰麗，但過程卻
充滿了無與倫比的吸引力。

1971 年，一架由傑克森擔任機長的美國偵察機從約旦起飛，在進入
巴基斯坦邊境 100 多公里後，他無意間發現，機下一望無際的荒漠中，突
然出現了一張巨大的臉。當時傑克森將飛機下降到 2,000 左右的距離，他
與副手貝克驚異地發現，那張巨大的人臉，由石頭組成，中間部位高高凸
起，巨大的「眼睛」似閉非閉，看起來就像一張死人臉，東面還有一張如
同布娃娃身軀的東西。

半個月後，一支得到特許的美國洛杉磯東方博物館考古隊來到了距離
喀拉蚩 1,000 餘公里的「死者之臉」所在地。當考古隊的成員走入「死者
之臉」後，卻更加驚訝地發現，其實這是一座迷宮。一些考古學家在走進
去之後，由於無路可循，竟然消失得無影無蹤，再也沒有回來。而美國考
古隊由地面的迷宮進入中心後，卻發現裡面其實是一層層的房間，且房間
四壁上都有文字，而這種文字無疑是一種非常成熟的文字。最令人驚訝的
是，這些文字排列的極有規律，如同某種數據一般。

在迷宮的東部街區，考古學家發現了「萬人坑」，坑中的骸骨在經過
鑑定之後發現，介於白種與棕種之間，其身高超過今日白種人的平均值，
且這些人全部死於砍殺。

後來，考古學家進一步研究發現，每當上弦月升起的時候，整座迷宮
便會在一陣隆隆的聲響中開始旋轉，一邊旋轉一邊升騰，好像迷宮中裝著
一個巨大的機關，而這個機關可以自行利用月球的引力啟動！

在 148 個小時過後，「死人之臉」重新轉回原處。

這樣詭異的存在，使來自世界各地的著名科學家與考古學家目瞪口
呆。這樣先進的啟動方式我們還無法做到。

　　後來，考古學家又發現，「死人之臉」是一座高度現代化的城市遺址。這裡不僅有縱橫有序的街道，還有許多雄偉的巨型建築和漂亮的 2 層樓複式建築，且還具備完整又複雜的地下管道。甚至，在住宅的浴室中，至今還可以借助機械噴出水來，隨時供人洗澡。

　　但是，當考古學家對整個「死者之臉」的位置與建築進行同位素、天文對照、磁場考察之後卻意外地發現：該處遺址至少修建於西元前 6000 年！也就是說，距離現在已經至少有 8,000 年的歷史了！而 8,000 年前，人類還未開始進化。

　　直到現在，有關「死者之臉」的各種評論從未停止，許多人認為，這樣的高度文明只有可能是外星人所為，因為當時尚處於石器時代的地球人，根本沒有能力去建造這樣的城市。但無法解釋的是，死於「萬人坑」中的那些人，卻與現代人有著同樣的骨骼結構。

　　於是，又有一種折衷的觀點被提了出來：「死者之臉」是由外星人所建的空間站，在廢棄後被地球人所利用。但更令人信服的說法是：與石器人同一時代、本身有一種高度發達、比現代人更加文明的人，建造了這個都市，但他們卻被比他們落後了幾千年的人所砍殺。

　　目前聯合國對「死者之臉」採取保護性禁發掘措施，至今「死者之臉」依然被重重迷霧所籠罩。雖然目前人們還不知道這個迷宮隱藏著什麼祕密，但我們卻可以猜想，如果真的存在外星人或史前文明人類的話，他們不知會如何猜想我們保護「死者之臉」這一舉動。

12 海底洞穴的古老壁畫

法國幾位業餘的洞穴探險者，在地中海某個景色優美的小海灣蘇爾密烏處，發現了一處極為精美的海底洞穴壁畫。這處壁畫上，一共畫了六匹野馬、兩隻鳥、兩頭野牛、一隻山羊、一隻貓和一隻鹿，上面的各種動物形象極為生動，可謂是古代藝術中的珍品所在。而這一海底洞穴壁畫古蹟的發現，更是使人極為驚嘆。

1990 年，法國業餘洞穴探險者亨利·科斯克在水深 36 公尺處找到了一個隧道口，在同伴的幫助下，他們進入並成功通過了長約 200 公尺的隧道。當他們浮出海面時，一個令人目瞪口呆的奇觀呈現在他們面前：在這個高出海平面 4 公尺、直徑約 50 公尺的洞穴中，有著各式各樣的鐘乳石，石壁上還有三個清晰可見的手印，並有許多栩栩如生的動物壁畫。科斯克立即有一種進入藝術殿堂的感覺。在為此驚訝的同時，他們也不禁懷疑，這些壁畫究竟是史前藝術家的作品，還是有人有意惡作劇？在無法判斷真假的情況下，他們決定暫時對外保密。

1991 年 9 月 3 日，科斯克向馬賽海洋考古研究所報告了自己的發現，並要求政府對這些壁畫採取相應的保護措施。9 月 15 日，科斯克和史前考古學家帶領的水下探險隊，潛入海底洞穴，採用現代分析儀器對洞穴內的壁畫進行研究，初步認為，洞穴中的壁畫很可能是史前藝術家用黑色木炭和紅土完成的，至今已經有一萬多年的歷史了。據考古學家分析，石壁上的手印可能是史前藝術家在動物脂肪裡混入有色礦石粉末製成油彩，然後將手貼於石壁上，用空心獸骨將油彩吹噴到石壁，完成了這一傑作。

但令人疑惑的是，在一萬多年前，史前的藝術家如何潛入一個海底洞穴呢？而這些壁畫在長時間的海水浸泡中，又如何能奇蹟般地保存完好？

有些考古專家如此解釋：一萬年前正處於冰河時代的末期，地中海的海平面比今天低 100 公尺以上，而蘇爾密烏海灣水下隧道在當時無疑正好處於海平面之上，人們可以很容易地從懸崖下的隧道口進入洞穴。後來冰河時代結束，海水上漲，將隧道淹沒，使洞穴呈現密封狀，而洞穴中的壁畫也就此避免了風化與破壞，得以保存至今。

　　但也有人認為，這些壁畫如此完好，根本不可能是一萬年前的作品，而且一萬多年前，這個地區是否有史前人類居住，也非常值得懷疑。因為此地從來沒有發現過有關史前人類的遺跡，所以，這些壁畫很有可能是後人偽造而成的。

　　不管是哪一種說法，至今都沒有有效的證據可以支持與說明，而海底洞穴中的古老壁畫也成了不解之謎。

13　古印度印章

　　印章不是只存在於中國，在古印度的各處遺址中，也發現許多的印章。目前，印章文字是世界上已知的最早文字體系，在印度一帶總計出土了 2,000 多枚印章，所以，有人也將印度河流域文化稱之為印章文明。那麼，這些印章上所刻的到底是什麼樣的文字？它表達的是什麼意思？印章是古印度文明的結晶，如果可以將印章上的文字破解，也許古印度文明便不會再神祕了。

■ 發現過程

　　在印度各個文明遺址所出土的各式印章，已多達 2,500 多枚，從材質來看，其中有象牙的、有鋼製的、有陶土的、還有天青石的。這些印章一

般都是直徑 2.5 公分的正方形，有些也為長方形。這些印章以文字符號或刻劃圖形的方式，向後人昭示文明的準確訊息。

曾有一段時間，印度的字經歷了由象形文字到表音、表意文字的發展過程。據專家研究，古印度印章上的文字很可能屬於印歐語系。但這說法在 1970 年代以後被遺棄，更多學者傾向於這些語言是印度土著的達羅毗荼語。目前，對於古印章文字的研究工作還在繼續，它們所攜帶與隱藏的祕密正在被一步步地揭開。

在哈拉帕、摩亨佐‧達羅早期文化中出土的那些印章，顯得極為古樸，上面的符號也極為繁雜，而羅塔爾地區出土的印章文字明顯地呈現簡化狀，印章文字的筆劃由直線和弧線組成，從右向左書寫。有些字符依然保留象形文字的特點，一個符號表示一個意思，但更多的是，將兩個或更多的符號一起使用，以此來表示一個複合的意思。

古印度印章上最值得人們注意的還是牛的形象。在摩亨佐‧達羅所出土的 123 個鋼製印章上，多達 36 個都刻畫著牛的圖案。其中還有頭上長角的立姿人獸圖形，與各種不同的抽象牛頭圖案。在印度，牛有極為崇高的位置，人們對牛的崇拜是印度河流域文明中最為突出的一道風景。同時，出現在印章上的還有大象、羊、駱駝等。山川河流等自然物體也非常常見。其中也有一種為數不多的印章極為特別：它們或是人獸共處、或是人獸同體，而這也從側面反映出印度河流域宗教信仰中的天神崇拜。

在印度河流域，一些地位顯赫的貴人，一般都有自己獨特的標誌。他們會將這種標誌刻於印章上，在需要的時候將其蓋下來。他們隨身攜帶，以此來表示自己的身分；有時候，也會將這些印章送給來自他鄉的友人。所以在兩河流域也曾發現過古印度印章。

　　一枚小小的印章，卻被人們賦予如此深厚的文化內涵，而想將印章中所包含的文明全部破解，還需要人們進一步地研究。

14　消失的艾布拉

　　西亞敘利亞境內北部城市阿勒坡與哈馬之間，是一望無際的荒涼大沙漠。沙漠中一年四季雨量稀少，夏季酷暑難熬，酷熱的氣候使這裡異常乾旱。令考古學家非常不解的是，就在這個鳥獸難棲的乾旱之地，有一個名叫馬爾狄赫的巨大山丘，這個山丘明顯高出周圍地面約 10 公尺，看起來極有氣勢。就在這座引人注目的荒丘，一座鮮為人知的古國都城已經靜悄悄地沉睡了 3,000 多年。

　　在 1970 年代末～ 80 年代初，美國與法國的媒體相繼報導：在敘利亞一帶的沙漠地區中有沉睡 3,000 年之久的死城 —— 艾布拉古國遺址出土。這件事被稱為上世紀考古學最為轟動的事件之一，有人將其喻為「古代世界第八奇蹟」。

　　1862 年，法國考古學家戴沃蓋開始對「不可踰越的、被當地人遺棄的地區」敘利亞大沙漠進行考察，在這次短期的考察中，戴沃蓋意外發現一座巨塔和一些古建築物遺跡。這些建築的特點非常鮮明：牆較寬、殿堂較大、柱體較高。但是當時由於種種原因，發掘沒有進行。此後，這片遺跡再次被黃沙掩埋，成為考古者們遺忘的角落。

　　1955 年，敘利亞某個農民在沙漠行走時，偶然發現一個由灰色玄武岩雕刻而成的獅子和一個聖盆，盆的周圍刻有行軍的武士和宴會的情景，但可惜的是，這個發現依然沒有引起人們的注意。

　　直到 1964 年，羅馬大學考古隊在義大利考古學家保羅‧馬蒂爾博士的率領下，來到敘利亞，想要對 4,000 多年前的青銅器時代進行進一步的考察。他們將馬爾狄赫荒丘選為研究之地，並對其進行連續多年的調查與發掘，結果竟然意外地找到一座不為人知的王國都城 —— 艾布拉。

　　隨後，宏偉壯麗的馬爾狄赫陵墓出土，艾布拉王國的宮殿和神廟也相繼被發掘。這些建築都有極為和諧的布局，且建築技巧極為精湛，稱得上是古代西亞建築藝術的精華，從考古過程中所發現的資料來看，大約西元前 4000 年前，這裡已經有原始先民定居，發展至西元前 2900 年左右，艾布拉已成為當時西亞強盛的國家之一了。據估計，當時艾布拉都城中約有三萬居民，整個艾布拉王國在鼎盛時期的人口可達 20 ～ 30 萬。

　　整個艾布拉城最寬處約為 1,000 公尺，有四個門，遺址的總面積達 56 萬平方公尺，呈現為菱形。隨著各類文物的出土，艾布拉文化也呈現出其燦爛的一面。在此之前，艾布拉的存在只限於史料，而這次發現無疑讓人們意識到，這個神祕的王國真實地創造過屬於它的歷史，而且有大量關於自身歷史的文字紀錄。

　　雖然目前還有大量的「艾布拉文書」尚未破解，但根據目前已譯出的大量文書記載，學者們已將這個神祕王國的初步情況勾勒出來。

　　艾布拉古國最初處於原始社會末期，後來發展成高度發達的奴隸制國家，國王擁有無限的權利，包括全國政治、軍事與司法、宗教等大權。國王是專制君主，獨攬全國的政治、經濟、軍事、司法和宗教等大權。由於對奴隸的剝削過於殘酷，在艾布拉王國晚期，貧富懸殊變得過於巨大，而社會矛盾也開始不斷激化。

　　古艾布拉王國有強大的軍事力量，國王以此來實行對內鎮壓，對外頻繁發動侵略戰爭的方法，掠奪了大量的奴隸與財富，而艾布拉的奴隸制也

空前繁榮。

正當艾布拉王國變得日益繁榮時，兩河流域另一奴隸制國家阿卡德王國也強盛起來。阿卡德國王薩爾貢曾征服過艾布拉王國。

阿卡德王國對手下敗將艾布拉王國的貴族與臣民進行無情的打擊，並強迫人民交納大量的金銀與貢物，引發艾布拉人民強烈不滿，並繼而反抗。西元前 2291 年，薩爾貢一世的孫子那拉姆‧辛親率軍隊征服艾布拉王國，並將艾布拉城焚毀殆盡，但是王室檔案庫中的大量泥板文書得以完整保存下來，成為目前研究西亞歷史的珍貴文獻資料。

阿卡德王國軍隊撤退後，堅強的艾布拉人重建了自己的家園，並重新修築宏偉而壯大的神廟建築，古城一度恢復昔日的繁華。但是在西元前 2000 年左右，游牧民族亞摩利人再度將艾布拉擄掠一空，在臨走後，又一把火焚燒了這個城市。此後，亞摩利人建立起古巴比倫王國，而艾布拉城由於迭遭浩劫，日漸呈現衰落之狀。在西元前 15 世紀中葉，艾布拉又被西臺王國掠奪，整個艾布拉城郭基本上全部被毀。從此後，艾布拉居民再也無力重建故園，並突然消失得無影無蹤。

到底艾布拉的突然性毀滅是由於統治者內部紛爭造成，還是由於外族侵略而造成的，似乎已成為一個歷史上無法解開的謎。一些學者認為，艾布拉文化本身並沒有隨著城市的毀滅而消亡，而是被烏加里特與巴勒斯坦諸民族繼承下來，但這些僅是推測，並沒有實際的證據可以證明。

不管如何，古艾布拉王國遺跡的發現，成為一具有劃時代意義的重大歷史事件，在這個生態環境如此殘酷的沙漠地區，竟然曾經有過如此繁榮而燦爛的文化，本身就是一個了不起的奇蹟。人們將其列為「世界第八奇蹟」，從某種意義上來說，並不過分。

艾布拉古城的消失並不會因其沉沒而淡化了人們的記憶。這座幾千年

後重見天日的古城，無聲地向人們訴說一段輝煌的過去。我們相信，隨著「艾布拉文書」一點點的被釋讀，有關中東的新歷史也會呈現在人們面前的。

15　印加人崇拜太陽神

印加帝國是一個怎樣的國家？印加人的祖先又是何人？為什麼印加人會對太陽神情有獨鍾？太陽神又是什麼樣的人？為什麼他會在印加帝國受到眾人的尊敬？

最初之時，太陽神只是印加部落之神。然而，隨著發展，太陽神成為印加帝國的主神。太陽神具有人形，他的臉部如金盤，光芒四射。而印加國的確將自己稱為「太陽之子」，據說，印加人的祖先曼科・卡帕克就是誕生於太陽島，成為神的使者。他擁有印加的稱號，並且具有最高的權力。

在帕查庫特克執政的年代，也就是 14 世紀時期，印加太陽神崇拜以及王權神化呈現制度化階段。且帕查庫特克屬行宗教改革，並樹立了新神，使他控制的王權一神化。他還不承認崇拜太陽神，宣稱一切神靈都是無形、永恆與萬能的主神創造的。如果沒有帕查庫特克，就沒有人能夠指揮太陽神了。因此，庫斯科神得到了至高無上的地位。正是如此，庫斯科的太陽神廟成為全印加的聖殿，還在裡面設置了帕查庫特克的神位。

印加人對太陽神的崇拜與他們對祖先的崇拜有非常密切的關係。因此，印加被認為神才是他們的祖先，且印加王朝也是太陽之子開創的。當時的太陽之子與其妹妹 4 男 4 女從距離庫斯科 35 公里的帕卡坦普里出來，

這八個人想找一塊肥沃的土地建造太陽王國。他們八人分別是阿亞爾·曼科、阿亞爾·烏坽、阿亞爾·奧卡、阿亞爾·卡奇、瑪瑪·沃利奧、瑪瑪·瓦科、瑪瑪·科拉、瑪瑪·拉瓦。

　　他們兄妹 8 人到瓦納卡裡，並在那裡種下了太陽賜予他們的玉米。而阿亞爾·卡奇有非常大的力量，他用單刀開山劈嶺。然而，卻遭到其他兄弟們的防範、忌妒，於是，設計陷害於他。最開始的時候，他們將卡奇引到一個山洞中，然後用巨石封住洞口。後來，卡奇求天地之神來救他。創造天地的神將卡奇變成神鷹，他才從山洞中逃了出來，最終變成岩石。也就是印加青年非常崇拜的瓦卡之一。

　　他的另一位弟弟由於褻瀆聖物，變成了石頭。最後，只有曼科和奧卡兩人前往庫斯科，他們擁有太陽神賜與他們的一根金杖，這根金杖也是通向庫斯科的聖物。曼科曾經多次想將金杖插到地裡，可是都沒有成功。因此，引起了奧卡的蔑視與反叛。可是，曼科卻堅信能將金杖插進去。後來，他終於將金杖插進了地裡，他插入金杖的地方，也就是庫斯科。最後，曼科將金杖拔出，把奧卡的頭顱打破，使得他服從太陽神與曼科。再後來，曼科與瑪瑪·沃利奧結合在一起，因此，曼科成為庫斯科的祖先，並開創了印加王朝，他的妻子沃利奧成為印加王朝的女祖先。

　　印加起源神話，表現了庫斯科的發現過程，也充分展示了他們對太陽神與祖先的崇拜存在著非常緊密的關係。

　　印加人創造了拉伊米、西圖西、印地·拉伊米、阿莫拉伊四個宗教節日來崇拜太陽神。印加人還對神聖的草、木與動物有著崇拜之情，他們崇拜的動物有美洲豹、兀鷲、大鷹和猿；植物有玉米神、馬鈴薯神。他們還將庫斯科附近的一個岩洞，看成瓦卡崇拜。據說，印加的首領曼科就是出生在此。此外，印加人還對自然充滿了崇拜，他們將星辰、星座都當作神

看待，還對地球與海洋十分崇拜。

　　雖然，印加人有著非常多的崇拜，但是，唯有對太陽神崇拜根深蒂固。他們對太陽神崇拜得深切而徹底，沒有哪一種崇拜能夠抵過他們對太陽神的崇拜。直到如今，古印加人的後裔還是對太陽神有著非常深厚的崇拜之情。

16　阿茲提克文明

　　在現代社會，有很多人都崇拜尚武精神，然而，也許人們並不知道，在遠古的時代裡，也曾出現過尚武的國度。而且，這種文明的尚武之謎，卻一直不能夠被人們解開。這個未解之謎，就是阿茲提克文明中的尚武之謎。

　　也許人們會問，阿茲提克是什麼樣的國家？這個國家出現於哪個世紀？為什麼會如此崇拜尚武精神呢？

　　阿茲提克文明是由阿茲提克人創造的，生活在遠古時期的阿茲提克人，不僅創造具有先進技術的建築藝術，在文化方面也曾獲得很大的成功，並為人類文化做出很大的貢獻。

　　在 1520 年，一位德國的藝術家杜勒曾經對阿茲提克人製作的工藝品發出這種感嘆，他說道：「在我的一生中，從來都沒有見到過如此令我歡呼的物品，阿茲提克製作的工藝品中，我看到了太多的珍貴藝術品，我真為生活在遠古時代的那些人具有的聰明才智感到驚訝。」

　　生活在遙遠時代的阿茲提克人，他們對石雕藝術情有獨鍾。而且他們對太陽神的崇拜，達到瘋狂的地步。因此，太陽神的石雕藝術是他們石雕

藝術的主題。2001 年，在墨西哥國立博物館中展出阿茲提克人的石雕中，出現最多的就是有關太陽神的石雕。

阿茲提克人在建築藝術以及其他文化方面，也有非常大的成就。由於當時阿茲提克人生活在遺留著原始社會氏族公社風氣的環境中，但卻又表現出奴隸社會的特點。當時在他們生活的過程裡，都是具有親屬關係的人共同生活在一起，並且推舉出一人擔任族長。每當他們舉行聚餐的時候，總是將男子安排在前，女人安排其後。

阿茲提克人的尚武精神表現得非常強烈，他們十分重視自己的軍事組織，並且要求男孩子從 15 歲就要接受軍事訓練。每次他們打仗回來，都會根據戰爭中的個人表現，論功行賞。如果某人抓獲的戰俘最多，就會記大功一件；對於那些俘虜少的人，他們就會記小功一件；如果沒有抓到戰俘的人，就會受到眾人的懲罰。

而且，他們的首領必須進行會議之後選出來，被選出來之人，就會具有統治者的權力。

當時阿茲提克人已經發展到奴隸制的社會，其奴隸制的表現，主要是將俘虜，以及本部落內的罪犯、窮人，賜予他們奴隸的身分。他們要求男奴隸從事家務勞動，女奴隸則負責伺候奴隸主。在蒙特蘇馬一世在位時期，阿茲提克帝國總共出現了一千多個服侍他的女奴隸，當時蒙特蘇馬每頓飯都要吃 30 多道菜餚，過著非常奢侈的生活。透過這些可以看出，當時的阿茲提克帝國存在很明顯的階級對立現象。

考古學家還發掘出一尊阿茲提克人的大地女神雕像。這尊雕像高度達 2 公尺。這尊女神像的脖頸上掛著一個人手、人心與骷髏組成的項圈，在女神的臉上，還有幾條響尾毒蛇從她臉上往下爬。這尊雕像出土後，就存放在墨西哥城的人類博物館內。

對阿茲提克人而言，他們認為宇宙萬物都是由一個至高無上的神主宰著。那些統治者希望自己可以永遠不死，並把自己尊稱為神。即使死去，統治者也想讓自己的靈魂升到天堂，然後，在天堂可以繼續統治屬於天地之間的人類。

而對那些普通百姓來說，他們為了擺脫精神上的痛苦，只崇拜與自己切身利益相關的神靈。因此，普通百姓崇拜更多的是太陽神、月神、雲神、玉米神等眾多神靈。且他們還在各地建立神廟，以求這些神靈能夠保護他們。因此，阿茲提克有非常多的神廟，僅僅特諾奇提特蘭城就擁有 40 多個廟宇，以及 5,000 多名僧侶。

人們透過各種方式來祭祀神靈，甚至用一些戰俘來祭祀自己崇拜的神靈。不過，對阿茲提克文明而言，正是因為他們種種行為，才使他們滅亡的步伐進一步加快。最終，導致阿茲提克文明的消失。

17　史前腳印

在世界各國中，陸續發現了遠古不同時期人類的直接證據。從幾萬年前，甚至幾億年前的人類腳印，到人體的骨骼化石，而這些發現都無法歸納於人類的時間進化表中。以下列出部分是已經被考古學家證實與發現的一些史前腳印。

1968 年的一個夏天，一位名叫威廉‧J‧米斯特的美國業餘化石專家，在猶他州附近的羚羊泉寒武紀沉積岩中進行發掘，這一地區以出產三葉蟲化石而聞名。他無意間敲開了一塊化石，而這一敲，不僅使 100 多年來現代人類所篤信的進化論受到懷疑，更揭開了人類發展史研究的另一

扇門。

　　威廉・J・米斯特在敲開這片化石之後驚訝地發現，上面有一個完整的鞋印，而且鞋印的下方還有一隻三葉蟲！上面的鞋印後跟部分下凹約1.5公分，與現代人所穿著的便鞋非常相似，整個鞋印長約26公分，寬89公分。這就意味著，鞋子的主人生活在擁有一定文明的環境下。

　　後來猶他大學著名化學家庫克親自前往鑑定，得出結論：這的確是人的鞋子。但是令人納悶的是，三葉蟲是一種生長於6億年前～2億多年前的細小海洋無脊椎生物，人類的出現遠遠晚於三葉蟲生存的時期，而且只有3,000多年的穿鞋歷史。這一切，該如何解釋？在如此久遠的歷史時期之前，難道也有和我們一樣的人類文明存在嗎？

　　類似的疑問早在19世紀就已經存在了。在1882年美國科學雜誌，曾刊登過這樣的訊息：一名法國的探險家在聖路易南部密西西比河沿岸發現了一連串的腳印，而且每一個腳印都極為清晰地顯示出人類腳掌底部的肌肉曲線。同時，當時還發現一道類似於卷軸或紙筒所壓形的印痕。最令人奇怪的是，這兩處痕跡的發現岩石都是距今至少有3億4,500萬年前的密西西比紀石灰石。

　　由此我們可以推斷出，在上億年前，除了有人類存在的可能性之外，很可能當時的人類已經具備造紙技術等各種文明了。

　　之後，1968年的7月，地質學名家伯狄克博士親往羚羊泉進行考察時，又在那裡的岩石上發現了一個小孩子的腳印。1968年8月，在鹽湖城某公立學校工作的華特，又在一塊含有三葉蟲化石的岩石上，發現了兩個穿著鞋子的人類足跡。

　　而這些發現都經過有關學者與專家的鑑定，其真實性無法令人懷疑。這些腳印的出現，不僅對傳統的地質學提出嚴重的挑戰，更對人類的起源

產生了質疑。以猶他州大學地球科學博物館館長馬迪生在記者招待會上的話來說，那一時期「地球上沒有人類，也沒有可以造成近似人類腳印的猴子、熊或大地懶，那麼，在連脊椎動物也未演化出來之前，有什麼似人的動物會在這個星球上行走呢？」

這些腳印的存在，一下子將人類存在的可能性拉到上億年之前，使進化論的框架被強力地撼動了。難道人類真的早在億萬年之前就已經存在，並擁有一定程度的文明了嗎？這樣的疑問至今還無人能夠回答。

18　海底遺跡

你知道地球出現於什麼時間嗎？目前，根據科學家的研究表明，我們所居住的地球大約誕生於 45 億年前，而人類的歷史又遠遠晚於地球。在新生代第四紀的更新世，即約 180 萬年前的冰河期，才開始出現了猿人。科學家認為，一直到最後一次冰河期開始衰退、並趨於結束時，即距今約 12,000 多年前的全新世，才開始有了所謂的社會生活與文明。而現代文明史更是在 5,000 多年前才開始的。在此之前的時期，人們將其稱為史前時代。但是，出乎科學家意料之外的是，在大洋底下陸續出現了許多海底文明遺跡，使人們的歷史觀被完全顛覆。

半個多世紀以前，日本潛水員在日本琉球群島的與那國島南端進行海底潛水時，發現了人造建築物的遺跡，這些遺跡包括一些被珊瑚覆蓋的方形結構物、巨大帶有稜角的平臺，還有街道、拱門、梯子等各種建築物。這座海底遺跡看起來像是一座祭壇，其東西長約 200 公尺，南北寬約 140 公尺，最高處約達 26 公尺。

　　1986 年，這座海底城被命名為「海底遺跡潛水觀光區」，後琉球大學成立「海底考古調查隊」，對其展開了長達 8 年的調查，陸續發現各種石砌建築、柱穴、人頭雕像、拱門及幾何圖形的海龜雕塑等，還發現了雕刻於石牆上的「象形文字」，由此可以看出，這是一個高度發展的人類文明所遺留下來的古文明遺址。倫敦大學的考古學家表示，此處應該是史前祭祀用的神廟，而建造者至少有如美索不達米亞及印度河古文明的文明水準。

　　隨後，有學者指出，這一古蹟所在的陸地，露出地面的時間，至少在 10,000 年前，而當時，人類還處於石器時代，根本不可能建立如此雄偉的建築物。

　　日本海域所出現的海底遺跡並非唯一，自 1968 年以來，人們不斷在秘魯海岸邊水下 200 公尺深處發現雕刻的石柱與巨大石頭建築群。最令人吃驚的是，這些建築群的模樣與秘魯史前遺跡巨石陣（Stonehenge）和蒂林巨石牆有極為相像之處。而且，這些海底建築的結構非常嚴密，沒有相當的知識水準是無法建造的。

　　1974 年，一艘來自蘇聯的「勇士號」科學考察船，在直布羅陀海峽外側的大西洋海底成功拍攝到 8 張海底照片。從這些照片中，我們可以清晰地看出，其中一座古代城堡的牆壁與石頭臺階。進一步研究發現，其沉沒的時間同樣在 10,000 多年前。

　　最近，法國與美國的科學家聯手在百慕達三角地帶海域西面，發現了一座底邊長 300 公尺、高 200 公尺的巨型金字塔，而這座金字塔的塔尖距離海面有 100 公尺之高。研究發現，這座金字塔遠比埃及的金字塔更加古老。

　　亞特蘭提斯的傳說在當今許多民族中都曾經出現過，而且這些記載中都表明，亞特蘭提斯文明已經擁有飛機、船舶、通訊等各種設備，但是約

12,000 年前，該大陸卻因一場世界性的大地震與大洪水災難，永遠地沉入了海底。

　　這些沉沒於海底的文明古蹟，都是屬於人類史前文明範圍內的東西，而它們所表現出來的優異建築技術，是我們無法用當代的歷史學來解釋的。這些太過古老的遺跡，很可能是另一個不為人知的人類文明所留下來的證據，面對這些無法忽視的遺跡時，我們不禁會問道：難道真的曾經有過繁榮先進的史前文明嗎？這些海底遺跡是否就是那段被遺忘的歷史說明？至今，沒有人可以回答我們的疑問。

第 4 章
古文明的衰落之謎

01　哈拉帕文明衰落

　　一般情況下，歷史學家認為，古印度文明始於西元前 1000 年後期的吠陀時代。但是據最新考古資料證明，在整個史前時期到現代人類文明出現之前，一直有人居住於古印度，且曾經擁有過燦爛而輝煌的文化。

　　19 世紀早期，印度旁遮普地區的哈拉帕曾經有許多古文物出土，一同出土的還有兩枚印章，這引起了考古學家對古印度文明的注意。

　　1922 年，印度考古學家在進行考古時，於信德地區的某個古代佛塔下面，發現了早已被塵土掩蓋幾千年的古城遺址 —— 摩亨佐·達羅，同時，有類似於哈拉帕地區的印章和古物出土。

　　1820 年代，一群來自英國的考古學家在印度河流域發現了新的遠古時期文明 —— 哈拉帕文明，這種文明曾經在此有過幾個世紀的輝煌，但卻在突然間衰落。

　　在印度河流域出土的這些古城遺跡中，設計極為複雜，文物也多彩而精美，使人們看到了作為世界文明發源地之一的古代印度高度發展的文化。後來，陸續有若干文化遺址出土，人們將其共同稱為「哈拉帕文化」。

　　在現存於世的各種文獻中，根本就沒有關於哈拉帕文化的記載，這是早已被人們遺忘的文化。人們根據出土的印章推測，在西元前 2350 年至1770 年間，印度河流域與兩河流域間的人們曾經有過密切的商業往來。由此，進一步推測出，哈拉帕文明出現的時間應該在西元前 2300 至 1750年間。

　　這些上面有各種文字符號的印章出土，在一定程度上表明了當時的哈拉帕已經進入文明時期。在進一步對哈拉帕文明進行研究之後，考古學家發現，這一時期的農業、商業與手工業都已經有相當程度的發展。

在對摩亨佐‧達羅城市遺址進行進一步的考察後，考古學家發現，這個城市有極為井然有序的交通網絡，而且有較為完善的管道網絡，其城市總面積約 85 萬平方公尺左右，居住人民高達 3.5 萬人。哈拉帕與摩亨佐‧達羅的豐富文化遺產表明，印度河流域當時已經具有高度的文明。

有關哈拉帕文明的文字解讀工作尚未完成，所以這種文明的創造者我們也無法確定，有人認為可能是蘇美人或雅利安人、達羅毗荼人創造了哈拉帕文明，但這些推測卻始終沒有確切的證據來證明。

但是已經擁有高度文明的文化在興旺發達了幾個世紀之後，在西元前 1750 年，卻突然衰落了。從此，哈拉帕文明之光熄滅了。而這一古老文明到底是如何從繁榮走向毀滅的，卻一直困惑著學者們。

有些學者將哈拉帕文明的衰落歸結於種種自然災害。但很明顯，自然災害並不足以證明一切，分布於如此廣闊的土地上，各個城市怎麼可能會因為一時的自然災害一齊滅亡？另有學者認為，人為造成的自然破壞，或由於城市文明的富足而引發外族入侵，才造成文明的徹底隕落。但目前沒有任何一種有關哈拉帕文化衰亡的原因有足夠的證據支持，成為了一個不解之謎。

02　泰姬瑪哈陵

據說，泰姬瑪哈陵是蒙兀兒王朝第五代國王，他有一個年輕貌美的妻子叫慕塔芝‧瑪哈，她不僅性情溫柔，且擅長書畫。她與國王恩恩愛愛，同甘共苦一起生活了十幾年。可是好景不長，愛妻慕塔芝‧瑪哈卻因難產死了。國王沙賈漢無比傷心，他決定為愛妃建造一座世界上最美麗的陵

墓。那麼泰姬瑪哈陵的建造目的是什麼？是紀念死去的愛妃，還是國王的個人目的？泰戈爾將其稱為「永恆面頰上的一滴眼淚」，又有什麼意義？

據說，國王的愛妻慕塔芝‧瑪哈是個波斯女子，她不但貌美聰穎，更是多才多藝。在她入宮的 19 年間，見證了「沙賈漢」的榮辱征戰。後來國王對她進行最高加封，她成為宮廷的皇后，真是集三千寵愛於一身。可是，自古紅顏命薄，在泰姬生下第 14 個孩子後就死去了，國王也因此一夜白了頭髮。無論多麼英勇善戰的國王，也有被溫柔折服的時候。

就這樣，這個悲痛的國王，動用權力，勞民傷財，為自己的愛妃建造一個華麗的陵墓。痴情的國王本想在對面為自己建造一個與「泰姬瑪哈陵」一模一樣的陵墓，可是沒過多久，皇室內部紛爭激烈，工程也因此耽擱了。他的兒子殺死兄弟，囚禁了國王沙賈漢。被關在阿格拉堡的沙賈漢，只能痴痴地凝望數公里愛人的陵墓。

泰姬瑪哈陵因具有神祕的愛情故事，吸引了很多文人墨客。

但是，據說在泰姬瑪哈陵竣工後，國王下令砍掉所有參與建設的工匠手，並將設計師的頭砍下來，為的就是避免日後的陵墓勝過泰姬瑪哈陵。如此血腥，世上罕有。

據說，如此浩大的工程用了 22 年的時間才完成，而且每天要有 2 萬工人做工。這座陵墓無論裝飾還是外觀，都很獨特，單單鑲嵌那些精美圖案所用的寶石種類，就多達 43 種。墓內到處可見純銀燭臺、燈座以及華麗的波斯地毯，使整個陵墓更加雍容華貴。

1857 年，蒙兀兒帝國滅亡，泰姬瑪哈陵內的金銀珠寶也被洗劫一空，幸好陵墓本身沒有受到破壞。幾百年來，它仍然屹立河畔旁，被人視為完美愛情的象徵。但有趣的是，古今人對泰姬瑪哈陵的看法是有很大差別的。據說，在 17 世紀時，歐洲人來印度旅行，所見的沙賈漢國王，原本

就是個功權薰心、荒淫無度的傢伙，根本不是一個愛情專一的好丈夫。還有人說他竟然與長女亂倫。為了奪取皇位，他不念手足之情，殺死自己的兄長。有些人會懷疑傳言的準確度，但仍能找到史實記載。

他的愛妃生前就喜歡陪伴沙賈漢出征，由此可見，夫妻二人都是擅長殺戮的。在她石棺上刻有：「求真主保佑我們能抵禦外族教徒入侵。」沙賈漢在位期間，一直不斷擴張勢力，他的虛榮心很強，以建造宏偉的建築物來炫耀帝國財富。建造豪華的泰姬瑪哈陵，也許只是他揮霍財富的一個縮影。

令後人不解的是，泰姬瑪哈陵完工後，國王為什麼要將設計師與工匠殺死或致殘？僅僅是為了讓以後不出現這麼完美的建築？還是他想掩蓋什麼？這很值得我們去思考！

03　米諾斯王宮

古希臘的克里特島，存在一座迷宮。在這座迷宮中，有令人不解的謎團。且迷宮之中，還有各式各樣的文化。

那麼，古時的米諾斯為什麼會建造這座迷宮？這座迷宮有什麼樣的故事？當時是如何將這座迷宮建造而成的？

在很多年以前，愛琴海的一個小島嶼克里特島上，有一位叫米諾斯的國王。由於他的兒子在雅典遭到他人殺害，米諾斯為了替兒子報仇，就向雅典發起挑戰。最終，雅典向其求和，米諾斯就要求雅典必須向克里特島送 7 對童男童女。而米諾斯還在克里特島建造一座迷宮，雅典送去的 7 對童男童女，都是為了餵養迷宮中的野獸米諾牛的。

　　9 年的時間過去了，雅典人按照約定向米諾斯進供童男童女，當時雅典有童男童女的家庭都非常擔心。而雅典國王的兒子提修斯，不想讓其他人遭受這樣的不幸，於是他決定與童男童女一起去克里特島。

　　到達克里特島後，提修斯的英俊外表，深深吸引著米諾斯的女兒。她向提修斯表示了自己的愛慕之情，還與他一起約會。當公主知道提修斯的使命後，她就將一把魔劍與線球交給了提修斯，這樣可以讓他避免遭到米諾牛的傷害。

　　聰明的提修斯一進入迷宮後，找到了怪物米諾牛，用公主送給他的劍將米諾牛殺死。之後，他又帶著童男童女回到雅典。米諾斯是為了替兒子報仇，才建立這座迷宮。

　　到了 1900 年，英國考古學家到達現今位於地中海的克里特島，考古學家們想從傳說中找到迷宮的歷史遺址。他們在克里特島經過 3 年的發掘，最終找到了迷宮，並發現了大量的文物。

　　這座迷宮位於凱夫拉山的緩坡上，占地面積達 2 萬多平方公尺，迷宮中有大小不等的宮室總共 1,500 多間。迷宮是由國寶殿、王后寢宮、雙斧宮、樓房、貯藏室、倉庫等多個宮室組成。總占地面積達 1,400 多平方公尺的長方形庭院，將迷宮的東宮和西宮緊緊連結在一起。而由 3 層建築構成的西宮，在其華麗的建築之間，有長廊、門廳、通道和階梯相連。

　　這裡的建築廊道都是使用迂迴、宮室交替的方式建造的，因此，人們一旦走進去，就很難找到出口。考古學家還發現，在迷宮的眾多牆壁上，有大量的壁畫。雖然這些壁畫被埋藏於地下 3,000 多年了，但是當考古學家將這些壁畫挖掘出來的時候，壁畫竟然仍有非常鮮豔的顏色。

　　另外，在壁畫中，還有表示鬥牛戲、國王、貴族活動與集合的壁畫。考古學家們還在一幅壁畫中發現，當時的國王頭戴用百合花紡織成的王

冠，在他的肚子上面還佩戴著項圈，手臂上還套著鐲子，漫步於百花叢中。

除此之外，考古學家們還在迷宮中發現 2,000 多塊泥板，這些石板上還刻著文字，一些印章以及器皿上面都有文字存在。這一發現，直到 1953 年，才被一些學者翻譯出來，這些都是當時王宮記錄財物的帳單。還有一些是國王向各地徵收的貢賦，當時他們還使用十進位算法。由此可以推出，克里特島的文化與古希臘的文化存在非常大的關聯。

更令考古學家們想像不到的是，他們居然在迷宮的周圍發現了非常豪華的住宅，在這些住宅裡面，竟然有非常完善的熱水與冷水浴室。由此可以推斷，當時的克里特島有非常先進的文化。

04　龐貝古城消失

龐貝城是一座幾千年前的古城，隨著考古學家的考古發現，這座因火山爆發而化為一片廢墟的千年古城，也已慢慢浮現在世人面前。雖然這對當時生活在羅馬帝國龐貝城的居民而言，是一次滅頂之災，但對現代人而言，卻能從被挖掘出來的城市，了解到當時羅馬帝國時期居民的生活實景。

那麼，這是一座怎樣的城市呢？當時的羅馬人過著什麼樣的生活呢？古時的人類與現代人又有什麼不同之處呢？

早在 1,900 多年前，即西元 79 年 8 月 24 日下午 1 點多時，從遠古以來一直處於休眠狀態的維蘇威火山，以不可抵抗之勢爆發了。這給當時生活在那裡的羅馬居民帶來無盡的災難。當時在維蘇威火山的山頂上，響起

了震耳的爆炸聲響，之後就是火山口噴發出來的滾滾濃煙以及火星。就這樣，生活在那裡的羅馬人，一下子被埋於 6 公尺熔岩之下。

經過時間的沖洗，人們慢慢將當時龐貝城遭受的這場大災難淡忘了。雖然也有關注這座城市的人存在，但只是透過古籍史冊與民間傳說，很難發現當時的遺址。

直到西元 1720 年前後，一些生活在維蘇威火山附近的居民，在火山附近開挖渠礦的時候，無意間挖掘出古羅馬的錢幣及雕琢過的大理石碎塊。過了沒多久，又有人挖出一些帶有「龐貝」字樣的石塊。當地居民的這一發現，提供給考古學家們很大的線索，挖掘出來的這些物品，足以說明當時龐貝城遺址就在那裡。

西元 1748 年，當時義大利政府對龐貝古城遺址進行了挖掘。且在以後的 200 年繼續發掘之後，這座被埋於地下將近 2,000 年的古城又重新呈現在世人面前。由於這座古城被 6 公尺多厚的火山灰、泥石及熔岩包裹，因此保留得非常完整，避免了由於風化而遭到破壞的情況。

因此，這座古城裡面的各種建築、房屋、街道以及其他物品都非常完整的重新出現在世人面前。且其建築物上面的各種裝飾，及屋內的門窗、家具、日常器皿，很少有遭到破壞的，甚至當時人們煮熟的麵包以及雞蛋都保留得非常完整。

如今，人們走到這座幾千年前的古城之中，就像回到了羅馬帝國時期，這裡展現的全是當時人們生活的情景。

與其他古羅馬大小城市一樣，這座龐貝城也有非常明顯的地位差異。透過挖掘出來的建築物來看，那些奴隸主與大富豪都過著非常豪華的生活，他們住宅的大門處，都是用大理石圓柱與花紋雕刻的門樓，庭院裡還種著各式各樣的花草及各種人物、鳥獸的石雕；還有一些奴隸主及大富豪

住宅的牆壁上，繪畫著大幅壁畫，客廳的地面上也都安裝著各式各樣的鑲嵌畫。

考古學家還發現一幅寬度達 6.5 公尺，高度 3.83 公尺，且由 150 萬塊白色及彩色的玻璃、大理石片鑲嵌而成的鑲嵌畫。

另外，在這裡還可以看到，那些當時受壓榨的奴隸們，只能住在小街小巷、十分狹窄、陰暗的房子內。

在這座發掘出來的古城東南角，還存在一座圓形的露天格鬥場。其中，中間的部分非常低平，這裡就是當時那些奴隸們與各種獸類格鬥的地方。在這四周，有階梯看臺，這裡可以容納下 20,000 名觀看者。

然而，這些都不是最吸引人們參觀的地方，最讓人們忍不住想參觀的是那些受難者的石膏像。當時，在火山爆發的那一刻，大多數的居民都無法逃出去，雖然當時他們並沒有被倒塌的房屋壓住，但是卻被噴出的火山灰包裹了起來，導致大多數的受難者因窒息而死。

雖然，現今距離當時已有將近 2,000 年的時光，那些受難者的屍體也已經變得乾枯，只剩下一些空殼。但是，考古學家卻能利用這些人體空殼，將當時人們受到災難的情景非常真實地展現在人們面前。考古學家將當時人們遇到火山爆發時的各種情形，以真人的形式，淋漓盡致地表現出來。

05　阿爾卑斯山殭屍

說到阿爾卑斯山，相信大家都對其有所了解。如果去過阿爾卑斯山的人都知道，那裡是一座平均海拔 3,000 公尺左右的雪山，尤其是其主峰白

朗峰，其海拔達 4,807 公尺，並且常年積雪。也正是如此，阿爾卑斯山聞名於世界，是歐洲的第一高峰。

　　然而，就是一座雪山，卻發現了殭屍的身影。這座山上怎麼會有殭屍呢？這些殭屍是什麼時代的呢？又是什麼原因導致其葬身於此？

　　時間是在 1991 年 9 月的某天，一對德國夫婦來到阿爾卑斯山進行攀登。兩人放棄走大路，選擇走小路，正當他們非常小心的行走時，卻發現遠處有一樣棕色的物品擋在前方，遠遠望去就像動物外皮一樣。等到他們兩人走近，才發現原來是一具風乾了的屍體。當時夫婦兩人認為，這只不過是近 20 ～ 30 年前到這裡登山的遇難者。

　　對其進行進一步研究發現，這具屍體在阿爾卑斯山已經有 5,000 年之久，令他們沒有想到的是，經過了這麼多年，這具屍體竟然保存得這麼完整。當這對夫妻發現這具殭屍之後，越來越多人開始研究這具殭屍。人們試著將屍體從冰山中撬出來，可是卻沒有成功。當越來越多人來到這裡，他們用各式各樣的工具撬開冰人，卻將屍體弄成了兩段。人們把冰人的衣服以及他身旁的工具都保留了下來。

　　其中有一位奧地利的登山者，他一眼就看出這個殭屍屬於 5,000 年前。他的這個推斷引起了考古學家們的注意，且考古學家發現，這具殭屍身旁的斧頭，屬於西元前 2,000 年青銅器時期的，而殭屍隨身攜帶的物品，卻是比斧頭出現得更早。

　　考古學家透過對屍體進一步的檢測發現，這具殭屍大約在西元前 3,300 年～西元前 3,200 年間。後來，考古學家又推斷，這具殭屍的家可能就是附近的山谷，他很可能就是牧羊人。但是，是什麼原因使他突然死去呢？考古學家們從這具殭屍身邊的黑刺李果實推出，此人死於秋季初期。再根據其死亡時間、地點以及他肋部發生的骨折與狩獵工具破壞的程

度來看，他當時肯定遇到非常大的災難。然而，當他想到山上避難時，卻被風雨奪去了生命。

考古學家透過這具殭屍，推斷出此人生活的環境，以及他生活在石器時代。而這個時代是一個變動的時代，存在許多不穩定的因素。

06　塞爾特人習俗

有蒐集塞爾特人（Celt）製作的日常用品都知道，塞爾特人製作的用品都非常精緻。這些日常用品有非常精緻的外表，上面也有非常生動的圖像。

然而，在古時，這些精緻的日常生活用品，是如何製造出來的？當時的塞爾特人有什麼樣的習俗呢？他們又是如何生存的？

由於古時塞爾特人製造的日常用品，大多數是由木頭與柳條製成的，因此，他們使用過的日常用品很難被保留到現代。這也給考古者設下了一道難題，塞爾特人生活中留下的有形遺跡，仍被埋藏於地下，但考古學家卻透過當時留下的耕種痕跡及形成的特殊地形，還有存在於地圖上的地名，有失落部落以及神祕的地方吸引人們對其不斷發掘。

當時塞爾特人生活的環境，無論是氣候，還是季節，都有變化無常的特點。進入冬季後，塞爾特人生活的地方，經常是陰天有雪無雨，晴天又多冰霧的天氣，那裡的生存環境非常潮溼。當時的塞爾特人，服飾都非常特別，他們一直將自己的衣服做成斗篷狀。

到了西元 1 世紀時，塞爾特人還將他們製作的斗篷出口到古羅馬帝國，且受到羅馬帝國人民的歡迎，以非常高的價格賣給羅馬人。當時塞爾

特人就已經懂得如何將不同顏色的植物與漿果調製成自己喜愛的顏色。

　　而處於塞爾特上層階級的人，為了表示他對精緻生活的追求，經常向人展示其豐富的珠寶。考古學家還從當時塞爾特人的墳墓中，發現了各種顏色的臂環、項鍊、胸針以及製作奇異的金屬腰帶、腳環和戒指。

　　考古學家發現，當時的塞爾特人對個人的修飾都十分講究。在挖掘出來的物品中，有當時人們經常使用的鑷子、剃刀、手鏡等日常生活用品。這些東西對非常講究的男女都是不可或缺的。

　　亞里斯多德曾經說過，塞爾特人無論天氣多麼寒冷，都會讓自己的孩子穿得非常單薄，並將這作為鍛鍊孩子的方式。那些身體過胖的人，還會受到懲罰，特別是對那些注定要成為士兵的人來說，塞爾特人要求更是嚴格。

　　考古學家還發現，在塞爾特人舉行的歡宴中，酒是不可缺少的必備品，他們不但喝葡萄酒、蜂蜜酒及啤酒，更有甚者，一些人喝酒之後，還會引起人與人之間的「戰爭」。

　　另外，塞爾特人十分多情，他們很輕易就會被異性吸引，並做出進一步的發展。如果遭到異性拒絕，被拒絕者就會認為對方看不起自己。尤其是男人，他們對自己妻子的漂亮都不會給予足夠的重視，反而對擁抱男人有非常強烈的熱情。塞爾特人總是習慣躺在鋪著獸皮的地板上，與一起躺在那裡的人打情罵俏，這時他們對自己的形象一點都不在意，還很容易就對異性獻出自己的童貞。

　　對塞爾特人來說，他們更喜愛用彈弓打鳥當消遣方式。他們經常會將石頭放在製好的彈弓內，然後瞄準目標，進行打擊。他們製作出來的彈弓，可以射擊的距離，比弓箭射擊的距離要遠得多。

07 被焚毀的珍寶木板文字

　　也許更多人對復活節島上存在的巨石人像十分熟悉。然而，對復活節島上存在的其他文明，人們了解的並不多。但是，一個文明的發展，都是一個複合的有機系統。由此，可以得出結論，人們在復活節島上發現的巨石人像，也只不過是其存在的一種文明符號罷了。

　　那麼，在復活節島上除了巨石人像，還存在哪些文明呢？

　　考古學家們對存在於復活節島上的巨石人像，已經將其展現在世人面前。然而，對島上存在的其他文明，考古學家也開始新的尋找過程。

　　考古學家在尋找島上存在的其他文明之初，就在巨石人像附近有了新的發現。在那裡，考古學家們發現大量刻著奇異象形文字的木板。考古學家發現，這些木板上面刻的象形文字，與中國古代的象形文字不同，也與印度、埃及的古象形文字存在差異，就連其同屬的美洲馬雅文字，也沒有一點相通的地方。這些木板上刻著的象形文字，更趨向於符號特徵。這些文字都存在波動般的韻律，排列方式也像密碼一樣，好像向人們表達某種更為神祕的意義。

　　那些西方的傳教士來到復活節島上時，發現了大量的象形文字，由於他們看不懂這些奇特的木板文字，這些傳教士就將其視為咒語。於是，他們將這些木板文字進行大量焚燒。由於傳教士的這些行為，使神祕的木板文字留存在世上的非常少。被收藏在世界博物館中的也不足 10 塊。

　　文字學家與科學家們使用先進的方法，對這些木板上的文字內容進行分析，但是，卻沒有從中得到任何發現，這些刻在木板上的文字成為解不開的謎團。這一切好像向人們預示著，這座遠離大陸的火山岩堆成的孤島上，不曾有過大陸文明，因此，這座島上居民創造出來的古怪文字，讓人

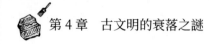

們感到非常奇怪。

通常情況下，如果一個民族能夠創造出文字，說明這個民族已經發展到一定的程度。因此，一定還存在其他文明。然而，考古學家除了在那裡發現巨石人像外，卻再也找不到其他文明的痕跡。

考古學家發現在復活節島上出現的這些象形文字，除了刻在木板上，還發現在奧朗哥村附近，也有一些浮雕形式的象形文字。考古學家發現，奧朗哥村是位於復活節島東南方的小村，背面是拉諾廓火山，前面是可以直落到大海的絕壁懸崖。而這個小村莊卻是專門為復活節島上居民提供慶典的村莊，在奧朗哥村懸崖下的地面上，有一堆大圓石，在這些圓石之上，雕刻著鳥首人身的浮雕像。

由於奧朗哥村是為復活節島上居民提供慶典使用的村莊，因此，一些人類學家推斷出，這些鳥人圖案有某種意味。然而，為什麼復活節島上的居民會選擇鳥首人身的形象作為崇拜的偶像呢？這些鳥首又代表什麼？或許，他們所指的鳥人，是一種可以飛翔的生物，而這種鳥人曾經飛離大地，置身於高空之中。

不過，這些都只是科學家們的推測而已。由於原始部落的慶典或祭祀活動，都是出自必然或偶爾的啟發。因此，在復活節的小島上，鳥人給島上居民留下深刻的印象，使他們將鳥人代代相傳。

還有一些人推測，存在於復活節島上的這些神祕木板文字，是鳥人帶給島上居民的，但是由於其行蹤匆忙，來不及將其他文明傳給他們。因此，使這些文字顯得十分神祕。

08　人面獅身像建造者

　　在埃及的尼羅河畔，屹立著一座巨人像 —— 獅身人面像。它面容憂鬱，凝視東方，給人神祕遐想。然而多少年過去了，獅身人面像經過歲月洗禮，卻仍默默守護尼羅河。這座神祕的巨像似乎是在捍衛什麼？那麼，到底是誰建造了獅身人面像？

　　有人認為是卡夫拉建造了獅身人面像。

　　原因是，在獅身人面像後面，就是卡夫拉的金字塔，且卡夫拉神廟也位於獅身人面像的正前方，因此，人們會很自然的認為獅身人面像的建造者就是卡夫拉。後來，歷史學家發現，卡夫拉神廟與金字塔的地下管道避開了獅身人面像，由此可以證明，獅身人面像的建造時間比金字塔還早。而且，獅身人面像也不是卡夫拉，因為科學家已經論證獅身人面像是沒有鬍子的，但卡夫拉的雕像都有鬍子，這麼大的雕像反而沒有鬍子，是不符合邏輯的。就連獅身人面像的臉型也與卡夫拉的其他雕像有很大差異，因而證明獅身人面像的頭像不是卡夫拉。

　　近年來，對獅身人面像的建造者又有新的解釋。19 世紀末～ 20 世紀初，埃及學的大批資深學者都認為獅身人面像不是卡夫拉建造的。開羅博物館古蹟部主任加斯東是最受人推崇的語言學家，他也同意這種觀點。他在 1900 年曾這樣寫道：「獅身人面像石碑上第 13 行刻著卡夫拉的名字，名字前後與其他字是隔開的……。」

　　其實，這很有可能是卡夫拉國王曾修復清理過獅身人面像，在某種程度上證明了獅身人面像在卡夫拉生前曾被風沙埋沒過。

　　然而千百年過去，人們對獅身人面像的建造者仍無法斷定，這就要求人們要更深層次的對此研究。

09　南馬都爾遺跡

在南太平洋波納佩島的東南側，有個名叫「泰蒙」的小島，在這座小島的淺灘上，矗立著一座巨大的建築物，就是著名的南馬都爾遺跡。它遠看怪石嶙峋，樣子很詭異，彷彿是自然鬼斧留下的傑作；但近看，又像一座座神廟。據說這就是歷代酋長死後的墳墓，大小共 89 座。然而，這些古墓卻沒有任何文字記載，全靠口授流傳下來。如果口授內容向外人洩漏，就會遭受詛咒。

那麼為何稱這些建築為南馬都爾？如果有人將口授內容洩漏於外人，真的就會死嗎？

它之所以叫南馬都爾是因為它有兩種意思，第一種意思是「集中著眾多的家」；第二種意思是「環繞群島的宇宙」。南馬都爾遺址充滿神祕色彩，尤其是它那離奇的傳說，更增加了人們對它的嚮往。

據當地人介紹，這些古墓的來歷，從不需要文字記載，全靠口授，由酋長的世系一代接一代往下傳。也就是說，只有酋長與酋長的繼承人才會知道，而且這些口授內容是不允許向外人洩漏的，否則就會遭到詛咒，必將遭受死亡之災。

在被日本占領期間，東大教授利用強勢，逼迫酋長說出古墓機密，幾天後，酋長便遭雷擊身亡。東大教授正打算將古墓祕密整理後出版，可是沒等書寫好，便突然死亡，因此沒人願意替死者完成這一心願。

類似怪事，在德國統治南洋群島時也有發生。據說波納佩島的第二任總督伯格對南馬都爾遺跡產生很大興趣。於是就根據酋長的口授進行挖掘，結果不到兩天，總督就突然死去了。19 世紀德國考古學家卡伯納也對該群島進行挖掘，結果也遭受悲慘下場。

　　這裡氣候變化無常，令人恐懼。70 年代時，日本海洋生物學家來此調查，他乘船來到「南・杜瓦斯」的小島時，天色突然變黑，剛才晴朗的天空突然烏雲密布，一道急光掃過，大雨澆下。3 ～ 5 分鐘後，又突然放晴。上面所說的幾個例子，莫名其妙暴死、變幻莫測的天氣，更使南馬都爾遺跡籠罩神祕的色彩。

　　近年來，許多歐美學者前來此地調查，大家都對這項宏偉工程是使用人力完成的，表示懷疑。經過調查發現：整個建築大約用 100 萬根玄武岩石柱，這些石柱是從該島北岸的採石場開採的，加工成石柱後用筏子運到這裡。專家設想，如果每天有 1,000 名壯勞力從事開鑿，單是採石就需要655 年；另外還要用人力加工成五角形或六角形稜柱，最少也需要 200 年，最終完成大約需要 1,550 年的時間。

　　現在，波特佩島上有 2.5 萬人，而在南馬都爾遺跡建造的古代，人口還不到現在的 1/10，因此 1,000 名壯勞力幾乎是動用全島所有的勞動力。何況，為了生存，必須得有一部分人從事農業勞動，因此專家們認為這項工程很可能不是人工完成的。

　　有的考古學者認為玄武岩是岩漿冷卻的火成岩，試圖將建造遺跡用的五角、六角形石柱解釋成是冷卻凝固成型的。但是，從實際石柱的表面來看，很難解釋是自然成型的。

　　美國的調查小組曾用碳 14 對遺跡做了年代測定，結果表明南馬都爾遺跡距今已有 800 年的歷史了，即是西元 1200 年左右建造的。西元 13 世紀初是薩烏魯魯王朝統治波納佩島時期，所以調查組認為可能是薩烏魯魯王朝修建的。薩烏魯魯王朝始於西元 11 世紀，經歷 200 多年的繁榮時期就滅亡了。因此，在這麼短的時間內就完成南馬都爾建築，實在令人難以置信。南馬都爾建築也就成為一個未解之謎。

　　很多學者很早就開始對南馬都爾建築遺跡進行研究，並提出眾多的假說。

　　1869 年，駐印度的英國軍官詹姆斯‧拉奇伍德從一位高僧珍藏多年的幾個泥塑板上破解了其中的記載：遠古太平洋上存在著遼闊的第六大陸，它包括夏威夷群島與馬里亞納群島，以及南到波納佩群島與庫克群島的廣大區域，這是人類最早的發揚地，距今已有 5 萬年了。一萬年前，卻因地震沉陷海底。拉奇伍德經多年研究發現，現今南太平洋上的群島是第六大陸的殘骸。

　　美國反重力工程學專家認為，可以透過反重力工程學，也許能揭開南馬都爾巨石建築之謎，以此來說明南馬都爾所用巨石是透過反重力控制法空運的。儘管假說眾多、疑點密布，可信度不高，那麼，研究發掘者暴死的真正原因是什麼？是否真的存在第六大陸？關於南馬都爾的建造年代，哪位專家的結論可信？這都有待進一步揭開！

10　亞歷山大燈塔

✝ 航海者的女神

　　神的故事主要見之於海希奧德的《神譜》、古希臘的悲劇和奧維德的《變形記》。海希奧德把神分為新神和舊神。創世之初宇宙中最先只有卡俄斯（Chaos），他是混沌的化身，生了大地女神蓋亞、冥府神塔爾塔羅斯、愛神厄洛斯，還有黑暗之神厄瑞玻斯和黑夜女神倪克斯，他倆結合生下光明神埃忒耳和白晝神赫墨拉，於是宇宙有了白晝和黑夜的交替。後來大地

女神蓋亞生了天神烏拉諾斯和許多山神、海神，烏拉諾斯成為世界的主宰。他與蓋亞結合後，生下六男六女，即歐開諾斯、海柏利昂、伊阿珀托斯、忒亞、雷亞、泰美斯和克洛諾斯等，還生下三個獨眼巨人和三個百臂巨人。海柏利昂與忒亞結合生出太陽神海利歐斯、月亮神塞勒涅、晨光女神厄俄斯。烏拉諾斯不喜歡巨人，將他們囚禁地牢，克洛諾斯不滿父親的殘暴，將其殺滅，並用父親的血創出巨神吉伽斯和復仇女神厄里倪厄斯。以上的神稱為老神，是後來奧林帕斯眾神的祖先。

克洛諾斯掌權之後，與妻子雷亞也生了六男六女，因他擔心子女會篡奪王權，便把自己的孩子吞食掉，當吃到第六個男孩時，雷亞便藏到克里特的山洞中生產，生下的男孩由隨從女神保護，然後雷亞用襁褓包一塊石頭讓丈夫吞下。這個男孩很快長大，他推翻了自己的父親，又迫使他吐出哥哥、姐姐，後他與兄妹聯合，打敗了克洛諾斯和泰坦神，後又戰勝了巨怪堤豐，成為世界的主宰，這個人就是主神、萬能的宙斯。他與兄妹得墨忒爾、赫拉、黑帝斯、波賽頓和子女雅典娜、阿波羅、阿特米斯、阿瑞斯、阿芙洛黛特、赫菲斯托斯、赫米斯組成新神，居住在奧林帕斯山上，故又稱「奧林帕斯眾神」，他們便是希臘神話中最常見的 12 主神。雖說老神是新神的祖先，但實際上後來新神多逐漸取代了老神，如對海利歐斯的崇拜，後為阿波羅取代或混同。

在奧林帕斯山諸神中，宙斯掌握著天上和人間的一切，是眾神之主，他將海洋分給波賽頓，把冥府分給黑帝斯管理，三兄弟平分宇宙。宙斯居住在奧林帕斯山上，他有妻子赫拉、女兒雅典娜、阿波羅和阿特米斯兄妹及許多神祇護佑。奧林帕斯山的天門由 3 位時序女神守衛，藍色的天空懸在奧林帕斯山上空，放出金色的光芒，使它永遠陽光明媚。

宙斯的兒子赫菲斯托斯為眾神建造了金殿，宙斯坐於王位，旁邊是女

神赫拉，她的周圍坐著和平女神厄瑞涅和勝利女神尼刻，以及信使和彩虹女神伊麗絲。當眾神舉行歡宴時，宙斯的女兒赫柏和特洛伊王子加尼墨得斯便為神主送酒送食，美惠女神卡里特斯和繆思九女神就翩翩起舞。宙斯的王位邊還有護法女神泰美斯、正義女神，她們專門監督人們的行為，對違法、欺騙之人施行懲罰。奧林帕斯山上還住著三個命運女神（摩伊拉），一個負責生命線，一個掌管命運的盛衰枯榮，另一個專門切斷生命線。機運女神提刻，則是幸福的施予者。在山上，宙斯掌握一切大權，神在宴會上決定事務，因為在宴會廳門口有兩個大缸，一個裝著善，一個裝著惡，宙斯只要從中拿出什麼，誰就會得到不同的命運。

當宙斯在天上發布命令之時，他的哥哥波賽頓則在深深的海底耀武揚威。波賽頓娶了預言之神涅羅斯的女兒安菲屈蒂為妻，並把她父親也拉入海底王宮。在波賽頓周圍有兒子特里頓，還有涅羅斯的 50 個漂亮女兒，她們都是海洋女神。普羅透斯也是海神之一，他能言善變，又能預言未來；格勞科斯是航海者和漁夫的保護神，深得漁民的崇拜。大洋神歐開諾斯環繞整個海洋大地，他住在宇宙邊緣的水晶宮裡，對外面的事情不聞不問，而他的 3,000 個兒子和 3,000 個女兒，分做河神和泉神，為人類帶來幸福和歡樂，用生命之水養育大地和人類。這樣波賽頓便不去操心太多的事務，他常常乘坐神馬拉的金車在海上行駛，時而揮動三叉戟，捲起狂風惡浪，時而又舉起三叉戟，讓大海風平浪靜。宙斯的另一兄弟黑帝斯住在大地的底層，終日沒有陽光，他掌管著冥府，死者的世界。

冥府裡有冰冷的斯堤克斯聖河和遺忘河（Lethe），門口有一隻三頭狗克爾柏洛斯守衛，他只負責將陰魂放進去，而不准其出來。冥河上有擺渡艄公卡隆，他也只送死者過河，而不准他們返回。在冥府裡有一座宮殿，黑帝斯與他的妻子波瑟芬妮坐在王位上，復仇女神滿頭蛇頭站在旁邊。冥

府法官米諾斯和拉達曼迪斯、死神桑納托斯、毀滅之神克爾、唾夢神許普諾斯也站在王位旁邊，隨時為冥王黑帝斯效力。在冥府裡還住著惡魔恩浦薩，他長著兩條驢腿，常用魔法把人騙去吃掉，還有女妖拉米亞，她專喝孩子的血，這些妖魔都由大女神黑卡蒂統領，她長著三頭三身，在夜間帶眾妖魔鬼怪恐嚇或托惡夢給人類。

在古代人的意識中，他們把地球視為一個方形，上層是天，中間是大地，海洋環繞大地，最下層是地獄，所以在希臘神話中，宇宙即分為天和地、海洋、地下世界三個部分，宙斯和他的兄弟分管其下，成為最有權力的神祇，但宙斯可以指揮海洋和地下世界。在這個龐大的宇宙中，神統治了一切，他是人的主宰，無論是山水林木，日月星辰，江河海湖，還是生老病死、禍福成敗、美醜善惡等，都由神來決定，希臘人讓神成為他們生活中不可缺少的東西，可見希臘的神與世俗生活多麼接近。這也反映了希臘人對自然社會的理解，反映他們想認識自然、接近自然並改造自然的心情和決心。

由於希臘神話極其豐富，故事情節複雜交錯，各種神祇數不勝數，許多神祇還具有共同的特點，雖經海希奧德整理彙編，但許多傳說仍有不同，加之後來古希臘悲劇家們競相用神話題材創作悲劇，古羅馬的著名詩人奧維德又寫了神話彙編《變形記》，使人們對古希臘的神話傳說才有清楚的了解，現在我們看到的神話傳說故事，就是在古代人的作品基礎上整理編撰出來的。

✝ 亞歷山大大帝

亞歷山大大帝是古代世界最著名的征服者。他於西元前 356 年出生在馬其頓首都佩拉市。父親是馬其頓國王腓力二世，的確是位遠見卓識、才華非凡的人。腓力二世擴充、整編了馬其頓軍隊，使其成為一支最有戰鬥力的隊伍。他最先揮師北上，征服希臘以北一帶地區；又揮師南下，征服希臘大部分地區；隨之建立了希臘城邦聯合政府，他自己任政府首領。他打算對希臘以東的大波斯帝國發動戰爭，其實入侵活動在腓力二世 36 歲遭到暗殺時就已經開始了。

亞歷山大在父親被害時年僅 20 歲，卻輕而易舉地繼承了王位。腓力二世為讓兒子繼位，曾做過精心安排，當時小亞歷山大已具有豐富的軍事經驗。父親從未忽視對他的文化教育，家庭教師就是名聲顯赫的哲學家，也是世界最大的哲學家和科學家 —— 亞里斯多德。

在希臘及以北領地，被腓力二世征服的民族皆認為他葬身之時，就是馬其頓擺脫奴役的大好時機，但亞歷山大繼位兩年後，就使這兩個地區都平靜下來，接著就把注意力轉向波斯。

200 年來，波斯人統治著廣闊的領土，從地中海一直蔓延到印度。雖然波斯施行強權的鼎盛時期已成為過去，但仍是一可怕的敵對勢力，仍是地球上領域最廣、財富最多、勢力最大的帝國。

亞歷山大在西元前 334 年發動了對波斯帝國的侵略戰爭。他將一部分軍隊留守在國內，以維持對歐洲的占領，所以當他肆無忌憚出征時，所率部隊只有 35,000 人 —— 與波斯部隊相比是敵眾他寡。儘管存在許多不利，亞歷山大仍對波斯軍隊致以一系列毀滅性的打擊，獲得勝利。他的成功有三個主要原因。第一，腓力二世留給他的軍隊比波斯軍隊訓練有素。

第二，亞歷山大是一位傑出的天才將領，也是舉世無雙的最偉大將領。第三，亞歷山大本人具有英勇無畏的精神。雖然每場戰鬥初期，亞歷山大都在後方坐陣指揮，但他的方針是，如果部隊發動決定性進攻，他則身先士卒。這種冒險的戰術使他屢次受傷，但士兵們看到他與他們生死與共，並不要求他們去冒那些他自己不願冒的危險，這對鼓舞士氣影響巨大。

亞歷山大先率領部隊攻克小亞細亞，消滅了駐守在那裡為數不多的波斯部隊；隨後向敘利亞北部挺進，在伊蘇城擊敗了一支龐大的波斯部隊。接著亞歷山大又向南進軍，經過 7 個月的艱難圍攻，攻克了腓尼基島市泰爾（現在的黎巴嫩）。在圍攻泰爾期間，亞歷山大收到波斯國王的一封書箋，提出為了達成和平協議，他願把半個波斯帝國割讓給亞歷山大。亞歷山大手下一位將軍認為這個建議很好，他說：「如果我是亞歷山大，我就採納這個建議。」亞歷山大回答：「如果我是帕曼紐，我也會採納這個建議。」

攻克泰爾之後，亞歷山大繼續南進。經過 2 個月的圍攻，埃及一箭未發，自動投降。接著亞歷山大在埃及停留一段時間，讓軍隊稍有喘息之機。在那裡，年僅 24 歲的亞歷山大被譽為法老，稱之為神。隨後他率軍返回亞洲，西元前 331 年在具有決定性意義的阿拉伯戰役中，徹底殲滅了一支極為龐大的波斯軍隊。

獲得這場勝利後，亞歷山大率軍進入巴比倫和兩座波斯都城，蘇薩和波斯波利斯。為了防止波斯國王大流士三世（不要誤認為是大流士大帝）向亞歷山大投降，大流士手下的軍官把他們的國王暗殺了，時年為西元前 330 年。但亞歷山大擊敗了大流士的繼承人，並將他斬首，經過三年奮戰，攻克了整個伊朗東部地區，並繼續向中亞推進。

這時亞歷山大已經征服了整個波斯帝國，本可返回家園，重新籌劃他

的新領土。但是他征服的慾望並沒有得到滿足，而是繼續揮軍進入阿富汗，又從阿富汗穿過興都庫什山脈進入印度。他在印度西部獲得一系列勝利後，企圖繼續向印度東部進軍，但他的軍隊由於長年戰爭，已經精疲力竭，不肯東進，亞歷山大不得不返回波斯。

返回波斯的第二年，亞歷山大用了近一年的時間對帝國和軍隊進行改編，這是一次重大的改編。亞歷山大從小就認為希臘民族代表唯一真正的開化民族，而所有非希臘民族都是野蠻民族，這當然是在整個希臘世界流行的觀點，甚至亞里斯多德也有這種看法。儘管亞歷山大已經徹底打敗了波斯軍隊，但他逐漸了解到，波斯人根本就不是野蠻人，他們與希臘人一樣具有智慧和才能，一樣值得尊敬。因此他產生了融其帝國兩部分於一體的設想，由此創造了合二為一的希臘波斯民族共和王國，當然他自己是最高統治者。據我們所知，他確實想讓波斯人、希臘人和馬其頓人結成同等的夥伴，為了實現這一計畫，他把大量的波斯部隊編入自己的部隊，還為此舉行一次盛大的「東西方聯合」宴會。在宴會上，幾千名馬其頓士兵與亞洲婦女正式結成夫妻，他自己雖然曾與一位亞洲公主結過婚，這次卻娶個達賴利斯的女兒為妻。

顯然亞歷山大企圖利用這支改編的軍隊再次開展征服行動。我們知道他打算入侵阿拉伯，也許還有波斯帝國以北地區，也許打算再次入侵印度或征服羅馬，迦太基和西地中海地區。不管他的盤算如何，結果進一步的征服活動都未能進行。西元前 323 年 6 月初，亞歷山大在巴比倫突然因發熱而病倒，10 天後就死去了，當時還不滿 33 歲。

亞歷山大生前沒有指定接班人，死後不久就出現了一場奪權鬥爭。在這場鬥爭中，亞歷山大的母親、妻子和孩子都橫遭殺身之禍。他的帝國終於被他的將領們肢解了。

　　因為亞歷山大死時年輕，又保持不敗紀錄，人們做了許多猜測，假如他活著會發生什麼事，假如他揮軍入侵西地中海諸國，很可能獲得成功，那麼西歐的全部歷史就會迴然不同。這樣的猜測儘管有趣，但對評價亞歷山大的實際影響沒有多大關係。

　　亞歷山大是歷史上最富戲劇性的人物，他的經歷和個性一直是力量的源泉。有關他生涯的確鑿事實十分富有戲劇性，例如他的名字就有許多種傳說。他的志向顯然是當一名不受時空限制的最偉大勇士，似乎也應該給他這種稱號。身為戰士，他智勇雙全；身為將軍，他無與倫比。在 11 年的奮戰中，他從未打過一場敗仗。

　　然而他還是亞里斯多德的弟子，是一位智慧非凡的人；他珍愛荷馬詩歌；他意識到非希臘人不一定就是野蠻人，這確實表現了他遠比當時大多數希臘思想家更具有遠見卓識。但是，在其他方面，他卻目光短淺、令人瞠目。雖然他多次在戰鬥中冒過生命危險，但卻沒有安排接班人，這是他死後波斯帝國迅速瓦解的主要原因。

　　一般認為，亞歷山大是頗受喜愛的人物，他對被擊敗的敵人，經常給予無微不至的關懷、愛護和慰藉；但另一方面，卻生性凶暴、殘忍，極端自私自利。有一次，因酒後爭端，他親手殺死了他的親密朋友、救命恩人克雷特斯。

　　與拿破崙、希特勒一樣，亞歷山大對他的同代人有極其廣泛的影響。他短時期內的影響不如他們，完全是因為當時交通和通訊方法落後，使他的影響限制在一個較小的範圍內。

　　從長遠的觀點來看，亞歷山大征服所帶來的最重要影響，是使希臘和中東開化民族開始相互密切往來，豐富這兩個民族的文化。亞歷山大在世期間，及其死後不久，希臘文化迅速傳入伊朗、美索不達米亞、敘利亞和

埃及；而亞歷山大以前的希臘文化僅以緩慢的速度傳入這些地區。亞歷山大還把希臘的影響擴及以前從未到達的印度和中亞地區。但是文化影響絕不是單向傳播的事，在希臘文化時代（亞歷山大征服後的幾百年間），東方思想，特別是宗教思想，就傳入了希臘世界。就是這種希臘文化 —— 主要指具有希臘特徵但也深受東方影響的文化 —— 最終對羅馬產生了影響。

亞歷山大在其征戰生涯期間，建立了 20 多個城市。其中最著名的是埃及亞歷山大市，它很快便成為世界主要的城市之一，一個著名學術和文化中心。還有幾個城市，如阿富汗的赫拉特和坎達哈也發展成為重要的城市。

亞歷山大、拿破崙和希特勒，照其總影響而言，似乎不相上下。但是人們有這樣的感覺，亞歷山大的影響會比其他兩人更加行之久遠。基於這一點，他的名次排得比他們略微高些，儘管他在短時期的影響不如他們那麼大。

✝ 托勒密一世時期的埃及

西元前 332 年，馬其頓王亞歷山大征服埃及，埃及成為亞歷山大帝國的一部分。亞歷山大在尼羅河入海口處建造了一座新城亞歷山卓，作為統治埃及的中心，任命大將托勒密為埃及總督，治理埃及。西元前 323 年，亞歷山大病死，帝國分裂。西元前 305 年，托勒密在埃及自立為王，建立托勒密王朝。

托勒密王朝時期，古希臘文明與古埃及文明廣泛交融，產生出一種以埃及文明為主體，兼有希臘文明特點的新文明。在政治方面，以埃及傳統

的中央集權君主專制制度為主體，輔以希臘城邦的民主自治制度；在經濟方面，以埃及傳統的土地國有制和灌溉農業為基礎，以希臘開放型，同時又保有埃及傳統國家專營特點的工商業為主導；在文化方面，早已受到埃及文化較大影響的希臘文化，反過來又深刻地影響埃及文化，兩者互相交融，成為一體。

托勒密一世和亞歷山大大帝一樣，是具遠見卓識的帝王。他在埃及制訂和實施一系列有利於政治、經濟和文化發展的措施。為了鞏固在埃及的統治，托勒密一世繼承了埃及法老的傳統，實行中央集權的君主專制，同時籠絡埃及奴隸主階級中最有勢力和最有影響的神廟祭司集團。埃及祭司宣稱托勒密一世為「救主」，是埃及法老的合法繼承人，並按期為托勒密一世和王后舉行崇拜儀式，並在神廟的牆壁上刻滿歌頌托勒密的銘文和雕像。

托勒密一世集軍事、行政、司法、財政大權於一身，把國家政權的主要支柱 —— 軍隊完全控制在自己手中。將軍和士兵幾乎全由希臘人充任，分駐在埃及各地，結成自己的自治組織，過希臘式生活，監視埃及人民。

托勒密一世為了鞏固在埃及的統治，鼓勵希臘移民遷住埃及，給予他們一定的自治特權，繼承希臘式的生活。當時有三個希臘式的自治市 —— 克拉底斯、托勒美斯和亞歷山卓。克拉底斯位於尼羅河三角洲地區，是希臘人大移民時期建立的希臘移民據點，這時已發展成工商業相當發達的希臘式城市。希臘人聚居城中，從事工商業活動，享有選舉市政長官和議員的權利，市議會有權制訂自己的法律和自鑄錢幣。位於上埃及的托勒美斯，是新建的一座規模宏大的希臘式城市，居住在城中的希臘移民，從事手工業和商業活動，市民選舉產生自己的市長和法官，並有權制

訂自己的法律和修改城市法制。最大的自治市是首都亞歷山卓，它是全國的政治、經濟和文化中心，後來發展為國際貿易和文化交流中心。

　　在經濟上，托勒密一世繼承了埃及法老的做法，埃及土地仍歸托勒密王室所有，而實際經營卻分為兩大類：「王田」和「授田」。王田是王室貴族直接占有和經營的土地，數量最大，由王田農民進行耕種。王田農民是以契約形式耕種王室土地的國家佃農，被嚴格管束在村社裡，不得自由遷徙，實際上只是半自由人。「授田」包括廟田、賜田、祿田和屯田等。廟田是神廟祭司直接占有和經營的土地，免交賦稅；賜田是國王恩賜給大臣或神廟的土地，也免交賦稅；祿田是國王給官吏作為俸祿的土地，同樣免稅；屯田是服役士兵的小塊份地，與前三種土地不同之處是 —— 要交一定數額的賦稅，並可以繼承和轉讓，但要在地方政府那裡辦理登記手續。

　　托勒密一世非常重視灌溉農業的發展，他興建了大規模的水利灌溉工程，開墾大片肥田沃土，促進農業生產的大發展，農業生產技術和生產工具也有新的改進。小麥的種植面積大大增加，約占穀類作物種植面積的80%。有些地區，作物一年兩熟，產量大大提高，糧食自給有餘，且能大量出口，埃及被稱為「東地中海的穀倉」。

　　托勒密一世繼承了埃及傳統 —— 由國家壟斷手工業和商業的制度。獲利最豐的榨油、釀酒、麻紗、食鹽、紙草、香料、礦山開採、金屬製造、化妝品、染料等行業，都不准私人經營，由王室專營，產品由國家統一定價，交國家代理商銷售。托勒密一世特別注重國際貿易的發展，實行開放政策，首都亞歷山卓成為當時最大的國際貿易中心。埃及的對外貿易範圍伸展到北非、東非、敘利亞、小亞細亞沿岸、愛琴海諸島嶼、黑海沿岸、希臘、羅馬、西亞、中亞、印度、東南亞和中國。希臘、羅馬、波斯和阿拉伯等地商人經常住在亞歷山卓的旅社裡，說著各式各樣的語言，洽

談大宗的生意。

　　托勒密時代，希臘文化與埃及文化因交融而得到繁榮，托勒密一世繼承了東方的傳統，把文化事業的組織和管理置於國家政權之下，而且向前推進了一大步。他於西元前 308 年，撥巨款興建規模龐大的博學園，廣招世界各地的文人、學者，免費到博學園進行學術研究和交流，使亞歷山卓變成當時希臘世界最大的國際文化交流中心。博學園包括圖書館、研究院等部分。圖書館是當時世界上最大的圖書館，至西元前 1 世紀時，館藏圖書已達 70 萬卷（用希臘文寫成），幾乎包括了古希臘的全部著作和一部分東方的典籍。研究院分為文學、數學、天文學和醫學四個部門。埃及文人學者匯集於此，學習希臘文，研究希臘文化。希臘的學者和科學家雲集而來，長期旅居於此，學習和研究東方文化。他們互相切磋，不僅繼承了東西方文化的優秀遺產，而且創造出燦爛輝煌的成果，尤其是在自然科學（數學、物理學、天文學、地理學等）方面，湧現出一大批傑出的科學家，把自然科學發展到上古世界的高峰。

　　著名的數學家歐幾里德是亞歷山卓數學學派的代表和奠基人。他博採前人的幾何學成果，集當時幾何學之大成，把各式各樣的幾何定理、命題和求證，按照邏輯進行排列組合，形成一個完整的體系，並以清晰簡練的方式表述出來，編成名著《幾何原本》一書，共 13 卷，流傳至今。中國明朝末年，科學家徐光啟等人將之譯成漢文刊印，這是中國翻譯的第一部西方科學名著，對中國幾何學的發展產生較大的推動作用。

　　最著名的物理學家兼數學家阿基米德，從青年時代起就學於亞歷山卓研究院，獲得驚人的科學成就。他最有代表性的數學著作是《論量圓》和《論球體和圓柱體》2 部。他發現並肯定了計算球體、圓柱體和更複雜的立體體積、表面積及周長的公式。他在演繹這些公式的過程中，運用了「窮

竭法」，從而奠定了現代微積分的基礎。阿基米德最卓越的貢獻是在物理學方面，他奠定了力學、流體力學的基礎。他發現了後來被命名為阿基米德定律的比重原理，論證和發展了機械學的基本原理，尤其是槓桿原理。他勇於實踐，根據這些原理發明、創造出許多了不起的機械，如槓桿、滑輪、陀螺等等。

托勒密時代天文學方面的成就，在古埃及和古巴倫天文學的基礎上，又向前發展了一大步。長期旅居在亞歷山卓研究院的喜帕恰斯是一位傑出的天文學家，他運用複雜的數學計算，透過仔細觀測，斷定了太陽、地球、月亮的大小、距離和運動，為太陽中心說奠定了基礎，後來哥白尼的天文學體系就是在此基礎上建立起來的。另一著名天文學家阿里斯塔克斯所著的《論月亮及太陽之大小及其與地球之距離》一書，也提出了太陽中心說的思想，他認為太陽是恆星，地球和其他行星都是圍繞太陽運轉的，他還正確地提出太陽一定比地球大的思想原則。

亞歷山卓圖書館館長埃拉托斯特尼是一位著名的地理學家和博物學家。他第一個用「地理學」一詞代替以往的「地誌」、「陸志」、「海志」等術語，他的名著《地理學概論》附有繪製的世界地圖。他根據印度洋與大西洋潮汐相似的原理，提出兩洋相通說和地圓說，並說從西班牙沿同一緯度可以航行到印度。他根據夏至那天，亞歷山卓和賽維納日晷儀上的太陽陰影角差，計算出地球的圓周長為 252,000 視距（stadia）（約 39,690 公里），與地球的實際周長 40,000 公里相差無幾。

科學的大發展帶來了技術的巨大進步。托勒密時代埃及的造船技術、武器製造技術、建築技術和生產技術均有很大的提升。5 層、8 層，30 槳、40 槳的巨型戰艦代替舊的 3 層戰船。螺旋揚水器、長柄汲水車、三疊滑輪等先進機械，都是先進技術在生產上的應用，水力磨面的發明更是生產

技術的一大革新。最有趣的技術應用要算是亞歷山卓的工程師赫戎發明創造的「自動傀儡劇場」，表演的全部過程都是自動完成的，如傀儡自動出場、自動表演各種動作，甚至表演中所使用的火，也是自動點燃、自動熄滅的。

　　古埃及文明與古希臘文明交融所產生的亞歷山卓繁榮並沒有持續很久，至西元前 3 世紀末便開始走向衰落。托勒密王朝與塞流卡斯、安條克公國之間的爭霸戰，是走向衰落的直接原因。托勒密王朝統治者的腐敗、殘酷的壓迫和剝削，迫使埃及農民和奴隸大量逃亡和大規模起義，使土地大量荒蕪和手工業作坊倒閉，這些都是王朝走向衰落的根本原因。

　　托勒密王朝與塞流卡斯王國、安條克公國之間的戰爭，主要原因是爭奪物產豐富而又處於埃及與西亞之間重要商道上的南敘利亞地區，因而史稱「敘利亞戰爭」。從西元前 276 年至西元前 200 年間，先後發生了 5 次大規模的爭奪戰。1 ～ 4 次都以托勒密王朝的勝利告終。但在第 4 次爭奪戰中，托勒密王朝付出了巨大的代價，耗盡了全國的人力、物力和財力，從此一蹶不振，再也無力進行爭霸戰爭。西元前 201 年，塞流卡斯王國和安條克公國聯軍，乘托勒密王朝內部動亂之機，進軍埃及。戰爭以埃及的失敗告終，托勒密王朝失去了愛琴海諸島嶼、小亞細亞沿岸、色雷斯、南敘利亞、巴勒斯坦、腓尼基等地區。

　　托勒密四世執政時，統治階級窮奢極侈，爭權奪利，宮廷鬥爭不斷。他們所關心的不是農業、手工業、商業和文化科學事業的發展，而是如何加重對埃及人民的剝削，來滿足自己的奢華生活。王田農民不堪負擔，被迫大量逃亡；土地大片荒蕪，國家的土地稅收在 50 年間減少了 50%。新興的商業奴隸主階層趁王田農民大量逃亡和起義之機，大量兼併土地，土地私有化的進程大大加快，大地主開始出現，並不斷增加，使國家的土地

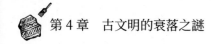

租稅收入進一步減少。

　　托勒密王朝中後期，對外戰爭的失敗，使戰俘奴隸的來源枯竭，勞動力嚴重不足。原有的奴隸處境不斷惡化，他們也和王田農民一樣大量逃亡。西元前 3 世紀，由於對外戰爭的需求，托勒密王朝開始僱傭埃及人當兵，埃及士兵的數量逐漸增多。由於埃及士兵經常受到不平等待遇，退伍後又往往得不到妥善安排，生活無助，也經常參加王田農民和奴隸反抗托勒密王朝統治者的鬥爭。

　　此時，托勒密王朝宮廷內部的矛盾也日漸尖銳。自西元前 2 世紀中葉起，爭奪王位的鬥爭越演越烈，有些貴族求助於羅馬人，羅馬勢力乘機侵入埃及。西元前 30 年，羅馬軍隊占領埃及，末代女王自殺，托勒密王朝滅亡。

✝ 另一根「圖拉真紀念柱」

　　在羅馬的紀念性建築中，除凱旋門外，還有記功柱。至今在羅馬城裡仍保留羅馬時代遺存的圖拉真記功柱和奧理略記功柱。兩柱柱身都飾滿浮雕，以圖拉真柱為傑出。

　　圖拉真柱，總高度為 38 公尺，柱身高 27 公尺，用大理石塊構成，聳立在方形的基座上。周圍纏滿由 22 個圈組成的螺旋形浮雕帶，浮雕總長為 200 公尺左右。出現在浮雕上的人物多達 2,500 個。浮雕飾帶表現圖拉真率領羅馬人的進軍。圓柱直徑 3 公尺，以多利克柱式柱頭結頂，柱頂安放圖拉真雕像，柱礎為愛奧尼克柱式，礎下埋藏著圖拉真夫婦的骨灰。

　　在紀念柱基圈上雕刻著一位半身巨人，據說這位巨人象徵多瑙河，羅馬人正準備渡河，士兵在構築工事、堅守陣地，圖拉真向士兵訓話。場面

依敘事的發展配置，十分複雜，圖拉真是所有場面的中心，曾出現 90 次之多。整個雕刻是一部形象的戰爭史，是世界上最長的戰史立體畫卷。

　　浮雕在刻劃人物的容貌、民族特點、服飾等方面具有豐富的歷史真實性。居住在羅馬尼亞境內的達奇人後代 —— 一個牧民想見見自己的祖先，便來到羅馬城。當他看到柱上描繪的祖先，十分留戀，就睡在柱下。有位攝影記者發現這個人非常像浮雕中的達奇人，於是拍了一張照片，沒幾天羅馬市報就以「一個達奇人從圖拉真柱走下來」為標題發表了這張照片。羅馬寫實雕塑藝術的水準多麼令人嘆服。

11　羅德島太陽神巨像

　　羅德島太陽神銅像是世界七大奇觀之一，約建於西元前 200 年。

　　希臘的羅德島是愛琴海通往地中海的門戶。2,000 多年前，島上有一個繁華的港口 —— 羅德港。這裡的商業十分發達，穿梭往來的商船每天都擠滿了航道，一派熱鬧興隆的景象。獨特的地理位置和巨大的商業利益使羅德島成為兵家必爭之地，著名羅德島保衛戰就發生在這裡。

　　西元前 305 年，馬其頓帝國出動四萬大軍（這已超過當時島上的人口總數）包圍羅德港。島上居民聯合起來共同抵抗侵略，經過艱苦戰鬥，羅德島聯邦趕跑了入侵者，繳獲敵人大量的兵器。為慶祝勝利，島上居民決定用繳獲的青銅兵器為自己的守護神 —— 太陽神海利歐斯建一座雕像。

　　雕像大約於西元前 282 年完工，整體用大理石建成，表面用青銅包裹，內部用石頭和鐵柱加固，高約 33 公尺，與十層樓高的紐約自由女神像差不多。傳說雕像兩腿分開站在港口入口處，過往船隻都從雕像腿中經

過，從船上仰望宏偉的雕像，場面一定壯觀吧！

西元前 226 年的大地震使這幢偉大的雕像從膝蓋處折斷，從此倒在了羅德港的岸邊。「沉睡」了 800 多年後，西元 654 年，羅德島被阿拉伯人入侵，殘存的雕像被侵略者運到敘利亞，從此便「杳無音訊」。

羅德島太陽神像是七大奇蹟中最神祕的一個，在短短 56 年間便倒下了。不過僅從這幅想像圖中，我們就能看出，它被稱為七大奇蹟之一應該是當之無愧的。

12　摩索拉斯陵墓

摩索拉斯（Mausoleum），卡里亞王國國王。卡里亞王國位於小亞細亞西南部，都城是哈利卡那索斯。摩索拉斯於西元前 353 年死去，其妻接過政權，為了紀念他，就按照丈夫生前擬就的陵墓圖樣，修建摩索拉斯陵墓。陵墓總體似神殿，上部為金字塔形，頂上有大理石雕塑，由建築師皮修斯設計建成。由於這座陵墓被西方傳誦為古代陵墓的奇蹟，故現在西語中的「陵墓」一詞，也以 Mausoleum 為詞源了。

然而歷史對人們的嘲弄始終沒有停止。摩拉索斯不僅生前未能親眼目睹耗盡 24 年心血建造的長眠之所，死後也未能如願地安葬在那座高大雄偉的陵墓裡。據說摩拉索斯王死後，深愛他的王后將他的骨頭磨成粉末，溶解在葡萄酒裡供自己飲用。此舉對身體有何妙用不得而知，但國王和王后之間純潔動人的愛情故事，無疑因此傳說而失色不少。英國考古學家查爾斯·牛頓（Charles Thomas Newton）從 1856 年起便在摩拉索斯陵墓內進行發掘工作，但時至今日，人們仍不清楚摩索拉斯的石棺究竟是在神像室

裡，還是放在建築物下面地基內部的墓穴中，或許他真的沒有被安葬在裡面。也有人指出，摩拉索斯陵墓是一座家族的墳墓，這些人猜想，這裡可能並不只是一位國王的墓葬，而是為了紀念和緬懷整個王朝修建的陵墓。最近發現的雕塑又為這個新的推測增添了佐證，這些塑像大體有 3 種規格：與真人相仿的自然型、2 公尺左右的英雄型和 3 公尺左右的巨型。摩索拉斯和阿爾特米西亞二世（已受損）的雕像屬於最後一種；另外 10 座巨型塑像的殘片也被辨認出來。

1966 ～ 1977 年，一支由土耳其和丹麥聯合組成的考古隊首次發掘出陵墓的地下墓室，發現它是由一個位於中央的房間和前面兩個門廳構成的。這個墓室並沒有和建築物中心連接在一起，而是位於地基的西北角，入口被一塊幾噸重的巨石封閉。後來根據進一步調查研究，終於證實了這座陵墓原來是建在直到西元前 6 世紀還在使用的一片墓地裡，這似乎又為上述猜測提供了證據。

令人百思不得其解的另一個問題是，為何將一座陵墓建在生氣盎然的地中海城市中心？對此，有人從古希臘的價值觀角度來解釋。在古希臘的文化氛圍裡，這種墳墓並沒有不體面與陰森之嫌。在希臘人看來，死者的世界黑暗而寂靜，出沒著可怖的幽靈，人死後就會過著暗無天日的生活。解脫之法只有一個：盡可能地為自己贏得死後的榮譽，這樣亡靈就會依然存在於活人的意識中；這樣才能超越死亡，賦予生命永恆的意義。

或許摩索拉斯王就是這樣做的，他也的確因此而名垂青史。然而，他的軀體所依賴之物卻在西元 15 世紀前的一次大地震中受損。但人禍甚於天災，陵墓最終徹底毀於人類之手。1402 年，汪達爾人率領的騎兵征服了哈利卡那索斯，征服者對這座異教徒的藝術之殿非但毫無仰慕之情，反而深惡痛絕。1494 年，為了加固要塞，統治者們毫不留情地把陵墓當成採石

場，甚至連很小的碎片都會送進石灰碾磨廠，用於大規模建造他們的堡壘聖彼得堡。摩索拉斯的陵墓就這樣漸漸被毀掉了。所幸有少量浮雕倖免於難，其中包括那件由大理石雕成的亞馬孫族女戰士的浮雕，現今仍保存在英國博物館內供人們觀瞻。

呼嘯而過的歷史之風會留住永恆嗎？面對摩索拉斯陵墓的殘磚碎瓦，不知人們會作何感想；面對褒貶不一的說辭，不知人們會如何評斷；面對各種似是而非的斷言，不知人們能否期待著謎底的解開。其實，人人心中都有一桿秤。

13　奧林匹亞的宙斯神像

奧林匹亞遺址在伯羅奔尼撒半島西部的山谷裡，阿爾菲奧斯河北岸（距河口 16 公里）處，距首都雅典以西約 190 公里，坐落在克洛諾斯樹木繁茂、綠草如茵的山麓，是古希臘的聖地。自從史前時代以來就有人居住。在西元前 10 世紀，奧林匹亞成為敬拜宙斯的一個中心。聖地阿爾提斯，有古代世界最高的建築傑作之一，除了廟宇外，還保留專供奧運會使用的各種體育設施。開始於西元 776 年的奧運會，每四年在奧林匹亞舉行一次，從 18 世紀開始，一批又一批的學者接連不斷地來到這裡，考察和尋找古代奧林匹克運動會的遺跡。1766 年，英國人錢德勒首次發現宙斯神廟的遺址。此後，經過大批德國、法國、英國的考古學家、史學家們對奧林匹亞遺址系統的、大規模的勘查、發掘，至 1881 年獲得了大量有關古代奧林匹克運動會的珍貴文物和史料。1936 年第 11 屆奧運會後，因有部分餘款，國際奧委會決定用這筆款項繼續對奧林匹亞遺址進行發掘，發現

並復原了體育場。

　　最早的遺跡始於西元前 2000～前 1600 年，宗教建築始於約西元前 1000 年。從西元前 8 世紀至 4 世紀末，因舉辦祭祀宙斯主神的體育盛典而聞名於世，是奧林匹克運動會的發祥地。古時，希臘人把體育競賽視為祭祀奧林帕斯峰眾神的一種節日活動。西元前 776 年，伯羅奔尼撒半島西部的奧林匹亞村舉行了人類歷史上最早的運動會 —— 古代奧林匹克運動會。為紀念奧林匹克運動會，1896 年在雅典舉行了第一屆（現代）奧林匹克運動會。以後，運動會雖改為輪流在其他國家舉行，但仍用奧林匹克的名稱，且每一屆的火炬都從這裡點燃。

　　古希臘最早的奴隸制國家出現於西元前 200 年的克里特島，克里特人在古代東方文化的影響下創造了自己的文化。其中包括舞蹈、鬥牛、拳擊和摔跤等。隨著城邦經濟文化的繁榮和城邦間的複雜競爭，帶來了古希臘體育的繁榮，戰車賽、站立式摔跤、拳鬥、賽跑、標槍、鐵餅、跳躍、格鬥、射箭等成為古希臘人最常見的運動形式。斯巴達和雅典先後成為繁榮時期希臘體育的代表。而也就在這一過程中，孕育、產生了許多地方性或全希臘的運動會，其中影響較大的，就是誕生於奧林匹亞的奧林匹克運動會。這一歷時 293 屆的運動會，長達 1,170 年，為人類留下了寶貴的文化遺產。但隨著運動會的消亡，古代希臘體育的輝煌慢慢從人們的記憶中消失了，奧林匹亞也成為愛好體育的人們，最崇敬的聖地。

　　羅馬帝國統治時期，羅馬大帝曾下令禁止異教徒舉行祭典，奧林匹克運動會也被迫停辦。西元 6 世紀的大地震，加上克拉的烏河泛濫成災，使曾經盛極一時的奧林匹亞城變成了廢墟，漸漸隱沒在歷史的繁華背後。西元 1776 年，英國學者錢德勒發掘了奧林匹亞，經過幾代人的挖掘，曾經輝煌的奧林匹亞聖地終於重現原貌。

　　1894 年，現代奧林匹克運動之父，法國教育家古柏坦倡議召開恢復奧林匹克運動的代表大會，成立了國際奧委會。

　　1896 年在雅典舉行了第一屆現代奧運會。從此，「和平、友誼、進步」就成為奧運會崇高的體育精神。

　　奧林匹亞重現輝煌，再次盛裝走向歷史的舞臺。

　　如今再次漫步奧林匹亞城，我們仍可以想見它當日的輝煌與燦爛。靜靜佇立在奧林匹亞博物館的斷壁殘垣，如今看來還是那麼美輪美奐，那些充滿英雄、美女、廝殺的激情雕像，將深埋於歷史的古希臘人神韻，刻劃的栩栩如生。一塊塊巨大的古老石柱如同衛士一般排列成兩隊，像是在沉默中細數著歷史。

　　建於西元前 457 年的宙斯神廟如今也只剩下吉光片羽，巨大而蒼老的石頭崢嶸地立於大地之上，任憑風雨的侵蝕，默默地訴說著神廟那永遠沉寂的歷史。高達 13.5 公尺的宙斯像被史學家認為是「世界七大奇觀之一」，這座裝飾華麗的雕像，由希臘雕刻家菲迪亞斯用象牙雕刻而成，坐落在臺階上，用黃金做成袍飾。宙斯頭頂花冠，右手持勝利女神，左手持笏。宙斯神殿的藝術精華是東西山牆上的人物雕像。西山牆的雕像內容取材於希臘神話肯陶洛斯人搶婚的故事，故事大意是拉庇泰人國王皮利托斯與美麗的希波達米亞舉行婚禮，被國王請來的客人 —— 半人半馬的肯陶洛斯人，在婚宴上酒後亂性，企圖搶走新娘，因而引起一場廝殺。這組雕像有 21 個人物，其中肯陶洛斯人搶新娘的雕像，姿態極其生動，新娘被掠奪時的驚恐神態及掙扎的軀體，十分逼真。這些雕像現收藏在奧林匹亞博物館。如今在殘垣斷壁間，仍蘊含一種灰白的樸素和由高大而產生的崇高感。只有規模的建築才能代表至高無上的尊嚴和威儀，與眾神之王相對應的就是這驚世的建築。

奧林匹亞遺址內的赫拉神殿是希臘眾神殿中最古老的一座，建於西元前 7 世紀上半葉。神殿內原供奉的宙斯之妻赫拉女神像已遭毀壞。1887年，德國考古學家在該遺址發掘出完整的赫米斯雕像。他右臂上揚，左臂抱著嬰兒（即酒神），雕刻極其逼真。現代奧運會點燃聖火的儀式就在赫拉神殿前的廣場上舉行。

奧林匹亞競技場至今仍保持原貌。競技場西側設運動員和裁判員入場口，有石砌的長廊，場內觀眾看臺和貴賓席依克尼斯山麓而建，可容納四萬觀眾。山坡平緩的線條伸向蔚藍的天際，顯得氣勢恢弘。盛裝的古希臘人，從四面八方趕來，就在這裡，盡情吶喊，表達他們對眾神的崇敬和對和平的祈禱。競技場內東西兩端各有一條石灰岩砌成的路線，跑道全長192 公尺。它與附近的演武場、司祭人宿舍、賓館、會議大廳、聖火壇和其他用房等共同構成了競技會的龐大建築群。

如今，這個具有 3,000 多年歷史的競技場，已經成為弘揚人類崇高體育精神的聖地。

奧林匹亞是希臘的聖地，它把健康的理念納入文明，並被全人類接受和延續。奧林匹亞這個詞成為競爭、體育、鬥志等重要概念的同義詞，成為世界精神文化的重要遺產。而古希臘文明正是由於有力量、美、理性的3 駕馬車，才得以在人類文明史上縱橫馳騁。

✝ 萬神之神

希臘神話中的主神，第 3 任神王，是奧林帕斯峰的統治者。克洛諾斯和雷亞之子，掌管天界；以貪花好色著稱，奧林帕斯的許多神祇和許多希臘英雄都是他和不同女人生下的子女。他以雷電為武器，維持天地間的秩

序，公牛和鷹是他的化身。他的兄弟波賽頓和黑帝斯分別掌管海洋和地獄；女神赫拉是宙斯的最後一位妻子。

宙斯是克洛諾斯之子。克洛諾斯是時間創造力和破壞力的結合體，他的父母是天神烏拉諾斯和地神蓋亞，他的妻子是掌管歲月流逝的女神雷亞。雷亞生了許多子女，但每個孩子一出生就被克洛諾斯吃掉。當雷亞生下宙斯時，她決心保護這個小生命。她用布裹住一塊石頭謊稱這是新生的嬰兒，克洛諾斯將石頭一口吞下肚。於是，宙斯躲過一劫，他被送到克洛諾斯的姐姐那裡撫養。

宙斯長大成人後，知道了自己的身世，決心救出自己的同胞兄弟。他娶智慧女神墨提斯為妻，聽從妻子的計謀，引誘父親克洛諾斯服下催吐藥，克洛諾斯服藥後不斷嘔吐，把他腹中的子女們都吐了出來。他們是波賽頓、黑帝斯、赫斯提亞、蒂美特。為了酬謝他們的兄弟宙斯，他們同意把最具威力的武器雷電給他。

宙斯對其父的暴政極為反感，他聯合眾兄弟對其父輩進行一場戰爭。宙斯為了盡快取勝，聽取了兄弟普羅米修斯的建議，放出囚禁在地下的獨眼巨人和百臂巨靈，這六位地母之子有非凡的力量，宙斯和他的兄弟們終於獲得了勝利。他們的父親和許多泰坦神被送進地獄的最底層。偉大的勝利之後，要決定誰當王，宙斯和他的兄弟們都互不相讓，眼看他們之間又要開戰，這時普羅米修斯提出用拈鬮來決定。結果，宙斯當天上的王，波賽頓當海裡的王，黑帝斯當地獄的王。

宙斯坐鎮奧林帕斯峰，擁有無上的權利和力量，他是正義的引導者，對人類的統治公正不偏。他的勸告不易理解，他的決定不可改變，他的意願是審慎的，正確無誤的智慧意願。

宙斯既是眾神之王也是人類之王，所以人們往往描繪他坐在精緻的寶

座上。肅穆的頭部表現出駕御風暴的力量，同時也顯示控制星空的魅力。

宙斯的象徵物是雄鷹、橡樹和山峰；他最愛的祭品是母山羊和牛角、塗成金色的白色公牛。

✝ 赫拉

赫拉是古希臘神話中奧林帕斯主神之一，是主神宙斯的妻子，主管婚姻和家庭，被尊稱為「神後」。她是戰神阿瑞斯、火神赫菲斯托斯、青春女神赫柏和生產女神狄斯科爾狄婭的母親。一說，她又為魔怪堤豐之母。她在奧林帕斯峰的地位僅次於她的丈夫宙斯，高傲的智慧女神雅典娜也要服從赫拉的旨意。在奧林帕斯峰永生的眾神中，赫拉是天后，她梳著美麗的頭髮，分享著她丈夫的權力。她往往以戰服的裝束出現，手持鋼刀，頭戴鑲有花葉的冠冕，威風凜凜。隨侍她左右的是季節女神奧雅絲，社交女神卡莉絲和彩虹女神伊麗絲。赫拉貞潔而賢能，掌管婚姻和家庭，羅馬人稱她為「使嬰兒見到日光」的女神，是忠貞妻子的形象，是婦女的保護神。

傳說的開始是眾神被邀請去參加海洋女神忒提斯與珀琉斯的婚禮，所有的神都被邀請，唯獨遺漏了不和女神厄莉絲。這位女神十分生氣，為了報復，她悄悄的在宴會廳的地板上放了一個金蘋果，蘋果上寫著：「送給最美的人」。於是天后赫拉、智慧女神雅典娜以及愛神阿芙洛黛特都認為這個金蘋果應該屬於自己，三位女神爭執不下，宙斯也無法做出公平的判決。宙斯就讓三位女神去找特洛伊王子帕里斯做出最後的評判。出現在帕里斯王子面前的三位女神是如此難分高下，以至於帕里斯王子不能立即做出決定。於是赫拉：「三名女子中驕傲的一位開口說話了，她無論在身材

或威儀方面都超過了另外兩人」，她向王子做出了許諾，許諾讓他成為最
富有的國王；智慧女神雅典娜向王子許諾，讓他成為世界上最聰明、最富
男性魅力的人；愛神向王子許諾，將把世上最美麗的女子送給他做妻子。
最後王子選擇了愛情，而將金蘋果判給愛與美之女神。從上面的故事，我
們可以得出這樣的結論：赫拉在外貌上並不輸美之女神阿芙洛黛特，在身
材或威儀方面，還有過之而無不及。阿芙洛黛特的勝利僅僅是因為她的許
諾對帕里斯王子更有吸引力而已。雖然神話中對赫拉的外貌描寫只有短短
一句話，卻能激起讀者的無盡想像空間。

　　作為萬神之父宙斯的妹妹和妻子，赫拉十分忠誠於她的愛情和家庭。
赫拉是宙斯第七位（最後）妻子，也是被譽為天后的唯一妻子。相傳，赫
拉一降生，便被其父克洛諾斯吞入腹中。後來，克洛諾斯中墨提斯和宙
斯巧計，又將其吐出。在與泰坦諸神之戰中，雷亞將赫拉送與歐開諾斯
（Oceanus）和特提斯（Tethys）撫養；另說，赫拉由阿卡迪亞的忒墨諾斯或
歐博亞的季節女神所撫養。又說，赫拉出生後，並未被其父克洛諾斯吞入
腹中，曾代其母關照弟弟宙斯，使其免遭父親之害，但這一說法極少。宙
斯長大後，取代其父為眾神之王。他雖多次與眾女神及神女幽會，卻只屬
意於赫拉。一次，他看到赫拉在阿各斯附近的樹林裡悠閒漫步，便立即降
下一陣暴雨，自己則化作杜鵑，佯裝躲雨，藏於赫拉衣襟內，然後現出原
形，擁抱赫拉，並發誓非赫拉不娶。據說，宙斯與赫拉祕密結合 300 年
後，宙斯才將此事向眾神宣告。在宙斯與赫拉的婚宴上，地母蓋亞以聖園
的金蘋果相贈。

　　即使風流成性的宙斯不斷背著他合法的妻子勾引別的女人或女神，眾
神之母赫拉也從沒有背叛過她的丈夫。在忠於愛情的同時，赫拉是一個嫉
妒心極強的女人，她憎恨每一個與她丈夫有親密關係的人，她利用權力和

地位懲罰那些女人。

　　眾神之母赫拉早已熟知丈夫對自己的不忠。他經常背著妻子，對凡人或半神的女人濫施愛情。而赫拉也從不掩飾她的憤怒與嫉妒，她密切注視著丈夫的一舉一動。她常常破壞宙斯的偷情，宙斯由於對她的顧忌，也常常對此無可奈何，甚至不能保護自己的情人。赫拉的嫉妒心強到可怕的境地，她不僅不放過自己的情敵，對於與情敵有關的事物也難以忍受。嚴厲的天后赫拉痛恨這個名叫埃葵娜的王國，因為這是與她爭風吃醋的情敵的名字，它勾起她的滿腔宿怨。她送給全島可怕的瘟疫，瘴氣和令人窒息的毒霧瀰漫山野，濃霧裹住了太陽，然而就是不下一場雨。4 個月過去了，海島上天天刮著悶熱的南風，地上升起一股股死之氣息，池塘和河流裡的水全都發綠、變臭，荒蕪的田野裡毒蛇成群。它們的毒液滲流在井水或河水裡，四處泛濫。瘋狗、瘋牛、瘋羊、飛禽走獸全都瘋了。最後，瘟疫災害也降臨到人的身上，屍橫遍野，一片惡臭。

　　赫拉出生高貴且擁有世界上僅次於丈夫的崇高權力，因而，赫拉的性格中有極為突出的驕傲和任性。一個凡間的女子 —— 安蒂岡妮長的很美麗，特別是她一頭捲髮十分動人，以至於她興起了與天后比美的念頭。天后在盛怒之下，把她的頭髮變成了毒蛇，折磨並撕咬她的頭皮，十分嚇人，最後還是宙斯發善心，將她變成一頭仙鶴的模樣。可憐的姑娘從此只能在水中看到自己的模樣了。從這個傳說我們可以對赫拉驕傲而任性的性格有所了解。

　　與西王母的權力地位來源不同的是，赫拉的地位和尊榮來自於她的婚姻。赫拉雖然是宙斯的姐姐，但這個身分並不能帶給她特別的權力。克洛諾斯和雷亞一共生下三個女兒：赫斯提亞、蒂美特和赫拉，與三個兒子黑帝斯、波賽頓和宙斯，其中黑帝斯為冥府之王，波賽頓是海洋之王，宙斯

掌管天空，是奧林帕斯 12 主神中最有力量和權勢的神。而身為姐姐的蒂美特是豐產、農林女神，卻未有其妹妹的權勢。宙斯總共有七位合法的妻子，唯有赫拉是宙斯的正妻。因為宙斯向赫拉求婚時允諾與赫拉分享自己的權力和尊榮，所以赫拉可以享有丈夫的權力，每當赫拉出行時，都伴有雷霆閃電。眾神也因此而尊赫拉為神母，無不稟其旨意而行。

　　由於宙斯擁有絕對的權威，當他們之間發生分歧，赫拉想達到自己的目的，就得採取一些手段。赫拉關好門，在室內沐浴，用香水塗抹嬌美的胴體，梳理發亮的金髮，穿上雅典娜幫她製作的精緻華麗的錦袍，在胸前簪上金光閃閃的別針，在腰上圍了一根閃閃發亮的腰帶，戴上一對珍貴的寶石耳墜，罩上極其輕柔的面紗，潔白的雙腳穿上一雙別緻的拖鞋。她利用了她的美貌，以此為工具以期達到自己的目的，使宙斯能聽從自己的意見。這也說明了赫拉在家庭中處於一個次要的地位，她的丈夫擁有絕對的權威，赫拉能利用的只是她身為女人的原始資本。一旦宙斯對赫拉表示不滿，赫拉受到的懲罰是很嚴酷的。赫拉曾經因為唆使風神反對宙斯的私生子而受到懲罰，她的雙腳被縛在鐵砧上，雙手被金鏈捆綁著，倒吊在半空中示眾，奧林帕斯聖山上所有的神都懾服於宙斯的震怒，不敢靠近為天后求情。

　　赫拉是烏雲、霹靂、雷電之神，宙斯的第七個妻子，也是奧林帕斯峰的天后。她擁有和宙斯一樣的權力。她的女僕是時序女神和彩虹女神伊麗絲。赫拉與宙斯的結合被視為是使土地豐饒的陽光和雨露的結合，因而人們常像崇拜宙斯一樣，向赫拉祈求恩賜。赫拉是女神之王，她有時又被視為婚姻神、婦女的庇護者、孕產婦的救助者。她的聖物是石榴、布穀鳥、孔雀和烏鴉。伯羅奔尼撒是赫拉崇拜的發祥地，隨著奧林帕斯教的統一，她被希臘各地所接受，邁錫尼等地有她的神廟，在阿各斯有紀念她的天后

節。赫拉與宙斯生有赫柏、阿瑞斯、愛勒提亞。赫拉還生有赫菲斯托斯，據說是赫拉生氣時所生。由於宙斯常見異思遷、喜新厭舊，和許多女子戀愛，赫拉非常嫉妒，用各種手段來殘害宙斯的情人。如她把伊俄變成母牛，後又派大牛虻叮咬她，使她受盡苦難，逃離希臘。又如赫拉聽說歇梅蕾懷了其丈夫的孩子，便化作歇梅蕾的老母去誘騙，最後將歇梅蕾燒死，懷中的胎兒後被宙斯救出，被縫進宙斯的髀肉中，足月後生出戴歐尼斯。赫拉還迫害過阿波羅的母親勒托，不讓她在大地上分娩，所以阿波羅是生在宙斯新生的島 —— 迪洛斯島上的，為此赫拉常被說成是「好嫉妒的」赫拉。

✝ 與宙斯有關的神

◇ 波賽頓（海神）

波賽頓經常手持三叉戟，這成了他的標準形象。當他憤怒時，海底就會出現怪物，他揮動三叉戟就能引起海嘯和地震，但象徵他的聖獸海豚則顯示出海的寧靜和波賽頓親切的神性。愛琴海附近的希臘海員和漁民對他極為崇拜。

波賽頓的三叉戟並非只用來當武器，它也被用來擊碎岩石，從裂縫中流出的清泉澆灌大地，使農民五穀豐登，所以波賽頓又被稱為豐收神。波賽頓也給了人類第一匹馬，他乘座的戰車就是用金色的戰馬所拉的，當他的戰車在大海上奔馳時，波浪會變的平靜，並且周圍有海豚跟隨。

波賽頓的神性廣泛，有強烈的侵略性和極大的野心，時刻想奪取宙斯天帝的寶座，但被宙斯發覺，把他放逐到地上受刑，幫助勞梅頓王修建特

洛伊城。此外他還常與諸神交戰，在雅典和特羅森城就有過他和雅典娜的爭霸戰。

◇ 黑帝斯（冥神）

黑帝斯負責統治地下世界。地下和陽間一樣是一個廣大的世界，蘊藏著豐富的礦物。

黑帝斯是任何人都恐懼的神，每個人都對他敬而遠之。他通常是坐在四匹黑馬拉的戰車裡，手持雙叉戟，無論前面有任何障礙，他都能剷除。如果他走入陽界，那必然是帶領犧牲者的靈魂去冥府，或是檢查是否有陽光從地縫射進黃泉。

地獄跟陽間有一道門連著，這就是「地獄門」。這座門設在海角附近，由一隻名叫克爾柏洛斯的三頭犬看守，任何人一旦進入地獄門，就絕對不能重返陽間。

從地獄門到地獄底層有一條很長的路，路上經常有虛幻的幽靈來往。地獄中還有許多河流，其中一條叫悲嘆河（Cocytus），是由地獄中服苦役的壞人眼淚形成的，所以上面經常發出恐怖的哀號，因為這條河名字的意思就是「遠方的哭聲」。另一條叫斯堤克斯河，是去接受審判的人必須經過的，這條河的水是黑色的，水流湍急，誰也無法游過去，一名叫卡龍的船伕在那裡擺渡，只有乘座他的船才能過河，但他會要 1 塊錢的船費，否則拒載，如果那些等待審判的人沒錢，那就必須等上一年，那時卡龍會免費接渡。所以希臘人死後，通常會在死者嘴裡放 1 塊錢。

在黑帝斯巨大的宮殿中有三位審判官，他們是米諾斯、拉達曼迪斯、艾亞哥斯，專門負責審理靈魂的思想、言論、行為。還有正義女神，她手持利劍，為每個靈魂秤善惡，如果靈魂的善多於惡，就會上天堂，反之則

下地獄。如果是罪大惡極者，會被放逐到「無間地獄」，永遠接受無間的痛苦和折磨。

　　黑帝斯把地獄的事處理的井井有條、紀律嚴明，他個性殘忍，毫無惻隱之心，但公正無私，是一個令人敬畏的神。

◇ 雅典娜（智慧與戰爭女神）

　　雅典娜是宙斯的女兒，她的母親是智慧女神墨提斯。墨提斯在懷孕時便感覺到她將生下一個非凡的女兒，她告誡宙斯即將出生的孩子將對他的權力構成威脅，於是宙斯毫不猶豫的把墨提斯吞入腹中。但是雅典娜並沒有死，反而吸收了其父的力量和其母的智慧。

　　傳說中雅典娜是從宙斯的頭顱中誕生的。當宙斯的頭顱裂開時，雅典娜從中跳出，她高呼勝利萬歲，然後跳起了舞。她頭戴光芒四射的頭盔，身披華麗的鎧甲，手持閃閃發光的長矛。當看到這位少女時，眾神無不讚嘆、驚異，整個奧林帕斯峰都被她的舞步所震動。

　　雅典娜小時候有一名玩伴叫帕拉斯，她和雅典娜差不多大，兩人經常形影不離。她們最喜歡玩打仗和比武的遊戲。有一天，她們又拿起長矛來玩，帕拉斯看到雅典娜從後面追來，就轉身將長矛刺向雅典娜，奧林帕斯峰上的宙斯看到了，唯恐女兒受傷，趕快用一個羊皮盾將女兒保護起來，帕拉斯見一個盾牌從天而降，驚恐萬分，一時嚇呆了。雅典娜見朋友發呆，認為機會來了，便繞過盾牌將長矛刺向帕拉斯，這一刺正中要害，帕拉斯叫了一聲便倒下，雅典娜悲哀不已。為了紀念朋友，雅典娜在自己名字前加上了「帕拉斯」。自那天起，她的正式名字就叫：帕拉斯‧雅典娜。

　　雅典娜曾和波賽頓爭奪阿提克地區的所有權，永生的六神被他們請來當裁判。眾神決定讓他們進行一場比賽，誰贈給人類的東西最有用，誰就

能獲得這片土地。波賽頓把他的三叉戟往岩石上一擊，一匹戰馬呼嘯而出。而雅典娜則用她的長矛往地上一戳，地上立刻長出一株銀色葉子的橄欖樹。眾神經過裁決，認為橄欖枝是和平的象徵，比用於殺戮性戰爭的戰馬有用的多。

雅典娜心靈手巧，才華橫溢。她不但是婦女針織和縫補的保護神，也是男人從事工藝的保護神。著名的雕刻大師菲迪亞斯曾經用象牙和黃金為雅典娜雕了一尊塑像，雅典娜右手舉著象徵勝利的飾物，左手拿著橢圓型盾牌，這尊珍貴的塑像被放置在雅典的萬神殿中。

◇ 普羅米修斯（先覺之神）

普羅米修斯是死亡之神伊阿珀托斯之子，宙斯的堂兄。他和雅典娜是非常要好的朋友，他們經常一起遊玩。一天普羅米修斯來到大地上，他看到藍天、大地，一切都是那麼美好，只是單調了點，他用泥和水捏了一些和神一樣的泥人，雅典娜向泥人吹了口氣，泥人們立刻有了生命，這就是最初的人類。

那時宙斯和他的兄弟們正在和其父交戰，普羅米修斯的母親能夠預知未來，她知道宙斯在這場戰爭中會獲勝，於是與兒子一起幫助宙斯。

不久後，宙斯擊敗父親克洛諾斯成為新的主宰。然而他對人類並不重視，並拒絕向人類提供最後一件禮物 —— 火。可是普羅米修斯想出了巧妙的辦法，他拿來一根又粗又長的茴香稈，扛著它走近馳來的太陽車，將茴香稈伸到它的火焰裡點燃，然後帶著閃爍的火種回到地上。

宙斯見人間升起了火焰，大發雷霆，決定報復人類。他命以工藝著名的火神赫菲斯托斯造了一尊美女石像；雅典娜用魔法賦予石像生命；赫米斯傳授其語言的技能；愛神阿芙洛黛特賦予她種種誘人的魅力。宙斯給

這美麗的形象取名為潘朵拉，意為「具有一切天賦的女人」，因為眾神都饋贈給她一件危害人類的禮物。他把這個年輕的女人送到人間，她逕自來到普羅米修斯的弟弟艾比米修斯面前，請他收下宙斯給他的贈禮。普羅米修斯曾經警告過他的弟弟，不要接受奧林帕斯峰上宙斯的任何贈禮，要立即退回去。可是，艾比米修斯忘記了這個警告。潘朵拉走到艾比米修斯的面前，突然打開盒蓋，裡面的災害像黑煙似地飛了出來，其中包括疾病、災難、嫉妒、偷盜、貪婪、罪惡等。在盒子底部還留著唯一美好的東西 —— 希望，但潘朵拉依照萬神之父的告誡，趁它還沒有飛出來的時候，趕緊關上了蓋子，因此「希望」就永遠關在盒內了。從此，各式各樣的災難充滿了大地、天空和海洋。疾病日日夜夜在人類中蔓延、肆虐，而又悄無聲息。

接著宙斯向普羅米修斯本人報復了，他把這名仇敵交到赫菲斯托斯和兩名僕人的手裡，這 2 名僕人外號叫克拉托斯和皮亞，即強力和暴力。他們把普羅米修斯用鐵鏈鎖在高加索山的懸岩上，宙斯每天派一隻惡鷹去啄食被縛的普羅米修斯肝臟。肝臟被吃掉多少，很快又恢復原狀，這種痛苦的折磨他不得不忍受，直到將來有人自願為他獻身為止。一天，海克力斯為尋找赫斯珀里得斯來到這裡。他看到惡鷹在啄食可憐的普羅米修斯肝臟，便取出弓箭把那隻殘忍的惡鷹一箭射落，然後他鬆開鎖鏈，解放了普羅米修斯，帶他離開山崖。但為了滿足宙斯的條件，海克力斯把半人半馬的肯陶洛斯族的凱隆作為替身留在懸崖上。凱隆是一位永生的神，但為了解救普羅米修斯，他甘願犧牲。最後，為了徹底執行宙斯的判決，普羅米修斯必須永遠戴一隻鐵環，環上鑲著一塊高加索山上的石子。這樣，宙斯可以自豪地宣稱，他的仇敵仍然被鎖在高加索山的懸崖上。

◇ 赫斯提亞（火焰和家灶女神）

赫斯提亞是克洛諾斯和雷亞的女兒，宙斯和赫拉的姐姐。阿波羅和波賽頓都曾向她求婚，但她發誓終身不嫁，以保持少女的貞潔。宙斯考慮到她要有個棲身之地，就答應讓每個家庭都給她一個席位。

她悄悄的離開奧林帕斯峰，保護每個有爐灶的家庭。她不僅是灶神，也是家神。火焰象徵她的存在，也是家庭永續、穩定、和睦與繁榮的保證。在古代，祭壇上的火由先人點燃，他們的後代有義務讓燭火繼續點燃下去，因為燭火的熄滅意味著人種的滅絕。每個家庭都有自己的爐灶，每個城鎮都有自己的祭壇。祭壇上的火象徵這城鎮的生命，每當一個城鎮的人到新的地方建立殖民地，聖火也就伴隨著這些勇敢的移民到別的地方去。

◇ 阿波羅（藝術、光明神）

宙斯十分喜歡暗夜女神勒托，他們相愛後，勒托有了身孕，但卻引起赫拉的嫉妒。勒托被迫出走，她走了 9 天 9 夜也找不到棲身之處，後來她變成一隻天鵝來到一個浮島，在宙斯的幫助下，用四根柱子把浮島固定在海底。阿波羅和他的姐姐阿特米斯就出生在這個島上，這個島後來被取名迪洛斯島。

阿波羅降生時，身體發出萬丈金光，天上的女神都高興的驚叫起來。為了得到眾神的承認，阿波羅決定到奧林帕斯峰顯示一下他獨特的本領，但奧林帕斯峰的眾神根本不把他放在眼裡，尤其是赫拉，根本就瞧不起他。於是，阿波羅決定自己去闖蕩世界，並屢建奇功，名氣越來越大。

一次，阿波羅碰到了小愛神厄洛斯，他嘲笑厄洛斯的箭像玩具一樣，不可能建立不朽的功勳。厄洛斯聽完，從箭袋裡取出兩支不同顏色的箭，

一支是金的，一支是鉛的。金子的箭是愛情之箭，而鉛的箭是抗拒愛情之箭。厄洛斯把金箭射向阿波羅，把鉛箭射向神女達芙妮，一場愛情悲劇開始了。阿波羅愛上了達芙妮，而達芙妮看到阿波羅，就像見到魔鬼一樣。最後，為了避開阿波羅，達芙妮變成了一棵月桂樹。而阿波羅為了紀念達芙妮，就用月桂枝來裝飾自己的弓。

阿波羅主管音樂和豎琴，同時也主管舞蹈、詩歌和靈感。詩人和預言家都靠他的啟示。阿波羅是光明磊落的神，從沒有謊言。

阿波羅的兒子中有一個叫阿斯克勒庇奧斯，他會治病救人，能讓死人復生。這樣破壞了自然的秩序，地獄中空空如也。冥王黑帝斯大怒，找宙斯裁決，宙斯用雷電擊殺了阿斯克勒庇奧斯。儘管阿波羅很悲痛，但也無能為力。

◇ 阿瑞斯（戰神）

一說是赫拉透過嗅一朵奇花而生出來的。

阿瑞斯性情暴烈，經常進行血腥的殺戮。他的神性是不論正邪，只管戰鬥，所以任何人對他都沒有好感。他身材魁梧健壯，但行動遲緩又缺乏計謀，通常是徒步作戰，偶爾也坐戰車，那拉車的馬是北風和憤怒之神所生。

在戰場上隨同他的主要是他的兒子，分別代表恐怖、顫慄、慌張、畏懼等，和被稱為紛爭女神的厄莉絲，以及代表都市破壞者的女兒埃奴歐。

阿瑞斯的野蠻暴行令奧林帕斯峰的眾神都非常憎惡他。

阿瑞斯的主要敵人是雅典娜。這位才智非凡的女神對阿瑞斯的殘暴行徑作出了堅決的反抗。她經常挺身而出，與阿瑞斯進行面對面的戰鬥，保護那些為正義事業而戰的戰士。

◇ 赫菲斯托斯（火神和工藝之神）

赫菲斯托斯是宙斯和赫拉之子。他隱居在埃特納山，聯合獨眼怪族開發豐富的礦山，專門打造精良的器具。

赫菲斯托斯面容醜陋，一條腿也瘸了，但他的靈魂和才智卻十分卓越。他心智靈巧，而且充滿熱誠。他在奧林帕斯峰上建築了諸神的宮殿，為宙斯打造雷霆和鎧甲，此外還製造了愛神的弓、海克力斯的馬車等諸神物品和武器。

他雖然又醜又殘，但卻有一位美貌的妻子阿芙洛黛特。但阿芙洛黛特卻經常與阿瑞斯幽會，赫菲斯托斯就張開一個精巧的黃金網，將他們罩住，讓他們在諸神面前出醜，最後這對夫妻不歡而散。

赫菲斯托斯這個詞，希臘文就是火神的意思，被鐵匠和木匠尊為保護神。他是個溫和、愛好和平的神，在天上和地上，同樣獲得眾望。

◇ 安泰俄斯

安泰俄斯是海神波賽頓和大地母神蓋亞之子。他從來不會感到疲勞，他的身體一接觸到大地就能吸取大地的力量。

他最喜歡吃的食物是幼獅，並以殺人為樂。在他盤踞的地盤上，人畜都不能倖免於難。每當外鄉人從海上或陸地來到利比亞，他就強迫外鄉人和他決鬥，並將人置於死地，然後將死人的頭骨用來裝飾他在海濱為其父建造的神廟。

大英雄海克力斯來到了安泰俄斯的地盤。眾神交給他一個任務，即消滅海邊和各條道路上傷害人畜的一切怪物。當海克力斯和安泰俄斯較量時，雙方都為對手的力量所驚訝。儘管海克力斯不斷將安泰俄斯擊倒在地，但每次大地母神蓋亞都會使安泰俄斯重新恢復力量。最後，海克力斯

發現了安泰俄斯不斷得到力量的祕密，他抓住這可怕的巨人，讓他雙腳離地，緊緊的把他勒在懷裡，最後終於把他勒死了。

◇ 阿芙洛黛特（愛神與美神）

她是愛情和美麗的女神。傳說中，她是從大海的泡沫裡誕生的。

阿芙洛黛特的美貌不僅征服了奧林帕斯峰上的諸神，也完全征服了人們的心。她以甜蜜的願望讓人們點燃激情，使他們產生愛情，讓他們感到幸福或痛苦。

她的影響遍及大自然，在茫茫的大海上，她以光的形式出現，驚濤駭浪見到她會立刻平靜，暴風也會立刻停止。她也是植物之母，使大地充滿生機，繁花似錦。

◇ 阿特米斯（月神和狩獵女神）

狩獵女神阿特米斯是阿波羅的姐姐。她是位活潑、健美、爽朗的女神，和弟弟幾乎具有同樣的神性。上弦月是她的弓，月光是她的箭。

她是主司狩獵的女神，兼野獸的保護神。她特別寵愛小動物，所以使牧場和耕地綠草如茵。這位女神還經常率領侍奉她的仙女尋幽探勝，巡遊狩獵，每當她疲勞時，就彈起豎琴或吹笛子，跟眾仙女婆娑起舞，繆思女神和幽雅女神都經常來助興。

阿特米斯帶給大地朝露、雨水、冰霜。她給耕耘過的土地、穀物、豐收在望的田地帶來益處。但如果人們忘了為她獻祭，她就會用冰雹凍死作物，放逐野獸去踐踏莊稼。

阿特米斯喜歡忘情的馳騁在森林草原上，她臉上稚氣未抹，肩上背著箭袋，身旁往往有一頭牡鹿或獵犬。

✝ 天神的宮殿

　　神殿本身採多利克柱式建築。表面鋪上灰泥的石灰岩，殿頂則用大理石興建而成，神殿共由 34 條高約 17 公尺的科林斯式（Corinthian）石柱支撐著，面積達 41.1 公尺 ×107.75 公尺。廟前廟後的石像都是用帕羅斯島的大理石雕成。廟內西邊人字形簷飾上很多雕像，十足是雅典的風格。這麼建造，天上宙斯大神是否喜歡？據說菲迪亞斯建造雕像時，曾親到奧林帕斯峰問宙斯神，而大神以降下霹靂閃電，打裂神廟鋪道作回答。至於神殿主角「宙斯」，採用了所謂「克里斯里凡亭」（chryselephantine）技術，是在木質支架外加象牙雕成的肌肉和金製的衣飾。寶座也是木底包金，嵌著烏木、寶石和玻璃，歷時 8 年之久才完成。

　　在旅行家沙尼亞斯巴的希臘遊記書中，曾對宙斯神像作了詳細的描述，書中記載：「宙斯神主體為木製，身體裸露在外的部分貼上象牙，衣服則覆以黃金。頭頂戴著橄欖枝編織的皇冠，右手握著象牙及黃金製成的勝利女神像，左手則拿著一把鑲有各種金屬打造的權杖，杖頂停留一隻鷲」。至於他的寶座，神像頭上與頭後，雕著「典雅 3 女神」和「季節 3 女神」（春、夏、冬）雕像；腿和腳飾有舞動中的勝利女神與人頭獅身史芬克斯、希臘其他諸神裝飾，底部寬 6.55 公尺、高 1 公尺，而神像約高 13 公尺，相當於 4 層樓高的現代建築。神像身後掛著由耶路撒冷神廟劫掠得來的神聖布幔。菲迪亞斯更精密地規劃四周變化，包括由神廟大門射向雕像的光線，為了令神像的臉容更為美麗光亮，更於神像前建造一座極大而淺，裡面鑲了黑色大理石的橄欖油池，利用橄欖油將光線反射。矗立期間更有工人前來擦拭象牙，稱為「菲迪亞斯拋光工人。」

　　宙斯像的構成材料，年代背景以及裝飾用的雕像，都能詳細說明，但

是菲迪亞斯的作品風格卻很難確定。根據古代文獻記載，菲迪亞斯雕塑神
像的技術達到巔峰，能使神像具有高不可攀的莊嚴氣概。特別是宙斯像，
能夠在普通的宗教形象外，增添獨特的性格。為了找出這句話的真正涵義
（菲迪亞斯神像雕塑的原作至今已全部遺失），多年來，專家學者曾對菲迪
亞斯神像的複製品作過個別研究，希望能找出其中共同的特點。他們特別
注意雅典巴特農神殿的裝飾雕像，據說菲迪亞斯曾經負責監製這些雕像。
當然，現在很難斷定，菲迪亞斯曾親手雕過哪一件雕像，因為他既要擔任
監製工作，又要負責雕塑神殿內的巨像，一定非常忙碌，不過，很有可能
所有雕像的設計和風格都由菲迪亞斯一人決定。最接近菲迪亞斯風格的作
品，可能是廟內東邊橫飾帶上的神像，只是規模不同而已。這些神像，在
早期的嚴肅風格與後期輕鬆及精巧的風格之間，獲得巧妙的平衡。

　　宙斯神殿是希臘的宗教中心，由城邦和平民送來的祭品種類很多。幾
百年來，一直在露天神壇叩拜宙斯。神壇據說是用獻給宙斯的各種祭品的
灰燼造的。宙斯神殿建於西元前 470 年，西元前 5 世紀由當地建築師監建
一座宏偉的廟宇，作為宙斯神殿，並於西元前 456 年完成，廟前廟後的石
像都是用帕羅斯島的大理石雕成，宙斯神像則由雕刻家菲迪亞斯負責。

　　有一說法是，菲迪亞斯在雕塑巴特農神殿的巨像時，被指控盜用寶貴
材料，遭到貶黜，離開故鄉雅典過放逐生活，終老奧林匹亞。這說法唯一
可信之處就是菲迪亞斯與當時名政治家伯里克里斯是朋友，對他的名譽採
取的任何打擊行動，都會對伯里克里斯有不利的影響，所以菲迪亞斯開始
逃亡。

　　在奧林匹亞所進行的現代發掘工作，最早的一次是在 1829 年由法國
考察隊主持。歷時 6 星期。使近代人士對奧林匹亞有更多了解的，則是德
國的考察隊。他們從 1875 年開始，一直沒有間斷地發掘，雖然找出宙斯

神殿以及裝飾用的雕像，且局部恢復了宙斯神殿原來的形狀，但始終沒有發現宙斯神像本身的蹤跡。然而，在 1954 ～ 1958 年間，考古學家進行一連串令人興奮的發掘工作，在距離宙斯神殿不遠的地方，挖出菲迪亞斯工作地方的遺址，形狀大小與神殿的主室相同。菲迪亞斯可以在這種類似神殿的環境中，雕塑宙斯像而不致妨礙神殿的工作。菲迪亞斯必定在雅典挑選了一批工作人手，帶到奧林匹亞。在他的工場遺址上發現很多西元前 435 年製造的雅典陶器（菲迪亞斯完成宙斯像後，於西元前 432 年去世），還有象牙、玻璃、金匠工具，以及赤陶模型的碎片，看來是供製造神像部分衣飾之用。出土的陶器當中，有一個殘破不全的杯子，杯子有刻工精細的文字：「我屬於菲迪亞斯」。

　　神像昂然地接受人們崇拜達 900 多年，但最後基督教結束一切。西元 393 年，羅馬皇帝都路一世，毅然頒發終止競技的敕令，古代奧林匹克競技大會也是在這一年終止。接著，西元 426 年，又頒發了異教神廟破壞令，於是宙斯神像就遭到破壞，菲迪亞斯的工作室亦被改為教堂，古希臘從此灰飛煙滅；神廟內傾頹的石柱更在西元 522 年及 551 年的地震中震垮，石材被拆，改建成抵禦蠻族侵略的堡壘，隨後奧林匹亞地區經常發生洪水泛濫，整個城市埋沒在很厚的淤泥下。所幸的是，神像在這之前已被運往君士坦丁堡（Constantinople）（現稱伊斯坦堡），被收藏於宮殿內達 60 年之久，可惜最後亦毀於城市暴動中。

14 艾費蘇斯的阿特米斯神廟

† 月亮女神

古希臘神話中的月亮女神阿特米斯 (Artemis)。她是太陽神阿波羅的妹妹,非常漂亮,同時也是很厲害的弓箭手,掌管狩獵,身邊常伴著她心愛的弓箭和獵犬。她每天駕著銀色的馬車在夜空中奔馳,代表了夜間的寒冷、寂寞、以及亡靈的道路。她還是未婚少女的守護神 —— 她自己也終身未婚,而且還有個悲傷的故事。

月亮女神阿特米斯非常喜歡橡樹,狩獵時一直帶著她的橡樹木杖。人們又把她奉為橡樹女神。在古希臘,人們祭祀月亮女神的時候,就會點燃橡木火把,後來變成供奉甜餅並點燃蠟燭,最後演變成為慶祝孩子生日的方式 —— 晚上在蛋糕上插蠟燭,吹滅並許願,月亮女神會保佑願望能夠實現。直到今天,人們依然用這種方式慶祝生日。

† 阿特米斯的愛情

月神阿特米斯是個處女神,但是她也有愛情故事,而且愛起來也很痴情,所以我們在戀愛時才常說:「月亮代表我的心!」

海王波賽頓有個兒子,名叫奧里恩 (Orion),他非常喜歡射箭,是個很好的獵手,還喜歡在海面上狂奔。奧里恩從父親那裡學會了潛水,但是他的性格也和父親一樣粗野,有一次被情人的爸爸弄瞎了眼睛。按照神諭指引,他找到了阿波羅,阿波羅使他能夠重見光明。從此,奧里恩就經常和月亮女神在一起,月亮女神很喜歡奧里恩,他們相識且彼此相愛,經常

一起在叢林中狩獵，在海面上狂奔。據說女神曾經想嫁給他，也有人說他想要對女神動粗。總之，女神的哥哥阿波羅很討厭奧里恩，也不喜歡妹妹與奧里恩的這段感情，於是決意要除掉奧里恩。某天，奧里恩正在海面上飛奔的時候，阿波羅用金色的光罩住奧里恩，把他隱藏起來，使任何人都看不到奧里恩的本來面目，然後就去慫恿喜歡射箭的妹妹月亮女神，把遠處的金色物體當成靶子。月亮女神當然不知道這是哥哥的陰謀，射出一支箭，正中奧里恩的頭部。後來她知道自己射死的是心上人，陷入絕望之中，日夜哭泣。（也有人說曙光女神也愛上了奧里恩，月神出於妒嫉才射死了他）為了永遠珍藏對奧里恩的愛情，她請求宙斯把奧里恩升到天上，希望自己乘坐銀馬車在天空奔跑時，隨時可以看到。宙斯接受了她的請求，把奧里恩變為天上的星座——獵戶座。女神發誓，終身不嫁，她要永遠在夜空中陪伴著奧里恩。至今，奧里恩仍在那裡，披獅皮，束腰帶，提短棍，身後跟著獵狗（天狼星）。

女神的另一次愛情更為優雅，人們經常認為這是阿特米斯的唯一愛情。有一天晚上，美少年恩底彌翁在拉特摩斯山的月光下安睡，月神從天空經過，被他的美貌打動。從此，月神常常離開她的天空崗位，下界來看望她的愛人，看著他安睡，親吻他。由此，月神日漸蒼白憔悴。最後，奧林帕斯官方發現了這個祕密，他們不反對戀愛，但是不能因為愛情耽誤學習和工作。宙斯不好意思責怪自己的愛女，命令美少年死去或長眠。美少年選擇後者，長眠不醒。

後世常稱阿特米斯的羅馬名字狄安娜。歷史上七大奇蹟中，有一座位於艾費蘇斯的月亮女神廟，但是在西元 356 年，被一名老百姓燒毀，這個人為此遺臭萬年。

15 巴比倫的空中花園

　　與羅德島巨像一樣，考古學家至今都未能找到空中花園的遺跡，事實上，不少在自己著作中提到空中花園的古人，也只是從別人口中聽到，並沒有真的看過，到底空中花園是否純粹是傳說呢？

　　巴比倫空中花園位於 Euphrates 河東面，伊拉克首都巴格達以南 50 公里外，四大文明古國之一巴比倫中。

　　巴比倫的空中花園從來都不是吊於空中，這個名字的由來純粹是因為人們把原本除有「吊」之外，還有「突出」之意的希臘文「kremastos」及拉丁文「pensilis」錯誤翻譯所致。

　　一般相信空中花園是由 Nebuchadnezzar 王（西元前 604 ～ 西元前 562）為了安慰患思鄉病的王妃阿米蒂斯，仿照王妃在山上的故鄉而興建了空中花園。

　　空中花園在西元前 600 年建成，高約 25 公尺，為一階梯式的 4 層建築，底座面積約 1,260 平方公尺，上面的 4 層平臺架在用石塊壘起的石柱上。平臺由下到上逐層縮小，中間用石梯相連。每層平臺都用大理石拼砌，上面鋪有蘆葦和瀝青的混合物。為了防止滲水，上面又鋪了兩層磚，並澆鑄了一層鉛。臺階種有全年翠綠的樹木，河水從空中花園旁邊的人工河流下來，這些花木看起來好像長在空中，因此叫「空中花園」。

　　因為美索不達米亞一帶氣候乾燥、少石材，而空中花園離幼發拉底河又有一段距離，所以學者專家們認為空中花園應該要有完善的輸水設備，由奴隸不停地推動連結的齒輪，把地下水運到最高層的儲水池中，再經過人工河流往下流以供給植物水分。同時美索不達米亞平原有太多石塊，因此研究員相信花園所用的磚塊一定不同，相信它們被加入了蘆葦、瀝青及

瓦，狄奧多羅斯更指出空中花園所用的石塊加入了一層鉛板，以防止河水滲入地基。

■ 歷史

古巴比倫王國在著名的國王漢摩拉比（西元前 1792 ～ 1750 年）的統治下曾經繁榮一時。但是直到新巴比倫王朝，美索不達米亞文明才達到了它的鼎盛時期。人們相信傳說中的空中花園是由尼布甲尼撒二世（西元前 604 ～ 562 年）建造的。據傳，尼布甲尼撒為了取悅在米提王長大，並對山景懷有深厚感情的王后或妃子而建造了空中花園。

雖然對花園最詳盡的記述是出自 Berossus 和 Diodorus Siculus 等希臘歷史學家筆下，但巴比倫的歷史紀錄卻對此事隻字不提。儘管在尼布甲尼撒時期存留下的各種資料上發現了對宮殿、巴比倫以及巴比倫城牆的種種描述，但這些資料卻沒有一處提到過空中花園。甚至那些對空中花園進行過詳細描述的歷史學家們，也從沒有親眼目睹過。現代歷史學家爭論說：當亞歷山大的士兵們到達富饒的美索不達米亞地區，並看到巴比倫時，他們深為（眼前的美景）所震撼。當他們後來回到崎嶇不平的家鄉時，帶回了有關美索不達米亞令人驚嘆的花園和椰子樹、有關尼布甲尼撒的宮殿，以及有關巴別塔和金字型神塔的各種故事。是詩人和古代歷史學家的想像力，把這所有的元素混合在一起，製造出了世界奇觀之一。

直到 20 世紀，圍繞著空中花園的一些不解之迷才被揭示出來。在得到關於花園的地理位置、灌溉系統，和真正面目的最終結論之前，考古學家們仍在努力地蒐集足夠的證據。

■ 位置

位於幼發拉底河的東岸，距伊拉克首都巴格達南約 50 公里。

古巴比倫王國曾出現一座漂浮在半空的園林，它與羅德島巨像一樣，考古學家至今仍未能找到它的確實位置。事實上，大半描繪空中花園的人，都從未涉足巴比倫，只知東方有座奇妙的花園，波斯王稱之為天堂，而在兩相湊合下，形成遙遠巴比倫的夢幻花園。實際上，在巴比倫文本記載中，它本身也是一個謎，甚至其中沒有一篇提及空中花園。

巴比倫空中花園這個名字純粹是出自對希臘文 paradeisos 一字的意譯。其實，paradeisos 直譯應為「梯形高臺」，所謂「空中花園」實際上就是建築在「梯形高臺」上的花園。希臘文 paradeisos（空中花園）後來蛻變為英文 paradise（天堂）。

✝ 19 世紀成的空中花園圖

它建於廣場的中央，是一個四角椎體的建設，堆起縱 400 公尺，高 15 公尺的土丘，每層平臺就是一個花園，由拱頂石柱支撐，臺階並上石板、蘆草、瀝青、硬磚及鉛板等材料，目的是為了防止上層水分的滲漏，同時泥土的土層也很厚，足以使大樹扎根；雖然最上方的平臺只有 60 平方公尺左右，但高度卻達 105 公尺（相當於 30 層樓的建築物），因此遠看就仿似一座小山丘。

同時，尼布甲尼撒王更在花園的最上面建造大型水槽，透過水管，隨時供給植物適量的水分。有時也用噴水器降下人造雨；在花園的低窪部分，建有許多房間，可以看到成串滴落的水簾。即使在炎炎盛夏，也感覺到非常涼爽。在長年平坦、乾旱、只能生長若干耐鹽灌木的土地上，出現令人驚嘆的綠洲。

撰寫奇觀的人：「那是尼布甲尼撒王的御花園，離地極高，土人高過

頭頂，高大樹木的懸根由跳動的噴泉灑出水沫澆灌」。西元前 3 世紀曾記述「園中種滿樹木，無異山中之國，其中某些部分層層疊長，有如劇院一樣，栽種密集，枝葉扶疏，幾乎樹樹相觸，形成舒適的遮蔭，泉水由高高噴泉湧出，先滲入地面，然後再扭曲旋轉噴發，透過水管沖刷旋流，充沛的水氣滋潤樹根土壤，永遠保持溼潤。」

✝ 依據考古學家之發現製成空中花園想像圖

空中花園雖然比不上伊絲塔城門和遊行大道多彩多姿，也不如巴別塔那樣氣勢雄偉，但是作為一種精巧華麗的古代建築，則是出類拔萃的，僅是成功地採用了防止高層建築滲水及供應各平臺用水的供水系統，就足以令它揚名立萬了。

歷史學家更發表：「從壯大與寬廣這一點來看，空中花園顯然遠不及尼布甲尼撒二世殿，或巴別塔，但它的美麗、優雅，以及難以抗拒的魅力，是其他建築所望塵莫及的。」

✝ 巴別塔

巴別塔又名巴貝爾塔、通天塔；據《聖經》創世記第 11 章記載，是當時人類聯合起來興建，希望能通往天堂的高塔。為了阻止人類的計畫，上帝讓人類說不同的語言，使人類相互之間不能溝通，計畫因此失敗，人類自此各散東西。此故事試圖為世上出現不同語言和種族提供解釋。

✝ 基督教中的巴別塔

根據猶太人的《舊約聖經》記載：洪水大劫之後，天下人都講相同語言，都有相同的口音。諾亞的子孫越來越多，遍布地面，於是向東遷移。在示拿地（古巴比倫附近），他們遇見一片平原，定居下來。由於平原上用作建築的石料很不易取得，他們彼此商量：「來吧，我們要做磚，把磚燒透了。」於是他們拿磚當石頭，又拿石漆當灰泥。他們又說：「來吧，我們要建造一座城，和一座塔，塔頂通天，為傳揚我們的名，免得我們分散在全地上。」由於大家語言相通，同心協力，建成的巴比倫城繁華而美麗，高塔直插雲霄，似乎要與天公一比高低。沒想到此舉驚動了上帝！上帝深為人類的虛榮和傲慢而震怒，不能容忍人類冒犯他的尊嚴，決定懲罰這些狂妄的人們，就像懲罰偷吃禁果的亞當和夏娃一樣。他看到人們這樣齊心協力，統一強大，心想：如果人類真的修成宏偉的通天塔，那以後還有什麼事做不成呢？一定得想辦法阻止他們。於是他悄悄離開天國來到人間，變亂了人類的語言，使他們分散在各處，那座塔於是半途而廢了。那共同的語言被稱為亞當語，歷史上曾有學者提出某種語言是原始語言，例如希伯來語、巴斯克語等（參閱猶太文獻）。高塔中途停工的畫面，在宗教藝術中有象徵意義，表示人類狂妄、自大，最終只會落得混亂的結局。

✝ 歷史上的巴別塔

在希伯來語中，「巴別」是「變亂」的意思，於是這座塔就稱「巴別塔」。也有人將「變亂」一詞解釋為「巴比倫」，稱那座城叫「巴比倫城」，稱那座塔叫「巴比倫塔」。而在巴比倫語中，「巴別」或「巴比倫」都是「神之門」的意思。同一詞彙（「巴別」）在兩種語言裡竟會意思截然相反，著

實令人費解，其實這是有緣由的。

　　西元前 586 年，新巴比倫國王尼布甲尼撒二世滅掉猶太國，拆毀猶太人的聖城耶路撒冷，燒掉神廟，將國王連同近萬名臣民擄掠到巴比倫，只留下少數最窮的人。這就是歷史上著名的「巴比倫之囚」。猶太人在巴比倫多半淪為奴隸，為尼布甲尼撒修建巴比倫城，直到 70 年後，波斯帝王居魯士到來，才拯救了他們。亡國為奴的仇恨使猶太人刻骨銘心，他們雖無力回天，但卻憑藉自己的思想表達自己的憤怒。於是，巴比倫人的「神之門」在猶太人眼裡充滿了罪惡，遭到了詛咒。他們詛咒道：「沙漠裡的野獸和島上的野獸將住在那裡，貓頭鷹要住在那裡，它將永遠無人居住，世世代代無人居住。」

　　事實上，「巴別」塔早在尼布甲尼撒及其父親之前就已存在，古巴比倫王國的幾位國王都曾進行過整修工作。但外來征服者不斷地將之摧毀。尼布甲尼撒之父建立了新巴比倫王國後，也開始重建「巴別」通天塔，他在銘文中寫道：「巴比倫塔年久失修，因此馬爾杜克命我重建。他要我把塔基牢固地建在地界的胸膛上，而尖頂要直插雲霄。」但尼布甲尼撒之父只將塔建到 15 公尺高，尼布甲尼撒自己則「加高塔身，與天齊肩」。塔身的絕大部分和塔頂的馬爾杜克神廟是尼布甲尼撒主持修建的。備受人稱讚的「巴別塔」一般指的就是尼布甲尼撒父子修建而成的那一座。

　　這座塔的規模十分宏大。西元前 460 年，即塔建成 150 年後，古希臘歷史學家希羅多德遊覽巴比倫城時，對這座已經受損的塔仍是青睞有加。根據他的記載，通天塔建在許多層巨大的高臺上，這些高臺共有 8 層，越高越小，最上面的高臺上建有馬爾杜克神廟。牆的外沿建有螺旋形的階梯，可以繞塔而上，直達塔頂；塔梯的中腰設有座位，可供歇息。塔基每邊長大約 90 公尺，塔高約 90 公尺。據 19 世紀末期的考古學家科爾德

維實際的測量和推算，塔基邊長約 96 公尺，塔和廟的總高度也是約 96 公尺，兩者相差無幾。「巴別」塔是當時巴比倫國內最高的建築，在國內的任何地方都能看到它，人們稱它「通天塔」。也有人稱它是天上諸神前往凡間住所途中的踏腳處，是天路的「驛站」或「旅店」。

人們普遍認為，「巴別」塔是一座宗教建築。在巴比倫人看來，巴比倫王的王位是馬爾杜克授予的，僧侶是馬爾杜克的僕人，人民需要得到他的庇護。為了取悅他，換取他的恩典，保障國家城市的永固，巴比倫人將「巴別」塔作為禮物敬獻給他。在「巴別」塔裡，每年都要定期舉行大規模的典禮活動，成群結隊的信徒從全國各地趕來朝拜。根據希羅多德的記載，塔的上下各有一座馬爾杜克神廟，分別稱上廟和下廟。下廟供有神像，上廟位於塔頂，裡面沒有神像但金碧輝煌，由深藍色的琉璃磚製成並飾以黃金。巴比倫人按照世俗生活的理想來侍奉他們的神靈。大殿內只有一張大床，床上「鋪設十分豪華」（如同希臘和羅馬貴族一樣，美索不達米亞貴族也是躺著進食），床邊有一張飾金的桌子。廟裡只住著一位專門挑選出來，陪馬爾杜克尋歡作樂的年輕貌美女子。僧侶讓人們相信，大神不時來到廟裡，並躺在這張床上休息。只有國王和僧侶才能進入神殿，為馬爾杜克服務和聽取他的教誨；這種超級神聖的東西是與老百姓無緣的，他們只能遠遠地敬拜心目中的神靈，因為如果近在咫尺，普通人經受不起大神的目光。據希羅多德記載，神像和附屬物品一共用掉黃金 800 泰侖，折合現價約值 2,400 萬美元。考古學家曾在僧侶的一住處發現一隻石鴨，上有銘文「準秤一泰侖」，石鴨約重 29.68 公斤。如果希羅多德的記載可靠，則照此推算，馬爾杜克神像連同附件一共重約 23,700 公斤，都是純金所鑄或製作！除了神靈，誰能享受如此高的禮遇？

考古學家和歷史學家認為，巴別塔除了奉祀聖靈，還有另外兩個用

途。其一是尼布甲尼撒二世借神的形象展示個人的榮耀和威嚴，以求永垂不朽。其二是討好僧侶集團，換取他們的支持以便穩固江山。美索不達米亞是一個宗教盛行的地方，神廟林立，僧侶眾多，僧侶不僅在意識形態上影響人民，而且掌握著大量土地和財富，如果不在政治上得到他們的支持，恐怕王位也會風雨飄搖。這種憂慮不是多餘的，據歷史學家研究，尼布甲尼撒之後，新巴比倫王國迅速衰落，以致波斯人不費一兵一卒就占領了巴比倫城，這與失去僧侶集團的支持有莫大關係。

西元前 1 世紀的希臘歷史學家認為，「巴別」塔是一個天象觀測臺。新巴比倫人信仰拜星教，星體就是神，在他們的神話中，馬爾杜克是木星。新巴比倫王國的僧侶們神祕地登上塔頂，難道真的是侍奉半躺在床上的馬爾杜克嗎？對此希羅多德頗不以為然，現代學者更不相信，說不定正是他們半躺在床上觀測天象呢！而且，人類早期的天文知識直接產生於宗教和巫術之中，掌握這些知識的多是僧侶。新巴比倫人獲得了當時世界最傑出的天文學成就，這座塔的功勞恐怕不可抹殺。

也有人認為，「巴別」塔是多功能的。塔的底層是祭祀用的神廟，塔頂則是用於軍事瞭望的哨所。

✝ 傳說中的「巴別」塔

正是這座塔使得無數英雄為之傾倒。西元前 539 年，波斯王居魯士攻下巴比倫後，即被「巴別」塔的雄姿折服了。他不僅沒有毀掉它，反而要求部下在他死後按照「巴別」塔的樣子，在墓上建造一座小型的埃特門南基（埃特門南基是「巴別」塔的另一個名字，意為「天地的基本住所」）。然而，後來「巴別」塔終於毀掉了，波斯王薛西斯怨恨巴比倫人民的拚死

反抗，恨屋及烏，下令徹底摧毀巴比倫城，「巴別」塔厄運難逃，變成一堆瓦礫。即使如此，以熱愛文化名垂青史的亞歷山大大帝還是愛慕它的雄姿。西元前 331 年，他遠征印度時，特意來到「巴別」塔前，英雄與奇觀的對話大概只有彼此才能知曉。他一度要修復這座傳奇般的建築，下令全部拆除舊塔，一座更加宏偉壯麗的神塔眼看有救了。然而，這只是讓人空歡喜而已，據說此時，一隻患有瘧疾的蚊子叮了他一下，這位文治武功、蓋世的一代天驕，於是一命嗚呼，「巴別」塔也就備受冷落了。事實是，這項工程實在是太大了，僅清理廢塔就需要 10,000 人工作 2 個月的時間，於是，他只好打消了這個念頭。

　　幾千年下來，這座塔已變成了廢墟，真的應驗了猶太人的詛咒。即便如此，幾千年後的考古學家科爾德維見到它時，仍由衷地發出了讚嘆之聲。科爾德維寫道：「儘管遺跡如此殘破，但親眼看到遺跡是絕非任何書面描述可比的。通天塔碩大無比，『舊約』中的猶太人把它視為人類驕傲的代表作，四面是僧侶們朝拜的豪華殿堂，許多寬敞的倉庫、連綿的白牆、華麗的銅門、環繞的碉堡，以及林立的 1,000 座敵樓。當年這樣壯麗豪華的景象，在整個巴比倫是無與倫比的。」

16　埃及金字塔

✝ 獅身人面像

　　說到埃及的金字塔，便不得不提埃及的獅身人面像。在埃及的獅身人面像中，最古老、最著名的，是坐落於胡夫金字塔東南處的大斯芬克

斯像。它的身體和頭部是一整塊岩石，前爪用石塊砌成，最高處達 22 公尺，長 75 公尺，面部寬 4.2 公尺，鼻子長 1.7 公尺，嘴闊 2.3 公尺，僅耳朵就有 2 公尺長。該雕像雕刻得精美無比，頭戴皇冠，額前裝飾著聖蛇雕飾，耳後方巾垂肩，頜下佩戴髯套，雙目炯炯，凝視東方，嘴角露出剛毅、自信的笑容。黎明時分，它在熹微晨光中，像一個忠誠的衛士，守候在金字塔前，給人肅穆、莊嚴的印象。

　　關於這座宏偉的雕像，民間流傳著許多傳說。傳說斯芬克斯是埃及遠古時代的一頭怪獸，生性殘忍，喜歡吃人。牠住在德山附近，常對路人問一個謎語，答不出來的路人便會被牠吃掉。有一天牠竟然把埃及國王的兒子也吃掉了，國王悲痛之下便下令，誰能降服這個怪獸，他就把王位傳給誰。有一天，年輕人伊底帕斯經過此地，獅身人面獸照例用這個謎語考他：「有一種動物，早上用四隻腳走路，中午用兩隻腳走路，晚上用三隻腳走路，這是什麼動物？」「你所說的動物就是人。」伊底帕斯回答，「因為人在嬰兒時用四肢爬行，長大後用雙腳行走，等到老年時就得借助拐杖了。」「你答對了！」獅身人面獸說完話便羞愧地自殺了。埃及國王遵照承諾，把王位讓給了這位勇敢智慧的年輕人。在讓位之前，國王命令工匠在怪獸出沒的地方，用整塊山石雕刻出斯芬克斯的形象，讓人們永遠記住這個惡魔。這便是斯芬克斯獅身人面像的由來。

　　有人說，這個石像不是人工雕成的，而是天然巨石風化而成。有故事說，當圖特摩斯四世還是王子時，有一天他在沙漠上狩獵得累了，便在被黃沙掩埋的獅身人面像頭上睡覺。在睡夢中他夢見獅身人面像對他說：「我是埃及偉大的神鷹，現在泥沙蓋住了我的身子，如果你能幫我把泥沙弄掉，我立刻讓你當埃及的國王。」他醒來後立刻動手，經過晝夜挖掘，終於挖出了一座巨大的獅身人面像。當然，後來他當上了國王，這件事便

被記載在獅身人面像巨大前掌間的石碑上。但是學者們普遍認為像這樣有頭、有臉、有眼睛、有耳朵，栩栩如生的石像不可能是天然風化而成的。

比較得到人們認同的說法是，獅身人面像是埃及第四代法老卡夫拉的雕像。西元前 2600 年左右，有一天法老卡夫拉來到吉沙高地巡視自己的陵墓，當他看到塔前有一座光禿禿的小山時，頓時感到不悅。建築師告訴他，這是開採金字塔所用石頭後，留下的小山，因為裡面含有貝殼之類的雜質，便沒有繼續開採。後來這塊小山沒有被處理掉，建築設計師們湊在一起商議對策，他們從埃及古代神話和小山的外形中產生了靈感，把小山設計成卡夫拉的頭像，並配以獅子的身軀，以展現法老的威嚴和勇猛。它的奇特之處，在於它的臉龐幾乎與身體完全異化，卻又巧妙地結合在一起，連法老卡夫拉看後也讚不絕口。

對獅身人面像的研究從來沒有停止過，也永遠不會停止，對它的新發現也層出不窮。近年來發現，在每年的春分日和秋分日，太陽都會以幾乎垂直的角度，沿獅身人面像的頭部東升和西落。這一重大天文景觀的發現，糾正了考古界長期以來的一個錯誤。原先考古學者們認為，古埃及人是偶然發現了一塊巨大的石頭，然後把它雕琢成一個坐西朝東的獅身人面像，但太陽垂直的沿「斯芬克斯」頭部升起和落下的這個發現，證實了在金字塔高地雕琢一個獅身人面像，確實是出於天文和宗教上的考慮。古埃及人在胡夫和卡夫拉金字塔之間雕一個獅身人面像，是把它當作主司日出日落的太陽神。這同時也表明，早在 4,600 年前的古埃及，在天文學上就已經有很深的造詣。

有科學家對這一現象進行進一步的研究，提出獅身人面像與星座有對應關係。獅身人面像在春分日和秋分日這 2 天正對太陽升起的地方，千萬年不變，而出現在春分日東方地平線上的黃道帶星座 (即獅子座、巨蟹

座、雙子座等 12 星座），因歲差運動關係，其位置會緩慢地移動，而每個星座最多只待 2,200 年，現在我們的年代，太陽處在雙魚座。這星座已經待在這裡差不多 2,000 年了，水瓶座即將來臨。再用電腦仿真回到西元前 10500 年春分日日出前，獅身人面像正好注視著天空的獅子座。卡夫拉金字塔內南邊方位有兩條通氣孔，北通氣孔直通金字塔外部，仰角為 32° 30′。在金字塔時代，北通氣孔正好指向天龍座的主星，而南通氣孔則以 45°角指向當時獵戶星座的 Zeta 星（位於獵戶的腰帶）。這一切僅僅是巧合，還是另有深意，有待人們作進一步的考察。

✝ 通天階梯

在金字塔經文中曾經反覆提到「永遠的生命」。法老王如果經過再生，從而成為獵戶星座的一顆明星後，便獲得永生。在金字塔經文中，有些地方確實是鮮明地表達了再生的意願：

噢！王喲！你是偉大的明星，獵戶星座中的夥伴……從東方的天空中，你升了起來，在恰當的季節獲得新生，在恰當的時機獲得重生……。

看起來，經文的內容極其怪異，就像嘗試以完全不恰當的語法結構，來解釋那些複雜的科技問題。如果我們嘗試用中世紀的德文詞彙，對現代的超音速飛機進行描繪，也許對經文內容的怪異就不會感到奇怪了。

經文中對幫助法老的亡魂飛往永生星界時，使用的一些器材和附屬品，曾經有過如下描繪：

天空的眾神降臨，地上的眾神集合到你的身邊。他們把手放在你身下。

他們為你做了一道梯子。你坐上梯子，升向天空。天空之門向你敞

開。群星閃爍的天空，大門為你而敞開。

　　因為升天後的法老王經常會和歐西里斯結合為一體，因此也被稱作歐西里斯。歐西里斯經常和獵戶星座連在一起，它們被視為最先沿著神明做成梯子上天的人。在經文的另外一些地方，也非常清楚地告訴我們，這其實是一道繩梯，它與一塊懸在天上的鐵板相連，因此它的主要用途不是由下向上，而是用來從空中下降至地面的。

　　難道說經文中的這些描繪僅僅是祭司們奇怪的想法嗎？我們能否在這些隱喻中，找到更加合乎情理的解釋呢？

　　第 261 節的經文是這樣寫的：「國王為火焰，隨風飄浮，從天際來到地面盡頭……國王在空中旅行……他用從空中降下的方法升上天空……。」

　　第 310 節，採用的則是對話的方式：

　　「哦！那個世界在頭上、在後腦的你，把這個拿給我！」

　　「把哪個渡船給你？」

　　「給我（飛行 —— 著陸）的東西。」

　　第 332 節，也許就是上面說到的國王，他說：「我即那個逃離於毒蛇纏繞者。改變方向，在爆發的火焰中，我升上了天空。而兩個天空從後面尾追而來。」

　　第 696 節，經文提問道：「國王是在哪裡變得會飛的？」

　　而同時，經文又對自己的提問進行了回答，「他們會將你帶給哈努皮（不知 Hnw-bark，Hnw 所指為何）……（此處經文已鐵）痕鳥（hnbird，hn 所指為何亦不明）。你會和它們同飛……你會飛，並且著陸。」

　　在經文的另一些段落中，這樣寫道：

　　噢！我的父親、大王，天窗的入口，已為你而開。

水平線上的天門已為你而打開，神祇很高興與你會面……他請你坐上鐵的寶座，就像赫里奧波里斯的大王那樣。

噢！國王，請你升天……天空為你旋轉，大地為你搖晃。不滅的星星為你而感畏懼。我為你而來。

噢！你的座位已隱，我將迎你升天……。

土地說話，天門大開，天神的門為你而開……請你往天上移動。坐上鐵的寶座。

噢！我的父王，當你成為神而離開時，你以神明之尊，在空中旅行……你站立天地交匯之處……坐於神明也會驚嘆的鐵製寶座上……。

這裡的鐵座，經常被古埃及學家們所忽視，但它卻不斷地出現在我們眼前，讓我們深感困惑。在古埃及，鐵尚是一種極其珍貴而稀少的物質，而在金字塔時代，則只出現在隕石之中。

但鐵在金字塔經文中的頻繁現身，則到了令人尷尬的境地：在天空中的鐵板、鐵製的寶座之外，還有鐵的權杖，乃至國王的鐵骨頭等。

正因為鐵的珍貴而稀少，因此，在古埃及文中，它被稱為布加（bja），亦即「天上的金屬」或「神聖的金屬」，這即是說，有關鐵的知識，古埃及人將之視為神明所賜之物……。

✝ 撐天的巨柱

西班牙詩人桑帝拉納和法蘭克福大學教授戴程德在他們的著作《哈姆雷特的石磨》中，對從古埃及烏尼斯法老墓中的象形文字 —— 金字塔經文 —— 裡發現與「歲差運動」相關的比喻，使用的是一種專業術語，他們將之稱為「哈姆雷特的石磨」的古代科學語言。這一語言與經文其他章節

的文字相比，可以說毫無共通之處。

在古埃及，其語言使用的基本思考工具之一，便是四根擎天柱的「宇宙圖」。這四根擎天柱是用來將因為歲差運動帶來世界性年代的四條線視覺化。天文學家將此四條線命名為「秋分、春分、夏至、冬至的分至經線」，同時斷定其是從天空的北極降下，並將星座分割為四大塊。每 2,160 年為一個週期，太陽都會以這些星座為背景，在春分、秋分的分點，以及夏至、冬至的至點，成為慣性地分別升起在四條線上。

金字塔經文中，賦予了宇宙支柱圖許多變形，且如許多史前神話所含的大量天文學資訊那樣，歲差運動與天空戲劇性崩壞的圖像也完全重疊。在金字塔經文中曾暗示，「天空石磨大亂」所指即是，每 2,160 年，星座的 12 宮就有一次輪迴，並造成一個壞運勢環境，肇始天空異變，地球也因之而面臨大災難。

從這段記述我們便可以對此有所了解：

自己創造的太陽神拉 —— 亞圖姆，本為萬種及人類的神。後來他開始老化，狗頭變銀色，肌肉變金色，頭髮變藏青色，於是人類起來反抗他的統治。

對於人類的反抗，年老的太陽神開始了他對判亂的懲罰行動。他決定消滅大部分人類。這個任務他交給塞赫麥特來執行。塞赫麥特的特徵是有一個滿身沾血的恐怖獅頭，她有時從身體裡噴出火來，並以虐殺人類為其樂事。

這場大毀滅進行了很久，直到拉（Ra）的介入，才最終拯救了「殘餘」的生靈；這些被拯救者，便是我們人類的祖先。太陽神拉是以發動一場大洪水的方式介入的，口中乾渴的母獅喝下洪水後便睡著了，等到醒來時，早已對這種毀滅失去了興致，於是和平便降臨了飽經摧殘的世界。

　　與此同時，拉決定不再介入他自己創造的這個世界：「對與人類在一起，我已深感厭煩。大部分的人類都已被我殺光，剩下的幾個已無法引起我的興致……。」

　　這之後，太陽神拉騎上了將自己變為一條母牛的天空女神努特（努特是為了接下去的歲差運動的比喻存在的）的背升空。

　　後來，母牛開始「昏旋、顫抖，因為她離開地面太遠了」。這裡的情節，與冰島的安姆洛迪神瘋狂旋轉石磨，使軸棒顫動的傳說極其相似。母牛因這不安定的狀態而向太陽神抱怨，於是太陽神命令道：「將我的兒子修放在努特的身下，成為天空的支柱守護我。蜘蛛與黃昏同時退場。修，你將母牛戴上你的頭，並安定母牛的身體。」當修按照拉的吩咐做完上述事情後，很快地，「上面的天空與下面的地便形成了」。正如古埃及學華理士・布奇爵士在其古典名著《埃及人的諸神》中說的那樣：「母牛的四隻腳，從此成為天空四個方位上的四根支柱」。

　　華理士・布奇爵士也與多數學者一樣，將古埃及傳統中說的「四個方位」假設為僅是寫實性的描述，所謂的「上天」，亦即我們頭上的那片天空，除此之外別無深意。而故事中母牛的四隻腳，也只不過是東西南北四方之意。至今為止，古埃及學者們大都與華理士・布奇爵士一樣，認為頭腦簡單的赫里奧波里斯祭司們，確實認為天空有四個角落，分別以母牛的四隻腳支撐起來，而修則尤為厲害，如一根巨柱般，一動也不動地挺立在天地的中央，支撐起整個世界。

　　不過，有了桑帝拉納及戴程德教授的新發現後，我們便有必要對這些傳統的故事進行新的闡釋。於是修和天上母牛的四隻腳，便成為歲差運動上代表年代區分的古代科學符號，極軸（修）和分至經線（四隻腳，或四根支柱，表示太陽一年經過春分、秋分、夏至、冬至的方位）。

同時，推測這個故事情節中所形容年代的想法，更為誘人。

也許故事中出現的母牛，能讓我們聯想到遙遠的金牛座時代。不過，母牛和金牛之間的差別大概還矇騙不了古埃及人，因此，更大的可能 —— 至少從象徵意義來看 —— 是獅子座的時代，即西元前 10970 年到西元前 8810 年。這種推論，立足於神話中毀滅人類的女神塞赫麥特的形體為母獅。也許將一個新世紀開始時的困頓、混亂比作一頭狂野的母獅，是再適合不過的了，特別是當獅子座時代正好為冰河時代的結束，即冰塊大規模融化，地球上大量動物突遭滅種、消失之時。即便在地震、大規模的洪水以及異常氣候中，人類仍然得以存活，但人口卻銳減，生存的空間也大大縮小。

✝ 復活的木乃伊

相傳古埃及有一位英雄叫歐西里斯，他是天神與地神的兒子，也是埃及人的國王，在他的統治下，埃及人民過著幸福安定的生活。歐西里斯有個弟弟叫賽特，他嫉恨哥哥的威望與地位，想害死哥哥以奪取王位。賽特想出一個詭計：他請歐西里斯和許多人來赴宴，席間，他拿出一隻華麗無比的箱子，說誰能夠躺進這個箱子，就把它送給誰。很多客人都試過了，但都不合適。輪到歐西里斯時，他剛躺進去，賽特就蓋上箱蓋，加以重鎖，把它投入尼羅河中。歐西里斯被害後，他的妻子伊西斯找回了屍體，把它藏到安全之處。賽特聞訊後，又找到了屍體，把它剁成 14 塊，分散於埃及各地，以防擁有全屍的歐西里斯復活。但伊西斯還是找全了屍體，後來歐西里斯之子荷魯斯長大成人，打敗了賽特，為父親報了仇。荷魯斯又和母親一起，將歐西里斯的屍體拼在一塊，做成了木乃伊。在神的幫助

下，歐西里斯復活了，復活後的歐西里斯成為冥間的國王，埃及的主神。

這則神話反映了埃及人最初的自然觀和宗教觀，它主要來自對農業神歐西里斯的崇拜。歐西里斯的死，象徵穀物收割以後，田野裡的一片死寂，他的復活則象徵來年大地的欣欣向榮。後來，歐西里斯死而復活的神話，被每一位登基的新法老所仿效，他們先做一次假想的尋屍和認屍表演，然後將先王的遺體做成木乃伊，並為它舉行復活儀式。按古埃及人的觀念，人死只是靈魂暫時離開肉體，它最終還會降臨，那時人就會復活。正是在這種觀念的影響下，埃及人才熱衷於製作木乃伊。

✝ 金字塔的出現

有了木乃伊，是不是就能確保死人的復活呢？還不一定。因為木乃伊只有放在一個安全寧靜的地方，不受任何打擾，才有利於靈魂的降臨。所以採用什麼樣的喪葬形式就顯得尤為重要。金字塔就是在這種情況下應運而生的。

金字塔最早是作為法老的陵墓而建的，它巍峨壯觀、堅固雄偉，庇護法老的靈魂再合適不過。以著名的胡夫金字塔為例，它高約 150 公尺，由 230 萬塊巨石堆砌而成，每塊重約 2.5 噸。塔的占地面積為 52,900 平方公尺，體積為 260 萬立方公尺。在塔下距地面 30 公尺處，和塔內高出地面 15 公尺處，各修有一座墓室，分別被稱為國王墓室和王后墓室，兩座墓室設計精巧、機關密布，常人難以進入，是存放木乃伊的絕佳場所。其中在王后墓室內鑿有 2 條通向外部的管道，這並不是為了通風，而是便於法老靈魂的自由出入。

金字塔為什麼要建成「金」字形呢？這本身即出於靈魂復活和永生的

需求。金字塔外觀呈四稜錐體，底面為正方形，四個側面為等腰三角形，四條稜象徵從太陽射向地面的光線。採用這種形狀，意味法老死後會享受太陽神「拉」永恆的保護，享受死後永久的再生。遠遠望去，金字塔宛如一柄直插天際的利劍，尖尖的方錐體就像一條通天之路。在一座金字塔內發現的一處銘文寫道：「……法老長眠在通往天堂的階梯上，他能由此邁步進入天堂。」法老們無疑把復活和永生的希望寄託在金字塔上了。

✝ 金字塔的演變過程

　　金字塔最初並不是這種形狀，它有一個演進的過程，這要從埃及的喪葬形式談起。埃及最早的墓葬很簡單，即在沙地挖一個坑，埋下屍體。後來有了墳墓，因其酷似農家的坐凳而被稱為「馬斯塔巴」，即凳子之意。那時法老與常人一樣，死後也葬在馬斯塔巴裡。從第 3 王朝起，法老決定在墓葬形式上區別貴族和普通百姓，以表現自己唯我獨尊的地位和身分。當時一位天才建築師印和闐設計了這種墳墓，將一個個馬斯塔巴疊在一起，左塞爾法老的陵墓即依此而建，共五層馬斯塔巴，這便是金字塔的雛形 —— 「梯形金字塔」。第 4 王朝時期，法老斯尼夫魯命人填平他梯形金字塔間的空隙，使之成為斜面，由於在建造過程中，設計上出了差錯，使斜面上、下兩部分角度不同而呈彎曲狀，故人稱「彎曲金字塔」。

　　最能代表金字塔建築特點的，當屬吉沙高地的三大金字塔，它們建於第 4 王朝鼎盛期，分別是胡夫金字塔、卡夫拉金字塔（它前面有著名的獅身人面像）和孟卡拉金字塔。這三座金字塔不僅規模宏大，而且保存完整，是金字塔建築藝術的典範。埃及目前約有 90 多座大大小小的金字塔，多集中在尼羅河西岸的狹長地帶裡，宛如撒落在尼羅河畔的串串

明珠。

　　第 6 王朝時，埃及國力大衰，國家已無力承擔金字塔這種勞民傷財的建築。但是法老們渴望復活的心依然未改，他們仍在尋覓寧靜的來世之居。最終，他們選擇在山谷的峭壁上建築自己的陵墓。

✝ 喪葬的變革

　　古埃及人認為，人若想復活，必須由他的一個靈魂「卡」借助完整的遺體 —— 即木乃伊，才能實現，這就要求供奉「卡」的神廟必須與埋葬遺體的墳墓在一起，這就是為什麼每一座金字塔前都建有一座神廟的原因。但在山谷中建造陵墓，則將遠離供奉「卡」的神廟，這對法老的復活極為不利。考慮到盜墓的猖獗和為了尋找一塊寧靜的處所，法老們不得不這麼做了。17 王朝以後，選擇在山谷中建造陵墓，已成為法老們廣為接受的喪葬形式。埋葬法老的山谷中，其中最著名的要數「帝王谷」，谷中埋葬著 17 ～ 21 王朝大多數法老的陵墓。

　　帝王谷位於埃及古城庇比斯西南的德爾巴哈里山中，由於這個地方極為隱祕，千百年來幾乎沒被人發現。19 世紀初期以來，歐美的考古學家紛至沓來，尋找消失千年的法老陵墓，但都沒有重大發現。1881 年，德國考古學家在一座山洞裡發現一個巨大的墓葬群，內藏 40 多具法老遺骨，其中有著名的雅赫摩斯一世、圖特摩斯三世和拉美西斯二世，這成為轟動一時的考古事件。

　　但帝王谷裡最重大的發現，莫過於圖坦卡門墓的發掘了。圖坦卡門是埃及歷史上發動一神教改革的法老阿肯那頓的女婿，他出身平民，因貌美被選為駙馬，後繼承王位，但即位不久便死去。1922 年，英國考古學家卡

特歷時五年挖出神祕的圖坦卡門墓，大批珍貴文物重見天日，最著名的要數圖坦卡門的金面具。面具由純金澆鑄而成，做工精巧、刻劃逼真，栩栩如生地反映了圖坦卡門生前的面貌，堪稱無價之寶。

帝王谷的陵墓都開鑿在峭壁之上，結構為長方形。前方為長甬道，接著是前廳和墓室。建造陵墓時極為保密，完工後要把陵墓密封並殺死所有參與工程的人，所以歷經 3,000 多年的漫長歲月，帝王谷裡的陵墓保存完好，法老永生之夢似乎實現了。3,000 多年來，法老的陵墓從未被打開過，裡面貢奉的水果、食品等物早已腐爛，分解成為肉眼看不見的細菌，散布在渾濁不堪的空氣中，許多打開過帝王谷法老陵墓的人都因感染這種病菌而神祕死去。以圖坦卡門墓為例，除卡特外，參與挖墓最主要的 22 人，都先後死去。這便是轟動一時的「法老的詛咒」事件。後來事情得到了澄清，各種謠言也就煙消雲散了。

埃及獨特的死亡觀念，使埃及產生了木乃伊的製作，繼而產生了以長久保存木乃伊為目的的喪葬形式。從金字塔到帝王谷的陵墓，埃及的法老一直在尋覓寧靜的庇護所，等待靈魂再次降臨。當法老們躺在宏偉的金字塔裡，或躺在隱祕的帝王谷中時，他們在做著永生的美夢。但是，在歷史的流沙歲月裡，金字塔、帝王谷最終失去了庇護法老的作用，法老的永生之夢最終成為幻影，留下的只是幾具保存完好、靜靜地躺在博物館玻璃罩下的木乃伊。

歷史抹去的是法老永生的夢想，但抹不去金字塔、帝王谷的風采，它們作為人類智慧的象徵，已永遠定格在永恆的歷史中。或許在這個意義上，法老們隨金字塔和帝王谷一起獲得了永生。

✝ 圖坦卡門法老之死

在泛溢尼羅河水累積起來的肥沃膏泥中，萌生出偉大的古埃及文明。鷹、隼、鱷魚、紙草、象形文字、金字塔、木乃伊……怪誕的圖騰、雄奇的遺跡和玄奧的傳說，穿越時空，在若隱若現中連接古今。讓人們渴望穿越已湮沒在煙塵瀰漫中的歷史來路，回溯到遠古那充滿傳奇和蠻荒的時代，在時空逆轉的隧道裡，目睹雄才偉略的美尼斯橫刀馳騁疆場，一統埃及，仰視儀態威嚴的胡夫役使萬千臣民修建最宏大的墳墓，旁觀意志專橫勵精圖治的阿肯那頓革故鼎新引發政治風雲……。

這些功勳卓著的帝王，在歷史的碎片中擠得一份空間。時空距離，則讓我們霧裡看花，使他們的功績在我們眼中幻化為令人神往的神奇傳說。然而，在古老的埃及，還有一位法老，他短暫的人生如流星般從尼羅河上空劃過，甚至他存在的本身，亦被繼任者從歷史的天空中遮蔽，但同樣是歷史的弔詭，讓他享有了與這些功勳之主同樣顯赫的名聲。

這個過早夭亡的法老叫圖坦卡門，一個 9 歲的男孩。在王國動盪、陰謀交織的時代，他野心勃勃權勢強大的父親阿肯那頓突然死去，他在混沌懵懂中，被推選接管這個龐大的王國。這個身體孱弱的孩子，突然成為古埃及人的神明。但這位「神明」卻無法得到永生。他 19 歲那年神祕死亡，被匆忙安葬在尚未完工的墓塚中。他的繼任者把他和他「異教徒」的父親從阿拜多斯神廟供奉的法老名單中抹去，他像一片深秋的黃葉，輕輕地飄落，掩埋在尼羅河厚重的淤泥下。尼羅河依舊如昔，靜靜流淌，一如古埃及那看起來平白無暇的歷史。

3,000 多年過去了，獵獵沙塵強勁地橫掃這片狹長的土地，尼羅河湧動的浪花淘盡曾經主宰過這片土地的英雄。歷史，不時地從這條孕育過文

明生命之河中泛起往日累積沉澱下的碎片，猶如遠古流傳下來的珍貴琥珀，讓人驚奇不已。1922 年 11 月 4 日，掩埋在地下已經 3,300 年的圖坦卡門，有意無意間突破千年黃沙積塵，再一次出現在世人面前。

那一天陽光燦爛浮雲朵朵，午後凝滯的熱浪籠罩著尼羅河西岸底比斯地區平靜的山谷。突然，一聲驚呼撕破空曠的山谷，激起回音陣陣。英國考古學家卡特率領的古埃及法老祕密陵墓探險隊，經過數年搜尋，在雜草灌木叢生的荒涼山谷，發現一道通向崖壁深處的階梯。

跨越陡峭崩壞的臺階，深入幽深荒涼的谷地，率先映入探險隊隊員眼中的，是黃色黏土峭壁上的古代印章，日月輪迴、風雨侵削，但印章上人身豺頭的地獄守護神阿努比斯與站在他腳下的九個俘虜依然清晰可見。卡特抑制不住內心狂喜：此處必定是某位法老的長眠之地，一項驚人的考古新發現即將轟動世界！

卡特與隊員們循著這條古埃及法老通向重生的法門，艱難地向前掘進。時光已經將黃土緊密而厚重地壓在這個曾經鬆軟蒼翠的陵墓上。三天後，法老的第一道墓門被打開。墓壁上的印章圖紋顯示，這就是被人為和天然埋沒在歷史深處的圖坦卡門法老安身之地。

墓門後面是長長的甬道，垮塌的碎石阻塞了幽暗的通路。他們清理完石頭，在甬道的盡頭打開第二道墓門。這裡也刻有圖坦卡門的印章，門後是整個墓室的前廳。卡特舉著蠟燭從門上被鑿開的縫隙側身鑽進去，一束微弱的金光在黑暗中晃動，他被眼前的景象嚇呆了。後來他回憶說：「起初我什麼都看不見，一團熱氣從墓室中迎面撲來，使我手中的燭火輕快跳動起來。當我眼睛適應黑暗時，裡面的東西從朦朧中浮現，各種動物、數不清的雕塑還有黃金……到處都閃爍著金光。」卡特看到的是堆放在前廳的陪葬品：流光溢彩的百寶箱、雪花石膏瓶、黑色神龕、精雕細琢的椅

子、金冠等，還有一輛外表包裹著黃金的威武戰車。

卡特與隊員整理這些曠古罕見的珍貴物件，但卻沒有發現法老的棺槨和乾屍。他們仔細搜尋，發現後牆上很大一塊面積色澤異常，有兩尊持矛武士金像守護兩旁，彷彿是什麼「禁地」的人口。具備豐富考古知識的卡特敏銳地察覺，這塊色澤異常的牆壁就是通往木乃伊墓室的暗門！

他們鑿開堅硬沉重的石門，眼前的景象震人心魂：一副沉睡 3,000 年的完整法老冥界居室，如此完好地呈現在他們面前。有幸親歷此情此景，身為考古學者，即刻而死亦無憾矣。木乃伊墓室的牆上繪滿五彩斑斕的壁畫，描述圖坦卡門生前的形象以及他死後與地獄諸神歐西里斯、阿努比斯、伊西斯來往，並獲得重生的故事。在木乃伊墓室東北角，還有一扇設計精巧的門，打開已被漫長歲月塵封的石門，最激動人心的時刻到來了！

擺放在前面的，是裝有法老內臟的四個罈子、諸神和法老的雕像以及項鍊、戒指、權杖等稀世珍寶。雕像後面，儼然就是貯藏法老金身的棺槨：一口鑲嵌藍瓷的碩大包金木槨，長 5 公尺、寬 3.3 公尺、高 2.75 公尺，幾乎占滿整個木乃伊墓室。在一口氣打開四層這樣的木槨後，人們看見黃色石英岩棺材的下端有一尊女神，張開雙臂和雙翅托住棺腳，彷彿在保護法老的屍身免遭侵犯。移去棺蓋，揭開一層層包布，裡面是一具人形木質金像棺，上面雕刻著圖坦卡門的頭像，臉和手用純金鑄成，眼睛是黑曜石，眉和眼瞼是青石玻璃。法老右手執權杖，左手握冥王神鞭，兩手在胸前交叉。金像棺裡又是一具人形鍍金木棺，再打開棺蓋，裡面有一用布包裹的長形物。是木乃伊嗎？

現場掩飾不住的緊張！探險隊員小心翼翼地打開層層包裹的裹布，原來裡面還有一具人形棺，只不過是純金打製而成的。這口棺材中才是被層層麻布包裹著的法老木乃伊。只見他渾身布滿寶石和護身符，臉上覆蓋著

黃金面具，胸膛上擺放著花圈。

　　囤聚於地底 3,000 餘年的圖坦卡門，以及在這個墓室中徘徊 3,000 多年的空氣和積塵，終於重新迎來人間清新的陽光和空氣，在黑暗中靜默了 3,000 年的絕代珍寶，終於衝破歷史迷霧重現華彩。

　　然而，就在人們為這個偉大的考古發現彈冠相慶時，一樁樁令人毛骨悚然的悲劇發生了。在探險隊員們進入圖坦卡門墓室之後，在長長甬道班駁的牆壁上發現了令人心悸的詛咒：「誰擾亂了這位法老的安寧，展翅的死神將降臨他頭上」，在木乃伊墓室護衛法老靈柩的死亡諸神，背面刻著陰森寒冷的咒語：「我是圖坦卡門的保衛者，是我用沙漠之火驅趕那些盜墓賊。」讓人感覺一股冰涼的不祥之氣從腳底升騰而起，直穿心窩。

　　僅僅幾個月後，花費巨資贊助此次考古探險的卡納芬勳爵，在墓室被蚊子叮咬左頰後，突然病重，在開羅一家醫院迅速不治身亡。他的兒子後來回憶說：「父親在連續發燒了 12 天後，半夜 1 點 50 分，護士進屋告訴我父親已去世。當我走進他房間時，全醫院的燈光突然熄滅了。我們詢問了電力公司，他們對突然停電提不出合理的解釋。」他的女兒也說父親臨死前淒厲地嚷叫：「我聽見了他呼喚的聲音，我要隨他而去了！」檢驗圖坦卡門木乃伊的醫生說，木乃伊左頰上也有一處疤痕，與卡納芬被蚊子叮咬的位置完全相同。除卡納芬外，在此後的三年三個月裡，22 名參與圖坦卡門陵墓發掘的人員先後意外死去，恐怖的法老詛咒似乎應驗了。

　　離奇的系列死亡案引起人們對法老咒語的注意。在許多古埃及法老的陵墓裡，人們陸續發現許多不同的咒語，並聯想起歷史上種種莫名的死亡。1980 年代初，德國學者菲利普・範登堡寫了本題為《法老的咒語》，在歐美風靡一時。書是以開羅博物館館長加麥爾・梅菲茲之死開頭。在梅菲茲死前的一個星期，作者曾採訪過他，問他是否相信法老咒語。他回答

說：「要是你把這些神祕的死亡事件通通加在一起，很可能你對這些咒語深信不疑，特別是在古埃及的典籍中，像這樣的咒語比比皆是。」他接著說道：「我不信這個邪。我一輩子與法老的陵墓和木乃伊打交道，你看，我不是活得滿好的？」但一個星期後，當開羅博物館準備把圖坦卡門的金面具和其他珠寶送往倫敦展覽，以紀念發掘圖坦卡門陵墓 50 週年時，梅菲茲卻死了，終年 52 歲。

　　像梅菲茲這類令人發寒的神祕死亡，在法老陵墓考古史上貫穿始終，不勝枚舉。在拿破崙征服埃及，金字塔考古剛剛興起之時，魁偉雄壯的義大利考古學家貝爾沙尼，1823 年春在帶隊前往非洲考察途中，突患其他考古學家發生過的神祕怪病：高燒不退，胡言亂語。他躺在病床上聲嘶力竭、厲聲狂吼：「我覺得死神的手在我身上。」後來，他逐漸神智漸失，在迷亂和瘋狂中死去，年僅 45 歲。

　　19 世紀末年，德國斯特拉斯堡大學研究埃及學的杜米切恩教授，由於職業原因經常在埃及金字塔和神廟中抄錄碑文。不久之後，他神經狂亂，抓住每一個人，繪聲繪色地講述他根本沒有去過的陵墓。他告訴別人，墓穴中「充滿著蝙蝠的可怕惡臭，我只好在嘴巴上綁一塊橘子皮，才能繼續我的抄錄工作。」這個學富五車的教授，在瘋顛後不久倒斃於冰涼的街頭石板上。

　　但是，會讓世人對這位沒有顯赫功績的法老持久而充滿熱情地加以關注，不是這些令人驚怖的咒語，也不是埃及學家們神祕恐怖的死亡，而是他自己迷霧重重的死亡。

　　這位年幼登上王座的法老，在他剛步入成年時，即意外死亡。他沒有疾病，更不會如同那個時代絕大多數人一樣營養不良，為何在真正抓住至高無上權柄、掌握自己和帝國命運之時，就轟然崩姐了？是他父親生前改

革得罪勢力龐大的僧侶，引發政治怨隙，讓他父債子償？抑或是宮廷政治爭權，在他真正成年即將掌握權柄之時，遭受政治黑手謀害？

考古發掘出歷史謎塵的諸多疑惑，更增添了這位中道崩殂法老身後神祕的幻影。他狹小的墓室，與古埃及繁盛王朝君王身分明顯不符，因為對那個時代的埃及法老來說，連現世的江山也比不上死後的墓穴，他們每個人登基後首要的大事，就是修建死後重生的超度之地。墓室內部裝飾也草率不堪，連壁畫上潑濺的顏料也沒來得及擦拭，似乎是在這位年輕的法老死亡後，倉促間準備的。甚至連製作木乃伊都不像其他法老那樣，慢慢地用香料浸透，而是將成桶的防腐香料傾倒在屍體上。

✝ 人類文明之謎

埃及金字塔是法老（古埃及國王）的陵墓。法老為什麼要建造金字塔？巨大的金字塔是怎麼建成的？

相傳，古埃及第 3 王朝之前，無論王公大臣還是老百姓死後，都被葬入一種用泥磚建成的長方形墳墓，古代埃及人叫它「馬斯塔巴」。後來，有個聰明的年輕人叫印和闐，在幫埃及法老左塞爾設計墳墓時，發明了一種新的建築方法。

他用山上採的方形石塊來代替泥磚，並不斷修改修建陵墓的設計方案，最終建成一個 6 級的梯形金字塔 —— 這就是我們現在所看到的金字塔雛形。

在古埃及文中，金字塔是梯形分層的，因此又稱層級金字塔。這是一種高大的角錐體建築物，底座四方形，每個側面是三角形，樣子就像漢字的「金」字，所以我們叫它「金字塔」。印和闐設計的塔式陵墓是埃及歷史

上的第一座石質陵墓。

　　有人認為古埃及人不可能建造出金字塔，說金字塔也許是外星人造出的，也許是更遠古的人類留下的，因為，金字塔的謎太多了！

　　金字塔是古埃及奴隸制國王的陵寢。這些統治者在歷史上稱之為「法老」。法老們不僅活著時統治人間，且幻想死後成神，主宰陰界，因此，「法老」死後，便取出內臟，浸以防腐劑，填入香料，將屍體長久保存，稱作「木乃伊」。金字塔便是存放「法老」木乃伊的陵寢。現在，埃及境內保存至今的金字塔共 96 座，大部分位於尼羅河西岸可耕谷地以西的沙漠邊。

　　大型金字塔一般建於古王國時期的 3 ～ 6 王朝（約西元前 2664 ～前 2180 年），在古埃及之都孟非斯之北不遠的吉沙、塞加拉、拉蘇爾、美杜姆以及阿布西爾等地都有大量的遺址。

　　由於金字塔是一種方錐形的建築物，古埃及文稱它為「庇里穆斯（Piremus）」，意思是「高」；而其底座呈四方形，越上越窄，直至塔頂，從四面看，像漢字的「金」字，所以中國歷來譯稱「金字塔」。

　　在眾多金字塔中，最為著名的是吉沙大金字塔，它位於開羅西南約 13 公里的吉沙地區。這組金字塔共有三座，分別為古埃及第 4 王朝的胡夫（第 2 代法老）、卡夫拉（第 4 代法老）和孟卡拉（第 6 代法老）所建。

　　胡夫金字塔，又稱吉沙大金字塔，興建於西元前 2760 年，是歷史上最大的一座金字塔，也是世界人造奇蹟之一，被列為世界七大奇觀的首位。該塔原高 146.5 公尺，由於幾千年的風雨侵蝕，現高 138 公尺。原四周底邊各長 230 公尺，現長 220 公尺。錐形建築的四個斜面正對東、南、西、北四方，傾角為 51° 52′。塔的四周原鋪設一條長約一公里的石灰石道路，目前在塔的東、西兩側尚有遺跡可尋。整個金字塔建在一塊巨大的凸

形岩石上，占地約 5.29 萬平方公尺，體積約 260 萬立方公尺，是由約 230 萬塊石塊砌成。外層石塊約 11.5 萬塊，平均每塊重 2.5 噸，最大的一塊重約 16 噸，全部石塊總重量為 684.8 萬噸。其地理位置為東經 31° 07′，北緯 29° 58′。令人吃驚的是，這些石塊之間沒有任何黏著物，而是一塊石頭直接疊在另一塊石頭上，完全靠石頭自身的重量堆砌在一起，表面接縫處嚴密精確，連一個薄刀片都插不進去。而塔的東南角與西北角的高度誤差也僅 1.27 公分。這是當時徵召了十萬勞力、前後歷時 30 年才建成的。

胡夫金字塔的入口位於塔的北壁第 13 石級，距地面約 20 公尺高。入口處四塊巨大的石板構成「人」字形拱門，往內是 100 多公尺長的坡狀隧道，直達墓室。墓室長 10.43 公尺，寬 5.21 公尺，高 5.82 公尺，與地面的垂直距離為 42.28 公尺。室內僅有一具深褐色磨光的大理石石棺，棺內空空，棺蓋去向不明。墓室上方有五層房間，最高的一層頂蓋是三角形的，為的是把上面壓下的重量均勻分布在兩邊。同時，墓室還有砌築在石塊中的通風道。胡夫大金字塔外形莊嚴、雄偉、樸素、穩重，與周圍無垠的高地、沙漠渾然一體，十分和諧。它的內部構造複雜多變，匠心獨具，自成風格，凝聚非凡的智慧。該金字塔歷經數千年滄桑，地震搖撼，不倒塌，不變形，顯示了古代不可思議的高度科技水準與精湛建築藝術。聯合國教科文組織因此把它列為全世界重點保護文物之一，成為古埃及文明的象徵。

吉沙的第二座金字塔，即卡夫拉所造的金字塔，位置居中。它比胡夫金字塔略小，但其藝術風格與工程設計的精確，均可與之媲美。而且由於其建在一塊較高的臺地上，乍看之下，彷彿比前者還雄偉。塔基底長 215.7 公尺，高 143.6 公尺，也是用石灰岩和花崗石砌築的。它所遺存的附屬建築較為完整壯觀，包括以巨石建成的兩座廟宇：上廟和下廟。

孟卡拉建造的第三座金字塔位於南端，體積最小，但十分精緻。它的底邊長 108.7 公尺，高 66.5 公尺。吉沙的這三座金字塔都曾被盜，墓中財寶已大致流失，但它們展現出古埃及人民爐火純青的工程技術，每天都吸引著千千萬萬的各國遊客。

✝ 金字塔外觀

金字塔具今已有 4,500 年的歷史，由於它形似漢字中的「金」字，因而被稱為「金字塔」，金字塔本身是一座王陵建築。它規模宏偉，結構精密，塔內除墓室和通道外，都是實心，定部呈錐角。金字塔歷經多次地震都巋然不動，完好無損。它被譽為當今最高的古代建築物，和世界八大奇蹟之首。

金字塔前有座獅身人面像，是古國王第 4 王朝法老胡夫的兒子形象，它叫斯芬克斯，高 20 公尺，長 57 公尺，僅一隻耳朵就有兩公尺高。除獅爪是用石頭砌成之外，整個獅身人面像是一塊天然大岩石鑿成的。鼻部有損傷，拒說是在一次戰爭中，被拿破崙的士兵用大砲轟掉的。斯芬克斯象徵法老的權利至高無上，威不可侵。

✝ 金字塔內部的法老墓室

法老墓室延伸到地平線以下 30 公尺處，墓室左側，放置著法老出遊時乘坐的寶車、使用的寶床。位於墓室中央部位的是法老胡夫的棺槨，是用鑲有金邊和貼有金塊的大型木料精雕細刻而成，十分華麗精美，棺槨分為兩層，上層是法老的全身木製雕像，下層放置法老的木乃伊。陪葬品有法老心愛的寶劍、寶刀、古埃及式寶船、寶瓶、寶箱，最吸引人的是四個

巨大的百寶盆，內裝有奇珍異寶，價值連城，棺木前方有兩位手持神器的守護神，四角有四位美麗的侍女。

✝ 王后墓室

王后的墓室比法老的墓室規模略小一些，她的棺槨為一巨大整體石料雕刻而成，工藝精細，十分華麗，裡面陳放的是王后的木乃伊。她的陪葬物也很豐富，左側角落有神鷹像、百寶箱及獅身人面像。右側角落放置王后使用的梳妝臺。

✝ 胡夫金字塔年代

埃及最大的胡夫金字塔始建於西元前 2485 年至 2474 年之間。如果這一說法得到證實，那麼古埃及歷史上的許多重大事件，都將有一個更為準確的年代。因此這篇文章引起了媒體的極大關注。

位於開羅附近的胡夫金字塔，其建造的具體年代至今無人知曉，考古界有幾種推測，但時間相差有 100 多年。

據報導，英國女埃及學者是根據胡夫金字塔的一個神奇現象得到啟示的，因為金字塔底部正方形的四邊基本正對著東、南、西、北四個方向，只有很微小的偏差。

而分屬小熊星座和大熊星座的兩顆星所在的直線，與地軸之間的角度隨時間推移慢慢變化，在西元前 2467 年時，正好是垂直相交。她認為，天文知識十分豐富的古埃及人，當時就是靠這兩顆星的位置來確定金字塔底部四條邊的方向；而這四條邊的方向之所以出現微小偏差，是因為當時兩顆星與地軸之間的角度還沒有真正成 90 度。根據這一偏差，這位女學

者計算出金字塔始建於西元前 2467 年之前的 2485 年至 2474 年之間。

有的埃及學專家認為上述推理有一定道理，因為歷史紀錄顯示，古埃及人確實有相當豐富的天文知識，已能將一年的天數定為 365 天。當然，也有的埃及學專家對此不以為然，因為古埃及人早在建金字塔前許多年，就已經懂得利用天文現象，因此不能透過金字塔建築所展現出的天文知識，來確定金字塔本身的建造年代。

✝ 金字塔裡的「斬首之神」與活人祭

在秘魯埃爾布魯霍最大的金字塔「瓦卡考維耶尤」的偏遠遺跡中，考古學家發現了一批珍貴的陶器與浮雕。從牆壁上的浮雕可見一個嘴露獠牙、相貌猙獰的人，他手裡提著一顆割下來的人頭 —— 這「斬首之神」讓人聯想到暴怒的莫切人，令人不寒而慄。

1899 年，德國考古學家馬克思・烏勒在莫切谷地進行發掘工作，首先他發現這個地區的墓地和遺跡，是屬於當時歷史學家尚無所知的一個民族所有。這支於西元 100 至 800 年間統治當地的民族，後來即依谷地之名而被稱為莫切人。

莫切人沒有留下文字，但他們的文物描繪出一個充滿活力，也充滿暴力的文化。考古學家指出 —— 莫切文化的出現，早印加文化 1,000 餘年，曾統治秘魯北部海岸約 700 百年之久。

瓦卡考維耶尤（即金字塔）大約在西元 100 到 700 年間分七個階段建造完成，包含一個比美式足球場還大的廣場，以及一座分為六階的金字塔。對莫切的囚犯來說，金字塔旁繁複的裝飾藝術，可能是他們死前最後見到的景象之一。

牆上的浮雕清晰玲瓏，囚犯們光著身子、流著血、套著絞索，被帶進舉行儀式的廣場。進入廣場後，他們就看見歷史上最恐怖的獻祭儀式之一 —— 一名穿戴黃金飾物的莫切男祭司，一個接一個地將囚犯的喉嚨劃開。隊伍裡那些沒有昏厥過去的，可以看到女祭司用一隻高腳杯盛接囚犯的血，供男祭司飲用。

學者透過研究莫切人的藝術作品而知道，這些血腥儀式，例如在瓦卡考維耶尤的廣場牆上，發現雕有裸體囚犯的簷壁。犧牲者的骸骨被嵌入簷壁、埋在廣場上，這些骸骨顯示，在可怕的處決儀式之前，他們還受到極度的虐待。尚未有定論的是 —— 這些囚犯是當地人，還是在戰事中被擄的外地人？

考古學家在瓦卡考維耶尤幾乎找不到黃金（西班牙探險者和其他人把金字塔內大部分寶物都盜走了），然這裡豐富的藝術品更令人著迷。

† 「法老咒語」原是致癌氣體

「誰要是干擾了法老的安寧，死亡就會降臨到他的頭上」，這是古埃及第 18 王朝法老圖坦卡門國王（又簡稱為圖坦國王）的陵墓上鐫刻的墓誌銘。這個神祕而恐怖的「法老咒語」不僅給作家創作靈感，更讓考古學家著迷。事實真的如此嗎？能不能用科學解釋那些看似神祕的現象呢？埃及古文物學會祕書長、考古學權威札希・哈瓦斯博士全力以赴地撰寫一部新書，全面駁斥「法老咒語」。他在書中披露，「法老咒語」其實是一種可以致癌的氡氣。

古埃及法老的神祕咒語盛行於 1920 年代，1922 年英國考古學家卡特及其同伴進入圖坦國王的墓穴，此後不久，卡特就由於被蚊子叮咬感染而

神祕死亡。此後一直到 1935 年，與圖坦卡門陵墓發掘工作直接或間接相關的 21 名人員先後死於非命，這些人包括主要發掘人卡特的助手、祕書及其家屬等，這個咒語的傳說不脛而走。

但科學家一直認為是墳墓中隱藏的病菌導致了卡特的死亡。1999 年德國微生物學家果真在木乃伊身上發現了足以致命的細菌孢子（有的生物身體長成後會產生一種細胞，這種細胞不經過兩兩結合，就可以直接形成新個體，這種細胞叫孢子），它在木乃伊身上可以寄居繁殖長達數個世紀之久。在得知這個重大醫學發現後，埃及科學家哈瓦斯每次發掘陵墓時，都會在墓室牆壁鑽一個通氣孔，等陵墓內的腐敗空氣向外排放數小時後再進入。由於經驗豐富，在過去 30 年職業生涯裡，哈瓦斯雖然屢屢「驚動法老神靈」，可時至今日，他依然「健在」。

哈瓦斯經過檢測發現，尼羅河谷諸法老陵墓的石灰牆內，普遍充滿了一種叫「氡」的有害氣體。而醫學專家早有定論，氡氣可以致癌，這也許正是導致部分考古人員生病甚至死亡的原因。哈瓦斯在接受媒體採訪時說：「某些別有用心的作家和製片人之所以杜撰出一些聳人聽聞的傳言，無非是想藉機大發其財，與這些流言鬥爭的最好方法，就是告訴人們真相，讓人們了解一個真正的古埃及。」據悉，哈瓦斯公布了其檢測結果後，埃及亞歷山大大學的科學研究人員目前正在對五座尚未挖掘的陵墓作進一步氣體探測，以便將氡氣的危害降至最低。

第 5 章
著名的自然人文景觀

01　萬里長城

當年，美國阿波羅 II 號宇宙飛船太空人阿姆斯壯首次登月成功。據他說，在太空看到大而發光的地球，靠肉眼只能辨認地球上兩項工程，一項是荷蘭的圍海大堤，另一項就是中國的萬里長城。

長城是中國古代最偉大的防禦工程，也是世界建築史的一大奇觀。

長城的修建上自西元前的春秋戰國，下迄西元 17 世紀的明朝末年，延續達 2,000 年之久。它自東向西跨崇山，越峻嶺，穿草地，過沙漠，橫亙於中國北方大地之上。

長城作為一項軍事防禦工程，工程之宏偉、修築之艱巨，和延續時間之長，不僅在中國歷史上，乃至世界歷史上，也實屬罕見。因此，早在幾百年前就與羅馬競技場、比薩斜塔、君士坦丁堡聖索菲亞大教堂等一起被列為世界七大奇蹟。

春秋戰國，沿黃河流域，同時出現七個諸侯國。為禦外敵，楚國修起第一道城牆，諸侯紛紛效仿。其中燕、趙、秦三國與北方強大的匈奴族毗鄰，經常受到進犯，為此，他們又都在北部邊境修築城牆，駐兵防守，這便是修建長城的開始。

西元前 221 年，秦始皇並滅六國諸侯，建立中國歷史上第一個統一的中央集權大帝國。為鞏固疆土、防禦匈奴，修築一條東起遼東，西至甘肅臨洮，全長 5,000 多公里的秦長城。中國第一條萬里長城便雄峙在北方。

在此前後，中國有 20 多個諸侯國家和王朝都修築過長城，其中漢朝和明朝修築的長城也都超過 5,000 公里。

漢代修築的長城是歷史上最長的，在秦原來的規模上，向西經河西走廊，延至新疆境內，全長 10,000 公里。這段河西長城，曾為保障當時「絲

綢之路」遠出西域諸國的暢通，發展與歐亞各國的經貿和文化交往上，發揮過很大作用。和許多朝代的長城一樣，漢代長城已多銷蝕在風沙之中，只留下許多土築和蘆葦沙礫輔砌的遺跡。

明朝是中國歷史上最後一個修築長城的朝代，也是長城防禦工程技術發展達登峰造極的時代。明代 200 多年中，一直未間斷修築工程。我們現在所見的長城，主要是明朝建築。

古代人修長城為達到軍事防禦目的，設計越修越精巧，其主體工程則是綿延萬里的高大城牆。這萬里城牆把上百座雄關、隘口，成千上萬座敵臺、煙墩連成一氣，成為一項古代建築史的奇觀。煙墩又叫烽火臺，建築在長城上或長城內外，間隔一定距離的單獨臺子，大都建在山頂或遠處容易看到的地方，是用來傳遞軍情的信號站。如遇敵情，白天燃煙，夜間點火，以傳送信號。臺臺遙相呼應，直通京城和大的防守區，形成一個完整的通訊網。敵臺，即騎牆臺，高出城牆之上，有兩層、三層的守城士卒可居住在裡面，並儲存武器、彈藥以抗擊來犯之敵。這種騎牆臺是明朝抗倭名將戚繼光所創，在軍事防禦上發揮了重要作用。

長城的修築伴隨中國封建社會的興衰，歷時 2,700 多年。而萬里長城又何止萬里，在中國東北、華北、西北、黃河流域的 16 個省市自治區，都有長城的遺跡。若將各個朝代所修築的長城長度加起來，已超過 50,000 公里。它的工程量之大，是其他任何工程都無法比擬的。如將這些工程的磚石，土方修築一道寬 1 公尺、高 5 公尺的人牆，可繞地球十多圈。長城是人類世界的一大奇蹟。

長城，又是一座歷史的豐碑。長城記述著各代王朝的政治、經濟、軍事、文化歷史；附會著雄略將帥和聰明工匠的事跡；它也凝聚無數戰士和百姓的血汗。相傳秦始皇時，孟姜女之夫被徵修長城，三年未歸。孟姜女

為其夫送寒衣，繞行夜宿，歷盡千辛萬苦，到達山海關時，得知其夫已勞累而死，屍骨埋在長城底下，孟姜女悲慟萬分，痛哭不止，長城突然間倒塌了 800 里，孟姜女終於找到了丈夫的屍骨。這個故事，告訴人們的是幾千年的徭役繁重和百姓哀怨。

如今，長城作為中國著名的旅遊勝地。世界各國人士到中國都把長城當參觀的重要項目，中外友人透過認識長城的歷史、文化、藝術、建築等珍貴價值，更進一步了解中國。

隨著風風雨雨的侵蝕，社會的發展與變化，長城已失去原有的面貌。新中國建立以後，對萬里長城採取了保護措施。1961 年長城被中國政府確定為國家重點文物保護單位，國家著重在對八達嶺、山海關、嘉峪關的維修。

1987 年，長城被聯合國教科文組織正式列入《世界遺產名錄》，成為人類的共同財富。

02　馬雅古蹟

契琴伊薩馬雅城邦遺址曾是古馬雅帝國最大、最繁華的城邦。遺址位於猶加敦半島中部，始建於西元 514 年。城邦的主要古蹟有：千柱廣場，它曾支撐巨大的穹窿形房頂，可見此建築物之大；武士廟及廟前斜倚的兩神石像；9 層，高 30 公尺，呈階梯形的庫庫爾坎金字塔；聖井（石灰岩豎洞）和築在高臺上呈蝸形的馬雅人古天文觀象臺，稱「蝸臺」。

馬雅文明是中美洲古代印第安人文明、美洲古代印第安文明的傑出代表，以印第安馬雅人而得名。主要分布在墨西哥南部、瓜地馬拉、貝里斯

以及宏都拉斯和薩爾瓦多西部地區。約形成於西元前 2500 年，西元前 400 年左右建立早期奴隸制國家，西元 3～9 世紀為繁盛期，15 世紀衰落，最後被西班牙殖民者摧毀，此後長期湮沒在熱帶叢林中。

馬雅文明基本上屬新石器時代和銅石並用時代，工具、武器全為石製和木製，黃金和銅在古典期之末才開始使用，一直不知用鐵。農業技術簡單，耕作粗放，不施肥，亦無家畜，後期有水利灌溉。手工製品有各種陶器、棉紡織品等。不同村落和地區間，有貿易交換關係。馬雅人的建築工程達到古代世界高度水準，能對堅硬的石料進行雕鏤加工。建築以布局嚴謹、結構宏偉著稱，其金字塔式臺廟內以廢棄物和土堆成，外鋪石板或土坯，設有石砌梯道通往塔頂。其雕刻、彩陶、壁畫等皆有很高的藝術價值，著名的波南帕克壁畫表現貴族儀仗、戰爭與凱旋等，人物形象千姿百態，栩栩如生，是世界壁畫藝術的寶藏之一。

馬雅文明的天文、數學達很高成就。透過長期觀測天象，已掌握日食週期和日、月、金星等運行規律，約在前古典期之末，已創製出太陽曆和聖年曆兩種曆法，前者一年 13 個月，每月 20 天，全年 260 天；後者一年 18 個月，每月 20 天，另加 5 天忌日，全年 365 天，每 4 年加閏 1 天。每天都記兩曆日月名稱，每 52 年重複一週，其精確度超過同代希臘、羅馬所用曆法。數學方面，馬雅人使用「0」的概念比歐洲人早 800 餘年，計數使用 20 進位制。馬雅文明的另一獨特創造是象形文字體系，其文字以複雜的圖形組成，一般刻在石建築物，如祭臺、梯道、石柱等之上，刻、寫需經長期訓練。現已知字符約 800 餘，但除年代符號及少數人名、器物名外，多未釋讀成功。當時還用樹皮紙和鹿皮寫書，內容主要是歷史、科學和儀典，至今尚無法釋讀。

馬雅文明的早期階段圍繞祭祀中心，形成居民點，古典期形成城邦式

國家，各城邦均有自己的王朝。社會的統治階級是祭司和貴族，國王世襲，掌管宗教禮儀，規定農事日期。公社的下層成員為普通的農業勞動者和各業工匠。社會最下層是奴隸，一般來自戰俘、罪犯和負債者，可以自由買賣。馬雅諸邦在社會發展上，與古代世界的初級奴隸制國家相近，但具體情況尚無詳細資料說明。

　　馬雅人篤信宗教，文化生活均富於宗教色彩。他們崇拜太陽神、雨神、五穀神、死神、戰神、風神、玉米神等。太陽神居諸神之上，被尊為上帝的化身。另外，行祖先崇拜，相信靈魂不滅。馬雅國家兼管宗教事務，首都即為宗教中心。

03　美國紐約自由女神像

　　美國自由女神像，1984 年列入世界遺產名錄。

　　女神像的鋼鐵骨架由設計巴黎鐵塔的艾菲爾設計，雕像由法國雕刻家巴托爾迪設計，並在巴黎完成。法國政府將這一代表自由的紀念像，作為慶祝美國獨立 100 週年的禮物，贈給美國。自從 1886 年落成以來，它聳立在紐約港的入口。

　　自由女神像，作為美國象徵，位於美國紐約市曼哈頓以西的一個小島 —— 自由島上，她手持火炬，矗立在紐約港入口處，日夜守望著這座大都會，迎接自 19 世紀末以來，到美國定居的千百萬移民。1984 年，它被列入世界遺產名錄。

　　自由女神像是法國人民贈給美國人民的禮物，是自由的象徵，女神像高 46 公尺，連同底座總高約 100 公尺，是那時世界上最高的紀念性建築，

其全稱為「自由女神銅像國家紀念碑」，正式名稱是「照耀世界的自由女神」，整座銅像以 120 噸的鋼鐵為骨架，80 噸銅片為外皮，以 30 萬隻鉚釘裝配固定在支架上，總重量達 225 噸，銅像內部的鋼鐵支架是由以建造巴黎艾菲爾鐵塔聞名於世的法國工程師艾菲爾設計製作的。

女神雙脣緊閉，戴光芒四射的冠冕，身著羅馬式寬鬆長袍，右手高舉象徵自由的長火炬，左手緊握一銅板，上面用羅馬數字刻著《美國獨立宣言》發表的日期——西元 1776 年 7 月 4 日，腳上散落著已斷裂的鎖鏈，右腳跟抬起作行進狀，整體為掙脫枷鎖、挺身前行的反抗者形象，女神氣宇軒昂、神態剛毅，給人凜然不可侵犯之感。而其端莊豐盈的體態，又似一位古希臘美女，使人感到親切而自然。當夜暮降臨時，神像基座的燈光向上照射，將女神映照得宛若一座淡青色的玉雕。而從女神冠冕的窗孔中射出的燈光，又好像在女神頭上綴了一串閃著金黃色的亮光，給熱鬧而喧囂的大都會平添一處頗為壯觀的夜景。創造這一藝術傑作的是法國雕塑家巴托爾迪，女神的形象源於他在 17 歲時親眼目睹激動人心的一幕：1851 年，路易·波拿巴發動了推翻法蘭西第二共和國的政變。一天，一群共和國黨人在街頭築起防禦公事，與政變者展開巷戰。暮色時分，一位忠於共和政權的年輕姑娘，手持燃燒的火炬，躍過障礙物，高呼「前進」的口號向敵人衝去，不幸中彈犧牲。從此，這位高舉火炬的勇敢女孩，就成為雕塑家心中追求自由的象徵，另外，女神像的形體以巴托爾迪後來的妻子為原型創作，面容則取自他的母親。

1869 年，巴托爾迪完成了自由女神像的草圖設計。1874 年造像工程開工，到 1884 年完全造竣，前後歷時十年，雕像僅食指就有 2.5 公尺長，1 公尺寬，指甲則有 75 公分厚。

1884 年 7 月 6 日，自由女神像正式贈送給美國。8 月 5 日，神像底座

奠基工程開始，基座高約 27 公尺，由花崗石混凝土製成。基座下面是打入弗特伍德古堡中心部位 6 公尺深處的混凝土巨柱。該古堡是一座軍用炮臺，呈八角星狀，於 1808 ～ 1811 年為加強紐約港的防衛而建，1840 年翻新。1885 年 6 月，整個塑像被分成 200 多塊裝箱，用拖輪從法國里昂運到了紐約。1886 年 10 月中旬，75 名工人在腳手架上將 30 個鉚釘和約 100 塊零件，組合一處。28 日，美國總統克里夫蘭親自主持了萬人參加的自由女神像揭幕典禮。1916 年，威爾遜總統為女神像安裝了晝夜不滅的照明系統，並主持了竣工儀式。1942 年，美國政府做出決定，將自由女神像列為美國國家級文物。

一個多世紀以來，聳立在自由島上的自由女神銅像已成為美利堅民族和美法人民友誼的象徵，永遠表達著美國人民爭取民主、嚮往自由的崇高理想。

自由女神像內部中空，可搭電梯直達神像頭部。且有一道通向神像手臂的樓梯。雙向螺旋樓梯共 171 階。此外，還有新設的移民博物館。皇冠上有望臺，皇冠上的七個角標是自由越過七大海向七個大陸放射。

由女神像基石上銘刻的猶太女詩人艾瑪・拉撒路的 14 行詩〈新巨人〉中的詩句：

歡迎你、

那些疲乏了的和貧困的，

擠在一起渴望自由呼吸的大眾，

那熙熙攘攘被遺棄了的，

可憐的人們。

把這些無家可歸的

飽受顛沛的人們

一起交給我。

我高舉起自由的燈火！

04　澳大利亞雪梨歌劇院

雪梨歌劇院不僅是雪梨藝術文化的殿堂，更是雪梨的靈魂，來自世界各地的觀光客，每天絡繹不絕前往參觀、拍照，清晨、黃昏或星空，不論徒步緩行或出海遨遊，雪梨歌劇院隨時為遊客展現不同、多樣的迷人風采。

雪梨歌劇院的外型猶如即將乘風出海的白色風帆，與周圍景色相映成趣。雪梨歌劇院是從 50 年代開始構思興建，1955 年起公開蒐集世界各地的設計作品，至 1956 年，共有 32 個國家、233 個作品參選，後來丹麥建築師 Jorn Utzon 的設計雀屏中選，共耗時 16 年、斥資 1,200 萬澳幣完成建造，為了籌措經費，除了募集基金外，澳洲政府還曾於 1959 年發行雪梨歌劇院彩券。

在建造過程中，因為改組後的澳洲新政府與 Jorn Utzon 失和，使得這位建築師憤而於 1966 年離開澳洲，從此未再踏上澳洲土地，連自己的經典之作都無法親眼目睹。之後的工作由澳洲建築師群合力完成，包括 Peter Hall、Lionel Todd 與 David Littlemore 等 3 位，雪梨歌劇院最後在西元 1973 年 10 月 20 日正式開幕。

雪梨歌劇院整個建築占地 1.84 公頃，長 183 公尺，寬 118 公尺，高 67 公尺，相當於 20 層樓的高度。

雪梨歌劇院另一項傳奇是他的第一場演出。當然，正式的首演貴客盈門，開幕式（1973 年 10 月）更邀請了英國女王伊麗莎白二世親臨現場，但

也有人認為雪梨歌劇院的第一場演出是 1960 年由 PAULROBESON 為工作者獻唱的那次。這位黑人歌手當時爬上了還在興建中的鷹架引吭高歌。巧的是，他的生日與丹麥建築師 Jorn Utzon 竟然是同一天。

一切都太巧了。但關於雪梨歌劇院的種種幕後故事還不只這些。由於興建過程中的風風雨雨實在太多了，有克服不了的技術難關；有拂袖而去的建築師；還有差點讓政府破產的超高工程費；以及一隻在首演彩排時，跑來插花的臨時演員 —— 負鼠（Possum）。後來有人將這些寫成了一齣歌劇，名字是：世界第八奇景（Eighth Wonder）。

每年在雪梨歌劇院舉行的表演大約 3,000 場，約 200 萬觀眾前往共襄盛舉，是全世界最大的表演藝術中心之一。歌劇院白色屋頂由 100 多萬片瑞典陶瓦鋪成，並經過特殊處理，因此不怕海風的侵襲，屋頂下方就是雪梨歌劇院的兩大表演場所 —— 音樂廳（Concert Hall）和歌劇院（Opera Theater）。

音樂廳是雪梨歌劇院最大的廳堂，共可容納 2,679 名觀眾，通常用於舉辦交響樂、室內樂、歌劇、舞蹈、合唱、流行樂、爵士樂等多種表演。此音樂廳最特別之處，就是位於音樂廳正前方，由澳洲藝術家 Ronald Sharp 所設計建造的大管風琴（Grand Organ），號稱是全世界最大的機械木連桿風琴，由 10,500 個風管組成，此外，整個音樂廳建材使用均為澳洲木材，忠實呈現澳洲自有的風格。

歌劇院較音樂廳為小，擁有 1,547 個座位，主要用於歌劇、芭蕾舞和舞蹈表演；另外雪梨歌劇院還有一個小型戲劇廳（Drama Theater）和劇場（Playhouse），分別可容納 544 與 398 名觀眾，通常用於戲劇、舞蹈或講座和會議的舉行。另一個 Broadwalk Studio 在重新整修後，於 1999 年重新啟用，適於音樂和實驗劇場使用。

　　欲在雪梨歌劇院欣賞表演者，最好先向雪梨歌劇院索取節目表並預先訂位。

　　作為澳大利亞歷史最悠久和最大的城市，雪梨成為澳大利亞迅速發展變化的中心，它為奧運會提供一切，也向世人展示它的完美。

05　艾菲爾鐵塔

　　1875 年，法國第 3 共和國建立以後，決定為隆重紀念 1789 年法國資產階級革命 100 週年，於 1889 年在巴黎舉辦一次轟動世界的國際博覽會。其中一個重要的項目，就是要在巴黎建造一座千尺高塔。為此，一下子送來了 700 個建築方案，經部長和其他官員的會審，選出了其中 18 個方案進行嚴格覆審，最後僅確定了一個可行方案，就是建築工程師艾菲爾的設計方案。

　　鐵塔於 1887 年 1 月 26 日破土動工了，但卻遭到當時某些文化藝術界名流的反對。鐵塔工地附近的居民也被嚇壞了，有人居然還跑到法院對艾菲爾進行起訴。

　　艾菲爾力排眾議，始終堅定自己的信念，他精打細算，一絲不苟，盡量杜絕一絲一毫的偏差。他在勒瓦盧瓦工地上搭起的巨大「積木」，精確度幾乎高達 1/10 毫米。1888 年春天，四根傾斜的塔柱開始合攏，第一塊板裝上去時，每個孔洞都相當精確，以至鉚接時都不用銼一下。鐵塔的全部工程僅費時 21 個半月，耗資 7,799,401 法郎（艾菲爾原預算為 800 萬法郎）。

　　建成後的鐵塔高 320 公尺，分三層，共 1,711 階臺階，分別在離地面

57公尺、115公尺和276公尺處建有平臺。據說，該塔共用鋼鐵7,000噸，12,000個金屬部件，由250個鉚釘連結起來。

1889年5月15日11點50分，艾菲爾為國際博覽會開幕式剪綵，是他親手將法國的國旗升到300多公尺的高空。為了銘記這位鋼鐵建築之父，人們將鐵塔命名為「艾菲爾鐵塔」，並在塔下為他塑了一座半身銅像。從那以後直到今天，參觀鐵塔的各國遊客絡繹不絕，估計總數已達1.9億多，其中有近8,000萬人次登上了鐵塔。

從1889年到現在，已經100多年了，在這100多年的風風雨雨中，艾菲爾鐵塔目睹了多少喜怒哀樂、悲歡離合：1892年，巴黎的一位麵包師腳踩高蹺，成功地邁過了363級臺階，到達鐵塔的第一層平臺；1912年，有一「鳥人」用自製的翅膀從塔上飛下來，折斷了雙腿；1923年，一位體育專欄作家騎著腳踏車，從塔上騎了下來；1945年，竟有人駕著飛機成功地從鐵塔的腳柱下穿過。此後，有騎獨輪腳踏車騎下鐵塔的；有似登山運動員攀登鐵塔的，五花八門，各顯其能。但最為大喜大悲的例子是，1965年，一位西班牙遊人在歡樂中，忘乎所以，竟將妻子從塔上扔入空中。此外，從1898年第一次有人在這裡自殺開始，至今已有大約400多人從塔上縱身躍下或上吊身亡。更為離奇的是，竟有騙子2次企圖將鐵塔當廢鐵出售……真是世界之大，無奇不有！

除這些奇聞軼事外，艾菲爾鐵塔的實際效益也令人嘆為觀止：鐵塔第一層，設有酒吧和餐館，遊人可隨時進餐、休息；第二層和第三層設有休息室、瞭望臺、小賣部，供遊客觀賞風景、選購工藝品、紀念品等；鐵塔上還設有小郵箱，專供遊人即時向親友寄送明信片或傳遞登塔感受之用。據說，鐵塔建成後的第一年，參觀人數即近200萬，僅門票收入便為全部建築費用的3/4。由此可以想見鐵塔的經濟效益是何等可觀。

從另一角度來說，艾菲爾鐵塔建成後，既是法國廣播電臺的中心，又是氣象臺和電視發射臺。戰爭期間它還曾經作為電話監聽臺，截獲過德國軍隊的重要情報，為反法西斯戰爭有過貢獻。今日，艾菲爾鐵塔已成為法國和巴黎的著名地標。

06　威尼斯

威尼斯「因水而生，因水而美，因水而興」，享有「水城」、「水上都市」、「百島城」等美稱。威尼斯 (Venice)，西元 452 年興建。8 世紀為亞得里亞海貿易中心。10 世紀曾經建立城市共和國，中世紀為地中海最繁榮的貿易中心之一。新航路開通後，因歐洲商業中心漸移至大西洋沿岸而衰落。1866 年併入義大利王國。工商業發達，有煉鋁、化學、煉焦、化肥、煉油、鋼鐵等工業。以生產珠寶玉石工藝品、玻璃器皿、花皮革製品、花邊、刺繡等著稱。陸上的馬爾蓋拉港是重要油港和客運港，馳名的旅遊中心，每年有三百萬遊客。古老的聖馬可廣場是城市活動中心，廣場周圍聳立著大教堂、鐘樓等拜占庭和文藝復興時期的建築物。離岸兩公里處的線狀沙洲 —— 利都 (Lido)，是歐洲最著名的海濱浴場。

威尼斯是一座美麗的水上城市，它建築在最不可能建造城市的地方 —— 水上，威尼斯的風情總離不開「水」，蜿蜒的水巷，流動的清波，它就好像一個漂浮在碧波上浪漫的夢，詩情畫意，久久揮之不去。這個城市，有一度曾握有全歐最強大的人力、物力和權勢。威尼斯的歷史相傳開始於西元 453 年，當時威尼斯地方的農民和漁民為逃避酷嗜刀兵的游牧民族，轉而避往亞得里亞海中的這個小島。威尼斯外形恰似海豚，城市面積

不到 7.8 平方公里，卻由 118 個小島組成，177 條運河蛛網一樣密布其間，這些小島和運河由大約 401 座各式各樣的橋梁綴接相連，整個城市只靠一條長堤與義大利大陸半島連接。威尼斯還是個繁華的小鎮，那裡的人生活情況很好。

07　阿爾卑斯山脈

　　阿爾卑斯山脈是歐洲最高大、最雄偉的山脈。它西起法國東南部的尼斯，經瑞士、德國南部、義大利北部，東到維也納盆地，呈弧形貫穿了法國、瑞士、德國、義大利、奧地利和斯洛維尼亞六個國家，綿延 1,200 公里。山勢高峻，平均海拔約達 3,000 公尺左右。海拔 4,000 公尺以上的山峰有 100 多座，聳立於法國和義大利之間的主峰白朗峰，海拔 4,807 公尺，因峰頂終年積雪而得名，是歐洲第一高峰。它位於歐洲中南部，是一條不甚連貫山系中的一小段，該山系自北非阿特拉斯延伸，穿過南歐和南亞，直到喜馬拉雅山脈。阿爾卑斯山脈從亞熱帶地中海海岸，法國的尼斯附近，向北延伸至日內瓦湖，然後再向東、東北伸展至多瑙河上的維也納。阿爾卑斯山脈遍及六個國家的部分地區，僅有瑞士和奧地利可算是真正的阿爾卑斯型國家。阿爾卑斯山脈長約 1,200 公里，最寬處 201 公里以上，是西歐自然地理區域中最顯要的景觀。

　　阿爾卑斯山除了主山系外，還有四條支脈伸向中南歐各地：向西一條伸進伊比利亞半島，稱為庇里牛斯山脈；向南一條為亞平寧山脈，它構成了亞平寧半島的主脊；東南一條稱迪納拉山脈，它縱貫整個巴爾幹半島的西側，並伸入地中海，經克里特島和賽普勒斯島直抵小亞細亞半島；東北

一條稱喀爾巴阡山脈，它在東歐平原的南側一連轉了兩個大彎，然後自保加利亞直臨黑海之濱。大約 1.5 億年前，現在的阿爾卑斯山區還是古地中海的一部分，隨後陸地逐漸隆起，形成高大的阿爾卑斯山脈。整個山區的地殼至今還不穩定，地震頻繁。近百萬年以來，歐洲經歷了幾次大冰期，阿爾卑斯山區形成很典型的冰川地形，許多山峰岩石嶙峋，角峰尖銳，山區還有很多深邃的冰川槽谷和冰磧湖。直到現在，阿爾卑斯山脈還有 1,000 多條現代冰川，總面積達 3,600 平方公里，比歐洲國家盧森堡還要大。

阿爾卑斯山脈的植物呈帶狀分布。山地南坡，海拔 800 公尺以下屬亞熱帶常綠硬葉林帶；800～1,800 公尺為溫帶森林帶，其下部為以山毛櫸和冷杉為主的混交林帶，上部為由雲杉、冷杉、雪松等組成的針葉林；1,800～2,300 公尺處，為森林上限，以上為高山草甸；再上則為裸露的岩石和終年積雪的山峰。夏天，這裡氣候涼爽，是避暑的好地方；冬天，這裡又成了滑雪、觀賞雪景的理想場所。

在阿爾卑斯山區，因為四周有高山保護，越深的山谷越乾燥，越高的山峰則有較多雨量。降雪量也是各地區不同。海拔 700 公尺的地區，有雪的日子每年約三個月；1,800 公尺地區，有雪的日子可達半年；2,500 公尺地區，有雪的日子可達 10 個月；2,800 公尺以上地區，則終年積雪。在冬天，阿爾卑斯山區經常陽光普照，而中部地區則相反，陰霾密布。故冬天是旅遊阿爾卑斯山的最佳季節。

08　普羅旺斯

　　普羅旺斯從誕生之日起，就謹慎地保守著它的普羅旺斯 —— 薰衣草祕密，直到英國人彼得‧梅爾（Peter Mayle）的到來，普羅旺斯許久以來獨特生活風格的面紗才漸漸揭開。在梅爾的筆下，「普羅旺斯」已不再是一個單純的地域名稱，更代表一種簡單無憂、輕鬆慵懶的生活方式，一種寵辱不驚，看庭前花開花落；去留無意，望天上雲卷雲舒的閒適意境。如果旅行是為了擺脫生活的桎梏，普羅旺斯會讓你忘掉一切。整個普羅旺斯地區因極富變化而擁有不同尋常的魅力 —— 天氣陰晴不定、暖風和煦、海風狂野；地勢跌宕起伏、平原廣闊、峰嶺險峻；寂寞的峽谷、蒼涼的古堡、蜿蜒的山脈和活潑的都會，全都在這片法國大地上演繹萬種風情。7 ～ 8 月間的薰衣草迎風綻放，濃豔的色彩裝飾翠綠的山谷，微微辛辣的香味混合著被晒焦的青草芬芳，交織成法國南部最令人難忘的氣息。

　　最初的普羅旺斯北起阿爾卑斯山，南到庇里牛斯山脈，包括法國的整個南部區域。羅馬帝國時期，普羅旺斯就被列為其所屬省分。隨著古羅馬的衰敗，普羅旺斯又被其他勢力所控制。法蘭克、撒拉森人、封建領主，還曾被法蘭西帝國與羅馬教皇瓜分。基於此因素，歷史上普羅旺斯的範圍界限變化很大。18 世紀末大革命時期，法國被分成五個不同的行政省分，普羅旺斯是其中之一。到了 1960 年代，行政省分又被重新組合劃分成 22 個大區，於是有了現在的普羅旺斯－阿爾卑斯大區。儘管世紀的動盪讓普羅旺斯留下一個混淆的疆界概念，但也賦予普羅旺斯一段多姿多采的過去，隨著歲月的流逝，普羅旺斯也將古今風尚完美地融合在一起。

　　在小城奧朗日，可以坐在羅馬時代的圓形露天劇場看戲；在另一個小城亞耳，你可以坐在咖啡廳裡消磨一個下午，那令人沉醉的景緻，與一個

世紀前梵谷所畫的畫幾乎沒有差別。不過，那些美麗如畫的小山村，也時刻提醒人們憶起從前的血腥歷史，中世紀時代封建領主的紛爭，令整個法國南部陷入戰亂之中。為安全起見，這一帶山村結構緊密，修建在陡峭的懸崖邊，彷彿要與危險世界永世隔離。在過去的幾個世紀裡，他們的隔離是成功的。

南普羅旺斯的古老小城亞耳，以熱烈明亮的地中海陽光和時尚藝術風格聞名。看過《梵谷傳》的人大概都會記得傑出的畫家曾在這裡創作、生活過。這裡的街道、房屋、酒吧，到處充滿濃厚的藝術氣息。古羅馬的建築（亞耳人是古羅馬人的後裔）、藝術家的作品、生活在現代文明社會的人，在這裡和諧相處，寧靜美好。這裡每年7月，還會舉辦一個很時髦的國際攝影節，在石頭古巷和小廣場上，展覽當今締造潮流的大攝影師的作品和風流人物事跡。

我們不要忘了，有一種植物，它的花朵是單一的紫色；有一個地區，因盛產這種紫色花朵而聞名世界。這種植物名叫薰衣草，這個地區就是法國的普羅旺斯。普羅旺斯溫和的氣候，大度地接納著大量外來水果和蔬菜在本地繁衍。在眾多的外來植物中，薰衣草一直穩坐當地植物界皇后的寶座，這種來自古波斯地區的植物，以其優雅的淡香而享有盛譽。隨著時間的改變，這種來自中東地區的淡紫色小花，如今已成為法國普羅旺斯地區的一個重要代表。它用它那極有特點的藍紫色和淡雅的幽香，點綴普羅旺斯的田野與道路、庭院與居室。提到法國的普羅旺斯地區，可能在現今摩登浪漫的人腦海裡，第一個出現的會是代表甜美愛情的薰衣草。其實不止在普羅旺斯，走在法國許多城市的道路上，人們總能看到紫色的薰衣草在風中搖曳。普羅旺斯風中的香氣不是只能用紫色薰衣草來概括，因為這裡有那麼多能使嗅覺快樂的東西，就算不可能全部了解普羅旺斯的香，人們

也很有必要前往普羅旺斯親身體會幾種這裡特別的味道。在普羅旺斯的城市間穿梭，特別是在馬賽閒逛的時候，人們會很快的認識一種當地的特產：馬賽肥皂。這種非常出名的肥皂可以說是馬賽城的特產（西元前 6 世紀，一群來自古希臘福賽地區的水手登陸馬賽，從此馬賽開始建城。馬賽城內現在還留存一些與遠在愛琴海岸的福賽古城相同的建築風格與習俗，因此馬賽也被人稱為「福賽城」）。如今，這裡只保留很少的馬賽肥皂生產量，且堅持手工製造。製造一塊傳統的馬賽肥皂需要至少 3 個星期的準備時間，主要的生產原料是植物油。可以說，馬賽肥皂是普羅旺斯人對芳香熱愛的一個見證。

　　傳說從前有一名美麗少女居住在普羅旺斯。一天，她獨自一人在山谷中採摘薰衣草，一個受傷的青年前來問路。俊美的青年打動了少女心扉，兩人一見鍾情。少女帶青年回家養傷，傷癒之時，兩人已難捨難分。青年要回故鄉，臨行前的清晨，少女按照村中老奶奶的囑咐，將一束剛開花的薰衣草拋向青年。突然，一股紫色煙霧升起，青年消失不見，山谷中迴響起他的低吟，不久後，少女也不見蹤影。有人說，她循著花香尋找青年去了。從此，薰衣草成為「等待愛情」的代名詞，普羅旺斯也被視為「浪漫之鄉」，引來大批「朝聖者」。有人說，普羅旺斯的地勢與氣候養育了薰衣草，令其揚名世界；還有人說，薰衣草是普羅旺斯的靈魂，讓它具有了別樣的生命。其實，普羅旺斯與薰衣草早已成為一體，共同造就著紫色的浪漫夢。

09　麗江古城

　　具有 800 多年歷史的麗江古城，座落在麗江壩子中部，面積約 3.8 平方公里，始建於南宋末年。是元代麗江路宣撫司，明代麗江軍民府和清代麗江府駐地。與同為中國歷史文化名城的四川閬中、山西平遙、安徽歙縣並稱為「保存最為完好的四大古城」。麗江古城位於中國西南部雲南省的麗江市，麗江古城又名大研鎮，它是中國歷史文化名城中唯一沒有城牆的古城，據說是因為麗江世襲統治者姓木，築城勢必如木字加框而成「困」字之故。麗江古城的納西名稱叫「鞏本知」，「鞏本」為倉廩，「知」即集市，可知麗江古城曾是倉廩集散之地。麗江古城始建於宋末元初（西元 13 世紀後期）。古城地處雲貴高原，海拔 2,400 多公尺，全城面積達 3.8 平方公里，自古就是遠近聞名的集市和重鎮。古城現有居民 6,200 多戶，25,000 多人。其中，納西族占總人口絕大多數，有 30% 的居民仍在從事以銅銀器製作、皮毛皮革、紡織、釀造業為主的傳統手工業和商業活動。

　　麗江古城選址獨特，布局上充分利用山川地形及周圍自然環境，北依象山、金虹山，西枕猴子山，東面和南面與開闊坪壩自然相連，既避開了西北寒風，又朝向東南光源，坐靠西北。發源於城北象山腳下的玉泉河水分三股入城後，又分成無數支流，穿街繞巷，流布全城，形成了「家家門前繞水流，戶戶屋後垂楊柳」的詩畫圖。街道不拘於工整而自由分布，主街傍水，小巷臨渠，300 多座古石橋與河水、綠樹、古巷、古屋相依相映，極具高原水鄉古樹、小橋、流水、人家的美學意韻，被譽為「東主威尼斯」。

　　麗江古城民居是中國民居中具有鮮明特色和風格的類型之一。

　　麗江古城民居在布局、結構和造型方面，依自身具體條件和傳統生活

習慣，有機結合了中原古建築以及白族、藏族民居的優秀傳統，僅在房屋抗震、遮陽、防雨、通風、裝飾等方面進行大膽創新發展，形成了獨特的風格，其鮮明之處就在於無一統的構成機體，明顯顯示出依山傍水、窮中出智、拙中藏巧、自然質樸的創造性，在相當長的時間和特定的區域裡，對納西民族的發展也產生了巨大的影響。

白沙民居建築群位於麗江古城以北八公里處，這裡曾是宋元時期（西元 10 ～ 14 世紀）麗江地區政治、經濟、文化的中心。白沙民居建築群分布在一條南北走向的主軸上，中心為一梯形廣場，一股泉水由北面引入廣場，四條巷道從廣場通向四方，極具特色。白沙民居建築群的形成和發展，為後來麗江古城的布局奠定了基礎。麗江民居是研究中國建築史、文化史不可多得的重要遺產。

麗江古城是自然美與人工美，藝術與經濟的有機統一體。

聞名於世的麗江壁畫，分布在古城及周圍 15 座寺廟內，這些明清壁畫，具有多種宗教及各教派內容融合並存的突出特點。遺存於麗江白沙村大寶積宮的大型壁畫《無量壽如來會》，把漢傳佛教、藏傳佛教和道教的百尊神佛像繪在一起，反映了納西族宗教文化的特點。

麗江一帶迄今流傳著一種圖畫象形文字「東巴文」。這種納西族先民用來記錄東巴教經文的獨特文字，是世界上唯一活著的圖畫象形文。如今分別收藏在中國以及歐美一些國家圖書館、博物館中的 20,000 多卷東巴經古籍，記錄著納西族千百年輝煌的歷史文化。其中稱作《磋模》的東巴舞譜，包括數十種古樂舞的舞蹈藝術，是極為罕見的珍貴文獻。被譽為古代納西族「百科全書」的東巴經，對研究納西族的歷史、文化，具有重要價值。

麗江古城是古城風貌整體保存完好的典範，依託三山而建的古城，與

大自然產生了有機的統一。古城瓦屋，鱗次櫛比，四周蒼翠的青山，把緊連成片的古城緊緊環抱。城中民居樸實生動的造型、精美雅緻的裝飾，是納西族文化與技術的結晶。古城所包涵的藝術來源於納西人民對生活的深刻理解，展現人民群眾的聰明智慧，是地方民族文化技術交流融匯的產物，是中國民族寶貴建築遺產的重要組成部分。

麗江古城包容豐富的民族傳統文化，集中展現納西民族的興旺與發展，是研究人類文化發展的重要史料。

被山川流水環抱的麗江縣城，相傳因形似一方大硯而得名「大研鎮」。探尋它的過去，人們發現這片曾被遺忘的「古納西王國」，遠古以來已有人類生息繁衍。今日的主人納西民族，則是古代南遷羌人的後裔。在千百年的悠長歲月裡，他們辛勤勞作，築起自己美好的家園。麗江納西人歷來重教尚文，許多人擅長詩琴書畫。在古城多彩的節慶活動中，除了通宵達旦的民族歌舞和鄉土戲曲，業餘演奏的「納西古樂」最為著名。其中，《白沙細樂》為集歌、舞、樂一體的大型古典音樂套曲，被譽為「活的音樂化石」；另一部麗江《洞經音樂》則源自古老的道教音樂，它保留許多早已失傳的中原辭曲音韻。麗江納西古樂曾應邀赴歐洲多國演出，受到觀眾的熱烈歡迎和讚譽。由於樂隊成員多是來自民間年逾古稀的老人，因此又有「納西壽星樂團」的美譽。

麗江古城的繁榮已有 800 多年的歷史，它已逐漸成為滇西北經濟文化中心，為民族文化的發展提供了良好的環境條件，聚居在這裡的納西族與其他少數民族，一起創造了光輝燦爛的民族文化。不論是古城的街道、廣場牌坊、水系、橋梁還是民居裝飾、庭院小品、楹聯匾額、碑刻條石，無不滲透納西人的文化修養和審美情趣，無不充分展現地方民族宗教、美學、文學等多方面的文化內涵、意境和神韻，展現歷史文化的深厚和豐富

內容。尤其是具有豐富內涵的東巴文化、白沙壁畫等傳統文化藝術，更為人類文明史留下了燦爛的篇章。

雲南省的古城麗江把經濟和策略重地與崎嶇的地勢巧妙融合在一起，真實、完美地保存和再現古樸的風貌。古城的建築歷經無數朝代的洗禮，飽經滄桑，它融匯各民族的文化特色而聲名遠播。麗江還擁有古老的供水系統，這個系統縱橫交錯、精巧獨特，至今仍在有效地發揮作用。

10 契琴伊薩馬雅城邦遺址

古馬雅城市遺址位於墨西哥猶加敦州南部。南北長 3 公里，東西寬 2 公里，有建築物數百座，是古馬雅文化和托爾特克文化的遺址。「契琴」意為「井口」，天然井為建城的基礎。現有公路把它分為兩半，南側老契琴伊薩建於西元 7 ～ 10 世紀，具馬雅文化特色，有金字塔神廟、柱廳殿堂、球場、市場和天文觀象臺，以石雕裝飾為主；北側新契琴伊薩為灰色建築物，具托爾特克文化特色，有庫庫爾坎金字塔、勇士廟等，以樸素的線條裝飾和羽蛇神灰泥雕刻為主。

帕倫奎是反映馬雅建築藝術的一處遺址。它坐落在墨西哥嘉帕斯州境內崇山峻嶺間的一塊坡地上，反映馬雅人當年建城定居多選擇倉林山嶺的特點。據在這裡發現，刻有紀年的馬雅碑證明，這座城市的歷史可追溯到西元 642 年。

帕倫奎的建築群中，最引人注目的是建在金字塔上的「銘文神廟」。金字塔為正方形，共十層，向上逐層縮小，最低一層有梯階九級，其餘有梯階七級，共 72 級。「銘文神廟」就建築在金字塔頂平臺上。平頂，有五

個門，走廊上有壁畫、浮雕，廟的四壁都是雕刻的碑文。可惜，現在還未翻譯出這些馬雅象形文字，至今無人知曉這些碑文的真正含義。這裡的建築物幾乎都是平頂或有平臺。金字塔的臺階象徵通往宇宙的階梯，這是馬雅建築的典型特徵。

墨西哥的金字塔與埃及的金字塔雖然形狀相似，但有所不同，現已發現的墨西哥金字塔絕大多數都是供古代印第安人各部落祭祀神明的祭壇，而不是陵墓。然而帕倫奎的金字塔卻是一個例外。它是西元前 7 世紀時帕倫奎統治者巴加爾的陵墓。據說這座金字塔是巴加爾出生後不久就開始建造的，歷時幾十年，全部用巨石建造，在巴加爾 76 歲去世時才建成。因而人們對此頗為興趣快然。進入這座墓室，必須拾級登上金字塔，進入銘文神廟，然後沿著螺旋形的石臺階才能下到墓室。據考古學家分析，這座陵墓可能還有正門，但因金字塔是巨石砌成，發掘時不想損壞金字塔而放棄尋找。墓室的平面頂作假拱，全用石條砌成，高 7 公尺，長 9 公尺，最寬處為 4 公尺。墓室後壁正中鑿一龕，內有一浮雕武士像，左右兩壁各有浮雕武士像 3 尊，墓室前端的中央置有一石棺，高約 1.1 公尺，長約 2.8 公尺，寬約 2 公尺，棺內壁四面均有浮雕紋。棺蓋厚達 27 公分，重達 5 噸。棺蓋面及四周亦滿雕花紋。在石棺內中央向下鑿一石穴，它的前端為橢圓形，穴內塗滿紅色。巴加爾仰臥在石穴內，頭戴綠玉石面具，頸、胸、手、腕、足等處分別佩有玉製的項鍊、串珠、指環和小球。左足側前，置綠玉太陽神偶像等。

在金字塔的右前方有一宮殿。宮殿中間是一個大院，看來是當時王室觀看競技或演出的場所。走廊壁上有各種繪畫和浮雕，經歷了 1,000 多年的時光，其顏色雖已黯淡，但仍可辨認，綠色尤為清晰，後走廊的東北角有蒸汽浴室，先用火燒灼一塊巨石，然後將水澆在石上發出蒸汽，供王室

沐浴。在宮殿的前方，有方形塔一座，共五層。宮殿和高塔的四面，還有類似宮殿的建築物。金字塔前是一個巨大的廣場，它是城邦的重要活動中心。

契琴伊薩是古希臘羅馬時期馬雅人的聖殿，其鼎盛時期大約在西元 500～700 年左右，對整個烏松布拉河盆地有重大的影響。典雅的建築、高超的技術以及輕巧的浮雕都說明了馬雅人的神話，證明他們是這一文明的天才創造者。

11　拉利貝拉岩石教堂

衣索比亞的岩石教堂舉世無雙，最有名的要數阿迪斯阿貝巴以北 300 多公里的拉利貝拉。拉利貝拉岩石教堂始建於西元 12 世紀後期拉利貝國王統治時期，有「非洲奇蹟」之稱。是 12 和 13 世紀基督教文明在衣索比亞繁榮發展的非凡產物。

據說，12 世紀衣索比亞第 7 代國王拉利貝拉（Lalibela，1176～1207，又一說為 1181～1221）呱呱墜地的時候，一群蜂圍著他的襁褓飛來飛去，驅之不去。拉利貝拉的母親認為那是兒子未來王權的象徵，便為他起名拉利貝拉，意思是「蜂宣告王權」。當政的哥哥起了壞心想要毒殺他，被灌了毒藥的拉利貝拉 3 天長睡不醒，在夢裡，上帝指引他到耶路撒冷朝聖，並得神諭：「在衣索比亞造一座新的耶路撒冷城，並要求用一整塊岩石建造教堂」。於是拉利貝拉按照神諭在衣索比亞北部海拔 2,600 公尺的岩石高原上，動用兩萬人工，花了 24 年的時間，鑿出了 11 座岩石教堂，人們將這裡稱為拉利貝拉。從此，拉利貝拉成為衣索比亞人的聖地。

至今，每年 1 月 7 日衣索比亞聖誕節，信徒們都將聚集於此。

1979 年聯合國教科文組織已把它列為世界文化遺產之一。

✝ 舉世無雙的建築群

拉利貝拉有 11 個中世紀的教堂和小教堂，它們在一條大部分乾涸的溪流 —— 約旦河兩邊，分為兩個截然不同的群體，這些教堂坐落在岩石的巨大深坑中，幾乎沒有高出地平面。精雕細琢的教堂像龐大的雕塑，與艾洛拉的廟宇一樣，從堅硬的岩石中開鑿而成。它們外觀造型驚人，內部裝修獨特。其中四個是在整塊石頭上開鑿的，其餘的則小一些，要麼用半塊石頭鑿成，要麼開鑿在地下，用雕刻在岩石上的立面向信徒標示其位置。每個群體都是一個由某種圍牆圍繞著的有機整體，遊客在裡面可沿石灰華上開鑿的小徑和隧道網四處漫遊。

獨石教堂矗立在 7 ～ 12 公尺深的井狀通道中央，是在由深溝將高原的其他部分與之分離出來的岩石上直接雕刻出來的。雕刻自頂部（穹頂、天花板、拱門和上層窗戶）始，一直延續到底部（地板、門和基石）。為了使夏季影響的滂沱大雨能通暢地排掉，用這種方法創造的空間平面呈輕度傾斜狀。建築物的突出部分，如屋頂、簷溝、飛簷、過梁和窗臺的突出程度，視雨水的主要方向而定。

開鑿工程顯然分幾個階段進行，這樣，建築師、工人和手工藝人可平視工作，不用樹腳手架。一些人負責開鑿獨石，將它與周圍岩石分離；另外一些人則負責製作成型。碎石是透過開口（如窗戶和門）搬運的，使用的工具很簡單 —— 用鎬和槓桿挖掘，用小斧和鑿子進行細部加工。

✝ 罕見的繪畫和雕塑

　　拉利貝拉的教堂中最引人注目的，或許是耶穌基督教堂，它長 33 公尺，寬 23 公尺，高 11 公尺，精雕細刻的飛簷由 34 根方柱支撐。這是衣索比亞唯一一個有五個中殿的教堂，據 16 世紀葡萄牙使館派往所羅門宮廷的神父說，過去的阿克森大教堂也有五個中殿。

　　根據基督教的慣例，有三個分別面向東、北和南的門通向教堂內部。這是按長方形廊柱大廳式基督教堂修建的。呈東西向，隔成八間，28 根支撐半圓形拱頂的支柱成行排列其間。

　　相鄰的聖瑪麗亞教堂比耶穌基督教堂的面積小些，高度為 9 公尺。牆上的窗戶為阿克森風格，裡面有三個中殿，其獨特之處在於，它們從上到下都覆蓋著代表幾何圖案（希臘十安、萬字飾、星形和圓花飾）和動物（鴿子、鳳凰、孔雀、瘤牛、大象和駱駝）的裝飾性繪畫，及照福音書描繪耶穌和瑪麗亞生活場景的壁畫，但大多均已損壞。一些專家認為這些繪畫可追溯到扎拉・雅各布國王（1434 ～ 1465）統治時期。主門之上是描繪兩個騎手殺死一條龍的淺浮雕，由於衣索比亞的聖所中，很少有動畫雕刻（實際上，在基督教的中東地區都是這樣），所以這幅雕塑屬珍品之列。

　　聖馬可、各各他教堂和三位一體教堂組成一個教堂群，其中最大的教堂聖馬可教堂被用十字形支柱和諧地分為三個中殿；供奉耶穌受難像的各各他教堂之最顯著特徵，是在其兩個中殿的牆壁上，雕刻七個真人大小的牧師系列像。此外，它的壁龕中還有一個基督墓。

　　供奉聖子、聖父、聖靈的小教堂要經過各各他教堂才會到達。它的布局呈不規則四邊形，內設三個獨石聖壇。聖壇組成一個半圓，並飾以十字架，中央有一個洞，你彌撒時，牧師用它放置「托博特」（衣索比亞禮拜儀

式用語，吉茲語中的「約櫃」）。在教堂地下室的後面，有兩個雙手合十進行祈禱的神祕人物，站立在一個空壁龕的兩邊，壁龕的頂部是一個圓圈環繞著的十字架 —— 或許代表三位一體。

墨丘利教堂和天使長加百利與拉斐爾教堂為地下教堂，起初用於非宗教目的，後被聖化，它們一度可能是王室住宅。往前不遠，利巴諾斯教堂既有獨石教堂的特點，又有地下教堂的特點。它的四邊被一個環繞四周、內部挖空的高高長廊與山分開，而其頂部卻與高處的岩石塊連為一體。埃馬努埃爾教堂是一個有三個中殿的長方形教堂，具有阿克森古典風格的所有特點。

聖喬漢教堂是拉利貝拉唯一被鑿成十字架的教堂。坐落在一個近乎方形的豎井狀通道（22×23公尺）的底部，與其他教堂相分離，形似希臘十字架。它的地基很高，裡面既無繪畫，也無雕塑，因為這些東西會轉移人們對其和諧、簡單線條的注意力。天花板上，十字架的每個臂都與一個半圓拱相交，而這些半圓拱是矗立在中央空間四個角的壁柱上雕刻出來的。雖然這個建築的低層窗戶屬阿克森風格，但高層窗戶上卻有與各各他教堂相類似的帶花飾尖拱。

這些教堂的建成使拉利貝拉城成為一個宗教中心，從公路或空中都很容易到達拉利貝拉。

12 巨人堤道海岸

在北愛爾蘭貝爾法斯特西北，沿著海岸在玄武岩懸崖的山腳下，大約由四萬個巨柱組成的巨人堤道從大海中伸出。這個著名的名勝，就如傳說

中的巨人跨過海峽到達蘇格蘭。300 年來，地質學家們研究其構造，了解到它是在古新世（大約 5,000 ～ 6,000 萬年前）由活火山不斷噴發而成的。這個壯觀景點同時推動了地球科學的發展。

巨人堤道這個名字起源於愛爾蘭的民間傳說。

據說巨人堤道是由愛爾蘭巨人芬‧麥克庫爾建造的，他把岩柱一個又一個地移到海底，那樣他能走到蘇格蘭去與其對手芬‧蓋爾交戰。當其完工時，麥克庫爾決定休息一會兒。而同時，他的對手芬‧蓋爾穿越愛爾蘭來估量一下他的對手，卻被睡著巨人的巨大身軀嚇壞了，尤其是在麥克庫爾的妻子告訴他，這事實上是巨人的孩子後。蓋爾在考慮這小孩的父親該是怎樣的龐然大物時，也為自己的生命擔心，他匆忙地撤回蘇格蘭，並毀壞了其身後的堤道。現在堤道的所有殘餘位於安特令海岸上。

巨人堤道是這種獨特現象特別完美的表現 —— 真正適合巨人的大通道。柱狀玄武岩不限於北愛爾蘭；另一最著名的例子是在蘇格蘭西海岸外的內赫布里底群島。在斯塔法島上，玄武岩柱在大部分地區均發育良好，而且有一巨大的岩洞，繼神祕的巨人堤道之後，那裡的海水已將岩柱侵蝕成芬格爾岩洞。芬格爾岩洞有廣泛的聲響，幾個世紀以來，在詩歌和小說中均有描述，而作曲家菲利克斯‧孟德爾頌在 1829 年去該島的一次訪問中，被激發創作了現被稱為「赫布里底群島」的著名管絃樂前奏曲。

北大西洋早期，在現已分離的北美大陸和歐洲大陸之間，新形成的海道依然處在發展之中。北大西洋的主體位置已定，但它的邊界則正在形成和變化階段。大約 8,000 萬年前，格陵蘭的西海岸與加拿大分離，但東南海岸仍與對面不列顛群島的西北海岸緊緊相連。

大約 2,000 萬年後，這些海岸開始分離，而在現在的斯凱島、拉姆島、馬爾島和阿藍島，以及在蘇格蘭本島的阿德納莫坎角上，和南部愛爾

蘭的斯利夫‧加利翁、克利夫敦和莫恩，均有大的火山。這些古老的火山在其初期，景色一定十分壯觀，但有關當時的情況，所留下最重要的紀錄就是洪水、高原和玄武岩。噴發出來的玄武岩，是一種特別灼熱的流體熔岩，曾記載的下坡流速，每小時超過 48 公里。流體熔岩較容易散布於很大的面積，於是就有「泛濫玄武岩」這一術語，而且它們形成的大塊熔岩，遍布整個火山活動區。類似的玄武岩其他地方也有，印度的德干高原，在 4,000 ～ 6,000 萬年前，形成了 70 萬立方公里的熔岩。任何熱的液體遇冷收縮，熔融的熔岩也不例外。但當熔岩最終冷卻到能結晶的時候，它開始爆裂成規則的圖案，常常是六角形圖案，與炎熱的夏天，乾涸的池塘中，泥質底部形成的龜裂十分相似。

　　熔岩的主要特點在於裂縫直上直下伸展，水流可從頂部通達底部。結果形成了獨特的玄武岩柱網絡，所有的玄武岩柱不可思議地捆在一起，其間僅有極細小的裂縫。地質學家把這些裂縫稱為「節理」，就整體而言，成為「柱狀玄武岩」。柱的典型寬度約為 46 公分，但寬度也有更大或較小的。

13　亞夫布里巨石遺址

　　英格蘭南部索茲斯柏立平原上的這座環形排列的巨石遺址，直徑約為 100 公尺。據考證是新石器時代的建造物，有 5,000 年的歷史。四層同心圓石圈中央的祭奠石，和旁邊被稱為腳跟（Heel-stone）石的玄武石，在每年夏至這一天，兩個石頭與地平線彼岸升起的太陽連成一線。這個建造物的目的是什麼，還存有眾多猜測：是崇拜太陽的神殿，或是天文臺，亦或

是與宇宙聯繫的通訊點等，至今仍是千古之謎。

巨石陣又稱索茲斯柏立石環、環狀列石、太陽神廟、史前石桌、斯通亨治石欄、斯托肯立石圈等名，是歐洲著名的史前時代文化神廟遺址，位於英格蘭威爾特郡索茲斯柏立平原，約建於西元前 4000 ～ 2000 年，屬新石器時代末期至青銅時代。

這個巨大的石建築群位於一個空曠的原野上，占地大約 11 公頃，主要是由許多整塊的藍砂岩組成，每塊重約 50 噸。巨石陣不僅在建築學史上具有重要地位，在天文學上也同樣有重大的意義：它的主軸線、通往石柱的古道和夏至日早晨初升的太陽，在同一條線上；另外，其中還有兩塊石頭的連線指向冬至日落的方向。因此，人們猜測，這很可能是遠古人類為觀測天象而建造的，可以算是天文臺最早的雛形了。

巨石陣的主體由幾十塊巨大的石柱組成，這些石柱排成幾個完整的同心圓，巨石陣的外圍是直徑約 90 公尺的環形土溝與土崗，內側緊挨著的是 56 個圓形坑，由於這一些坑是由英國考古學家約翰・奧布里發現的，因此又叫「奧布里」坑。巨石陣最不可思議的是石陣中心的巨石，這些巨石最高的有 8 公尺，平均重量近 30 噸，然而人們驚奇的發現，有不少重達 7 噸的巨石，是橫架在兩根樹著石柱上的。

英國索茲斯柏立是一座歷史古城，距英國首都倫敦 120 多公里，在這座古城的附近有一個小村莊叫阿姆斯伯里，史前巨石陣就坐落在這裡。

西元 1130 年，英國的一位神父在一次外出時，偶然發現了巨石陣，從此這座由巨大的石頭構成的奇特古蹟，開始引起了人們的注意。

早在 1950 年代，考古工作者就推斷，巨石陣至少已有幾千年以上的歷史。

幾個世紀以來，沒有人知道巨石陣的真正用途，也沒有人知道是誰建

造了巨石陣，而古老的傳說和人們的種種推測，讓巨石陣更增加了神祕的氛圍。

12 世紀初期，英國流傳一個這樣的傳說，西元 5 世紀，亞瑟王的宮廷巫師梅林用神力從愛爾蘭運來了巨石陣，而建造巨石陣的目的，是梅林準備用一座永恆的紀念碑來紀念亞瑟王的部下。

考古工作者並不相信是神力搬運來的巨石，他們根據蒐集的一些資料認為，早在 17 世紀，史前巨石陣就引起了人們的興趣。最近一種流行的說法是，巨石塊有天文現象的功用。巨石塊與一年中白晝最長一日的日出相吻合。這可能意味著，巨石陣的建造者是太陽的崇拜者。巨石塊肯定不是德魯伊特（古代塞爾特人中一批有學問的人）建造的。在巨石陣被廢棄後很久，他們才在這裡生存。

巨石陣所在的地區有許多墳墓和神廟，它們都已有好幾百年的歷史了。許多世紀以來，巨石陣本身就是一個聖地，但我不知道該聖地在什麼時候或為什麼廢棄了。不幸的是，幾個世紀以來，有些石塊已搬去造房子，而另一些已經倒下。

巨石陣在史前時代分為兩個時期建造，前後將近 1,000 年。第一期大約從西元前 2750 年開始，考古學家稱之為「巨石陣第一期」。在這一時期中，最令人費解的事，是被稱為「奧布里洞」的遺跡。這些洞位在環狀溝的內緣，同樣圍成一圈，總共有 56 個。這些洞是挖好後又立刻填平，並且確定洞中未曾有石柱豎立過。為何當初要挖 56 個，而不是整數？是研究學者極傷腦筋的。根據牛津大學湯姆教授的研究指出，在綜合英國境內其他環狀石遺跡的研究後，他發現這些洞的排列與金字塔的構造有相同的地方，就是它們同樣運用了「黃金分割比」。

湯姆以英國環保局所繪製的標準地圖為準，將第 4 號、20 號和 36 號

洞穴連結後，便出現了一個頂端指向南方的金字塔圖形。其後兩個建造期的技術層次及規模都提高了，顯見建造石柱群的人絕非未開化的原始民族。

霍金斯認為，巨石陣中幾個重要的位置，似乎都是用來指示太陽在夏至那天升起的位置。而從反方向看，剛好就是冬至日太陽降下的位置。除了太陽之外，月亮的起落點似乎也有記載，不過月亮的運行不像太陽一樣年年週而復始，它有一個歷時 19 年的太陰曆。在靠近石陣入口處有 40 多個柱孔，排成六行，恰巧和月亮在週期中到達最北的位置相符，所以六行柱孔很有可能代表六次週期，也就是六個太陰曆的時間，觀測及記錄月亮的運行有 100 多年的時間。

✝ 3 個重要時期

在西元前 3300 年到西元前 900 年這段時間中，巨石陣的建造有幾個重要的階段。

西元前 3000 年之前 —— 這段時期的巨石陣分布在 Irish 海以及 Irish-Scolttish 海路信道的周邊地區，數量不多但卻令人印象深刻，直徑超過 30 公尺以上，在圓陣之外都有一個獨立石，似乎是一種宣告「此地已被占有」似的標示。

西元前 2600 年左右 —— 金屬被引入不列顛全島，堅硬的鑿刻工具被製作出來，這個時期的巨石陣更精緻完美，像 Somerset 的 Stanton Drew、Orkneys 的 Brodgar Ring，直徑超過 90 公尺。然而一些其他主要的石陣則小多了，一般只有 18 ～ 30 公尺。它們有個特殊的現象，就是除了圓形石陣之外，還出現橢圓形的石陣，長軸方向指向太陽和月亮的方位。數目在

宗教上也呈現一個有趣的現象，我們發現不論巨石陣的圓周有多大，各地的立石數量都有獨特的數目，如 Lake District 地區的數量都是 12 個，Hebrides 地區的則是 13 個，蘇格蘭中部則是 4、6 或 8 個，Lands End 地區是 19 或 20 個，而愛爾蘭南部是五個。

西元前 2000 年 —— 在這個最後時期，以傳統方法建立的巨石陣數量便開始減少。整體形狀也不是很完美，不是橢圓形，就是扭曲的環狀。在規模上也大不如前，有的直徑甚至還不到三公尺。這是否意味著傳統的精緻技術已經漸漸失傳？沒有人能夠再了解，製作這些工程浩大的巨石陣背後的真正目的，而我們也從此失去了許多寶貴知識。

14　希臘邁泰奧拉

邁泰奧拉，或稱曼特奧拉，Meteora 的原意為「在空中徘徊」，這當然使人想起單詞流星。這種稀有的地質現象是大自然的奧祕之一，而與之建立起來的很多理論，儘管成為理論，但沒有一個能被證明。像大自然這樣使人驚奇的是，這些巨大的岩石被人們神奇地安放在建築物的頂上，這看起來簡直是不可思議。

這個地區是 11 世紀時，居住在岩洞中的修道士所占據的。但在土耳其 brigandry 和非法占領的時代裡，時間難以考證。他們沿著岩石表面攀登得越來越高，直到不可達到的山峰繼續生存。在那裡，他們可以用帶來的材料，和人們上山用的梯子和吊籃，來建設第一座修道院。直到 1920 年代，甚至今天，有了公路、小路通向山頂，這仍是抵達修道院的方法。至今仍有當年用以運從材料的籃子。當這些吊籃是到達修道院唯一的路

時，一位緊張的朝聖者問他的主教，他們是否曾經更換過繩索。「當然我們換過」他答道。「每當它斷掉的時候，那時我能輕鬆的換掉它。」自從修道院被一條條小路連接起來後，你現在不必擔心繩索會斷掉了。只要你盡早考試，你可以在一天內將這些修道院參觀完。這些修道院也透過公路連接，所以如果你乘車而來，但沒有一整天步行遊覽的話，你同樣可以先盡可能靠近，而後繼續步行參觀。

在土耳其占領期間，修道院保持古希臘的文化和傳統，他們不僅是 relgious 中心，同時還是求學者和藝術家的中心。相信如果沒有這些修道院，古希臘文化將會消失，而現代希臘將會反映來自土耳其帝國的根基，和歷史的粗淺知識。修道院不僅深深吸引著修道士，還有哲學家、詩人、畫家和希臘深邃的思想家。今天，僅有六座修道院還保持原有的風貌。

作為修士們的隱居之所，邁泰奧拉的地理位置再理想不過了，因為它恰恰坐落於希臘北部塞薩利地區（Thessaly）的坎布連山（the Cambrian Mountains）上。在這裡，無數巨石早就被侵蝕成迷宮一般錯落、令人驚心動魄的峭壁、石崗與石峰，拔地而起，直入雲天，高度逾 2,000 英尺。

這片粗砂岩和礫岩的石群，一說成自地球早期的海底沉積。而後是浪打、風吹、雨洗，大海退去了，數百萬年的歲月過去了，成就了這片石群奇美的外觀。

早在 9 世紀，隱士和苦行者就在該地的巔峰上、洞穴裡尋覓處所，以便更親密與上帝溝通。大約 1350 年的時候，一位來自亞陀斯山（Mount Athos）希臘修士會的亞達納亞（Athanasius Koinovitis），踏足半空中的邁泰奧拉。傳說他是被一隻雄鷹載至石山山巔的。又有故事說他起先居於較低的石崖上，因發現魔鬼在他的岩洞外盤旋，而遷至山頂。不管怎樣，他攀到了大約 1,800 英尺的高處，在那裡，建造了後來大邁泰奧拉修道院最

早的一些建築，並與其他九名教友依據嚴格的修士戒律生活。

　　邁泰奧拉既是希臘正教會修士的一處退隱地，也是學識和藝術的避難所。土耳其攻占希臘後，教育、藝術急遽衰敗，希臘語也趨於滅亡。這時，修道院，特別是邁泰奧拉和聖山亞陀斯山上的修道院，為沒有逃亡的學生和學者，提供了知識和藝術的天堂。這些出離世間的修道院，終使拜占庭帝國的文明，在存亡絕續的關頭，不致滅亡，反得流傳。

　　自 11 世紀以來，在幾乎無法到達的山峰上，僧侶們在這如同通天柱般險峻的山峰上修行。儘管有令人難以置信的困難，15 世紀隱士思想大復興的時代，隱士選定了這些「天空之柱」，修建了 24 座隱修院。16 世紀的壁畫藝術是早期拜占廷繪畫發展的一個基礎階段。山岩上的修道院建築與這些山岩，本身以其莊嚴和靜穆的形象，與相隔數公里外現代都市的喧鬧和繁碌，形成鮮明對比，給人以心靈的觸動。

　　11 世紀中葉，來邁泰奧拉隱遁的修士人數逐漸增加，邁泰奧拉成為希臘東正教另一個重要中心，它的第一座教堂是科里亞空教堂，之後很快就形成了以它為中心的修道院。14 世紀中期，著名的阿塔那西奧修士來到這裡，在一座高高的岩頂上興建了新的修道院。邁泰奧拉正是後來成為聖人的他命名的。

　　在隨後的幾個世紀裡，邁泰奧拉成為帕薩里亞地區最有權威的宗教中心，它的鼎盛時期共擁有 24 座分布在大小山嶺上的修道院和上千名修士，成為抵擋隨土耳其人侵占而來的伊斯蘭教的中流砥柱。

　　由於這裡唯一與外界相同的工具是繩索、藤籃和滑車，進入這裡有如登天般困難，所以有幸到達這裡的人為數極少。直到 20 世紀，石級的修建才改變了這種情況。

　　大教堂高 24 公尺，寬 42 公尺，拱頂是 12 邊的，所有上面的窗戶只

擁有單扇玻璃。它獨特的創造性，主要展現在教堂的十字架形狀基礎上，這種分布造成了三個後殿，除了傳統教堂的後殿外，在南北兩端都增建了一座供讚美詩歌唱者使用的殿堂。教堂的圍牆是用岩石與磚塊相間砌成。教堂內部除了 15 世紀的珍貴壁畫外，還擁有各種雕嵌精美的用具，最具代表性的是那張用珍珠鑲嵌、裝飾豪華精緻的修道院院長寶座。

瓦拉姆修道院得名於修道院的創建者、苦行修士瓦拉姆，是邁泰奧拉最負盛名的修道院之一。這裡的修士因必須從事艱苦的體力勞動，奉行嚴格的禁慾苦行修士生活，而聲譽日增。瓦拉姆修道院擁有規模非凡的印刷和裝訂聖書的作坊，也擁有許多珍貴的東正教聖像，包括古老的繡像和手繪像。瓦拉姆修道院還珍藏眾多聖經手寫抄本，成為這裡修士們的驕傲。

15　龍門石窟

龍門石窟位於洛陽市區南面 12 公里處，是與大同雲崗石窟、敦煌千佛洞石窟齊名的中國 3 大石窟之一。

龍門是一個風景秀麗的地方，這裡有東、西兩座青山對峙，伊水緩緩北流。遠遠望去，猶如一座天然門關，所以古稱「伊闕」。「伊闕」自古以來，已成為遊龍門的第一景觀。唐詩人白居易曾說過：「洛陽四郊山水之勝，龍門首焉」。

龍門石窟始開鑿於北魏孝文帝遷都洛陽（西元 494 年）前後，迄今已有 1,500 多年的歷史。後來，歷經東西魏、北齊、北周，到隋唐至宋朝，又連續大規模營造達 400 餘年之久。密布於伊水東西兩山的峭壁上，南北長 1,000 多公尺，現存石窟 1,300 多個，佛洞、佛龕 2,345 個，佛塔 50

多座，佛像十萬多尊。其中最大的佛像高達 17.14 公尺，最小的僅有 2 公分。另有歷代造像題記和碑刻 3,600 多品，這些都展現出中國古代勞動人民很高的藝術造詣。其中以賓陽中洞、奉先寺和古陽洞最具有代表性。

　　魏窟 —— 西元 495 年，魏宗室丘慧成開始在龍門山開鑿古陽洞，500～523 年，魏宣武帝、魏孝明帝連續開鑿賓陽洞的北中南 3 個大石窟，石陽洞和賓陽洞的修建共費人工 80 萬以上，還開鑿了藥方洞和東魏時開鑿的蓮花洞等石窟。北朝石窟都在龍門山，古陽洞自慧成至東魏末 50 多年的營造，表現出中國藝術形式，大佛姿態也由雲崗石窟的雄健可畏，轉變為龍門石窟的溫和可親。以賓陽中洞主佛為代表的佛像，人物面部含著微笑，龍門石窟比雲崗石窟表現出更多的中國藝術佛像。

　　唐窟 —— 最盛期是唐朝，占石窟總數 60% 以上，武則天執政時期開鑿的石窟，占唐代石窟的多數，與她長期住在洛陽有關。奉先寺是最具有代表性的唐窟，二菩薩 70 尺，迦葉、阿難、金剛、神王各高 50 尺（唐代長度）。規模之大，在龍門石窟中稱第一，先後用了四年時間，武則天自己出錢 20,000 貫。

　　龍門二十品是珍貴的魏碑體書法藝術的精品。代表了魏碑體，字形端正大方，氣勢剛健有力，是隸書向楷體過渡中的一種字體，有十九品在古陽洞內。

　　賓陽洞有三窟，賓陽中洞是北魏時期（西元 386～512 年）的代表性作品。這個洞窟前後用了 24 年才建成，是開鑿時間最長的一個洞窟。洞內有 11 尊大佛像，洞窟正壁刻主像釋迦牟尼，左右有弟子、菩薩侍立，佛和菩薩面相清瘦，目大頸平，衣錦紋理周密刻劃，有明顯西域藝術痕跡。窟頂雕有飛天，挺健飄逸。據說，洞口兩壁上還有一幅浮雕「帝后禮佛圖」，造型別緻，構圖美妙，後被盜鑿，現置於美國紐約博物館。而洞

口唐宰相書法家褚遂良書碑銘，很值得一覽。

萬佛洞在賓陽洞南邊，洞中刻像豐富，南北石壁上刻滿了小佛像，很多佛像僅一寸，或幾公分高，計有 1,500 多尊。正壁菩薩佛像端坐於束腰八角蓮花座上。束腰處有四力士，肩托仰蓮。後壁刻有蓮花 54 枝，每枝花上坐著一菩薩或供養人，壁頂上浮雕伎樂人，個個婀娜多姿，形象逼真。沿口南壁上還有一座觀音菩薩像，手提淨瓶舉塵尾，體態圓潤豐滿，姿勢優美，十分傳神。

奉先寺是龍門唐代石窟中最大的一個石窟，據碑文記載，此窟開鑿於唐代武則天時期，歷時三年。洞中佛像明顯展現了唐代佛像藝術特點，面形豐肥、兩耳下垂，形態圓滿、安詳、溫存、親切，極為動人。石窟正中盧舍那佛坐像為龍門石窟最大佛像，身高 17.14 公尺，頭高 4 公尺，耳朵長 1.9 公尺，造型豐滿，儀表堂皇，衣紋流暢，具有高度的藝術感染力。盧舍那佛像兩邊還有兩弟子迦葉和阿難，形態溫順虔誠，二菩薩和善開朗。天王手托寶塔，顯得魁梧剛勁。

金剛力士雕像比盧舍那佛像旁的力士像更加動人，是龍門石窟中的珍品，1953 年清理洞窟積土時，在極南洞附近發現的，是被盜鑿而未能運走遺留下的。只見金剛力士兩眼暴突，怒視前方，兩手握拳，胸上、手、腿上的肌肉高高隆起。整座雕像造型粗獷豪放，雄健有力，氣勢逼人。

古陽洞是龍門石窟中開鑿最早，內容最豐富的一座，也是北魏時期的另一代表洞窟。古陽洞中有很多佛龕造像，這些佛龕造像多有題記，記錄了當時造像者的姓名，年月及緣由，這些都是研究北魏書法和雕刻藝術的珍貴資料。還有一個藥方洞，刻有 140 個藥方，反映了中國古代醫學的成就。把一些藥方刻在石碑上或洞窟中，在別的地方也有發現，這是古代醫學成就傳之後世的一個重要方法。

　　龍門石窟還保留有大量的宗教、美術、書法、音樂、服飾、醫藥、建築和中外交通等方面的實物史料。因此，它又是一座大型的石刻藝術博物館。

✝ 文化遺產價值：中國石窟藝術的「里程碑」

　　龍門石窟規模宏大，氣勢磅礴，窟內造像雕刻精湛，內容題材豐富，被譽為世界最偉大的古典藝術寶庫之一。它以自身系統、獨到的雕塑藝術語言，揭示了雕塑藝術創作的各種規律和法則。在它之前的石窟藝術，均保留犍陀羅和馬圖拉藝術的成分，而龍門石窟則遠承印度石窟藝術，近繼雲岡石窟風範，與魏晉洛陽和南朝先進深厚的漢族歷史文化相融合開鑿而成。所以龍門石窟的造像藝術一開始就融入了對本民族審美意識和形式的悟性與強烈追求，使石窟藝術呈現出中國化、世俗化的趨勢，堪稱展現中國石窟藝術變革的「里程碑」。

✝ 皇家風範

　　龍門石窟是北魏、唐代皇家貴族發願造像最集中的地方。皇室貴族擁有雄厚的人力、物力條件，他們所主持開鑿的石窟必然規模龐大，富麗堂皇，匯集當時石窟藝術的精華，因而龍門石窟是十分具有代表性的。這些洞窟的開鑿是皇家意志和行為的展現，具有濃厚的國家宗教色彩，所以龍門石窟的興衰，不僅反映中國 5 ～ 10 世紀皇室崇佛信教的盛衰變化，同時也反映出中國歷史上一些政治風雲的動向，和社會經濟態勢的發展，它的意義是其他石窟所無法比擬的。

✝ 龍門二十品

「龍門二十品」的稱號始自清代，所謂「龍門二十品」是指選自龍門石窟中北魏時期的二十方造像題記，其中十九品在古陽洞，一品在慈香窟。「龍門二十品」是北魏時期書法藝術的精華之作，它所展現的書法藝術，是在漢代隸書和晉代隸書的基礎上發展演化而來的，字體端莊大方、剛健質樸、既具隸書格調，又有楷書因素，是「魏碑」體的代表，在中國書法藝術發展史上具有極為崇高的地位。

在雲南也有一處叫龍門石窟的風景區，不過遠沒有洛陽有名。它位於昆明西山風景區，北起三清閣，南至達天閣，是雲南最大、最精美的道教石窟。「龍門勝景」以「奇、絕、險、幽」為特色，雄居昆明西山眾多的名勝之首，到昆明的遊客都會去遊覽。故有「不耍西山等於不到昆明，不到龍門只是白跑一趟西山」之說。

16　明清故宮

北京故宮，又名紫禁城。它坐落於北京市中心，為明、清兩代的皇宮，是明代皇帝朱棣，以南京宮殿為藍本，從大江南北徵調能工巧匠和役使百萬伕役，歷經 14 年（西元 1407 ～ 1420 年）時間建成的。平面呈長方形，南北長 961 公尺，東西寬 753 公尺，占地面積 72 萬多平方公尺。城牆環繞，周長 3,428 公尺，城牆高 7.9 公尺，底部寬 8.62 公尺，上部寬 6.66 公尺，上部外側築雉堞，內側砌宇牆。城牆四角各有一座結構精巧的角樓。城外有一條寬 52 公尺、長 3,800 公尺的護城河環繞，構成完整的防衛系統。宮城闢有四門，南面有午門，為故宮正門，北有神武門（玄武

門），東面東華門，西為西華門。

在西元 1420～1911 年這 491 年間，從明成祖朱棣到清末代皇帝溥儀，共有 24 位皇帝（明代有 14 位，清代有 10 位）先後居住在這座宮殿內，對全國實行封建統治。宮內有各類殿宇 9,000 多間，都是木結構、黃琉璃瓦頂、青白石底座飾以金碧輝煌的彩畫，建築總面積達 15 萬平方公尺。故宮由外朝與內廷兩部分組成。外朝以太和殿（金鑾殿）、中和殿、保和殿三大殿為中心，東西以文華殿、武英殿為兩翼，是皇帝處理政事、舉行重大慶典的地方。內廷以乾清宮（皇帝臥室）、交泰殿、坤寧殿（皇帝結婚新房）為中心，東西兩翼有東六宮、西六宮（皇紀宮室），輔以養心殿、奉先殿、齋宮、毓慶宮、寧壽宮、慈寧宮以及御花園等，是皇帝平日處理政務及皇帝、皇后、皇太后、妃嬪、皇子、公主居住、禮佛、讀書和遊玩的地方。總體布局為中軸對稱，前三殿、後三宮坐落於全城中軸線上，氣勢雄偉、豪華壯觀，為中國現存最大、最完整的古建築群，也是世界上別具一格，輝煌壯麗，具中國古典風格和東方格調的建築物，也是世界上最大的皇宮。1911 年辛亥革命，推翻了滿清統治，結束了 2,000 多年的封建王朝，但被廢帝溥儀仍居住在故宮後半部分。1912 年將外朝闢為「古物陳列所」。1924 年 11 月 5 日，馮玉祥部將鹿鐘麟把溥儀驅逐出宮。1925 年 10 月 10 日，成立故宮博物院。1948 年將古物陳列所併入故宮博物院。1949 年以後，中國政府對這座古代建築和文物進行了大規模修整，並整理展出大批文物，使其成為一座舉世聞名的古文化藝術博物院。並在西華門內成立第一檔案館，專門從事整理政府和宮廷檔案。

1987 年，故宮正式被聯合國教科文組織作為文化遺產列入《世界遺產名錄》。

✝ 無與倫比的古代建築傑作

故宮的宮殿建築，是中國現存最大、最完整的古建築群。宮殿是沿著一條南北向的中軸線排列，左右對稱，南達永定門，北到鼓樓、鐘樓，貫穿整個紫禁城。規劃嚴整，氣魄宏偉，極為壯觀。無論在平面布局、立體效果以及形式上的雄偉、堂皇、莊嚴、和諧，都屬無與倫比的傑作。它象徵著中國悠久的文化傳統，顯示 500 餘年前中國在建築藝術上的卓越成就。

✝ 珍稀文物的寶庫

故宮博物院的一些宮殿中，設立了綜合性的歷史藝術館、繪畫館、分類的陶瓷館、青銅器館、明清工藝美術館、銘刻館、玩具館、文房四寶館、玩物館、珍寶館、鐘錶館和清代宮廷典章文物展覽等，收藏大量古代藝術珍品，據統計共達 1,052,653 件，占全國文物總數的 1/6，為國內收藏文物最豐富的博物館，也是世界著名的古代文化藝術博物館，其中很多文物是絕無僅有的無價國寶。

✝ 中國古代帝王宮殿建築之瑰寶

故宮古建築群，由朱棣皇帝親自策劃營建。現存規模之大，構造之嚴謹，裝飾之精美，文物之眾多，在中國古建築中絕無僅有，是世界著名的皇宮建築群。

✝ 促進與世界各國文化交流

　　故宮文物分成宮廷原狀和古代藝術兩大陳列體系，先後布置了 51 個原狀陳列，真實性很高，建立十餘個專館，先後舉辦各種展覽數百餘次，赴歐、亞、美、澳、非五大洲展覽數十次，宣傳中國燦爛的古代文化藝術傳統，促進與世界各國的文化交流。

✝ 瀋陽故宮

　　瀋陽故宮始建於西元 1625 年，是清朝入關前清太祖努爾哈赤、清太宗皇太極創建的皇宮，又稱盛京皇宮，清朝入主中原後改為陪都宮殿和皇帝東巡行宮。瀋陽故宮經過多次大規模的修繕，現已闢為瀋陽故宮博物院。北京、瀋陽 2 座故宮構成中國僅存的 2 大完整明清皇宮建築群。

　　瀋陽老城內的大街呈「井」字形，故宮就設在「井」字形大街的中心，占地 6 萬平方公尺，現有古建築 114 座。瀋陽故宮按照建築布局和建造先後，可以分為三個部分：東路為努爾哈赤時期建造的大政殿與十王亭；中路為清太宗時期續建的大中闕，包括大清門、崇政殿、鳳凰樓以及清寧宮、關雎宮、衍慶宮、啟福宮等；西路則是乾隆時期增建的文溯閣等。整座皇宮樓閣林立、殿宇巍峨、雕梁畫棟、富麗堂皇。

　　大政殿是一座八角重簷亭式建築，正門有兩根盤龍柱，以示莊嚴。大政殿用於舉行大典，如皇帝即位，頒布詔書，宣布軍隊出征，迎接將士凱旋等。十王亭則是左右翼王和八旗大臣辦事的地方。這種君臣合署在宮殿辦事的現象，歷史上少見。從建築上看，大政殿也是一個亭子，不過它較大，裝飾比較華麗，因此稱為宮殿。大政殿和成八字形排開的 10 座亭子，其建築格局乃脫胎於少數民族的帳殿。這 11 座亭子，就是 11 座帳篷

的化身。帳篷是可以流動遷移的，而亭子就固定了，顯示滿族文化發展的一個里程。

崇政殿在中路前院正中，俗稱「金鑾殿」，是瀋陽故宮最重要的建築。整座大殿全是木結構，五間九檁硬山式，闢有隔扇門，前後出廊，圍以石雕的欄杆。殿身的廊柱是方形的，望柱下有吐水的螭首，頂蓋黃琉璃瓦鑲綠剪邊；殿柱是圓形的，兩柱間用一條雕刻的整龍連接，龍頭探出簷外，龍尾直入殿中，實用與裝飾完美地結合為一體，增加了殿宇的帝王氣魄。此殿是清太宗日常臨朝處理要務的地方，西元 1636 年，後金改國號為大清的大典就在此舉行。崇政殿北首的鳳凰樓，三層，是當時京城內最高的建築物。

瀋陽故宮博物院不僅是古代宮殿建築群，還以豐富的珍貴收藏而著稱於海內外，故宮內陳列了大量舊皇宮遺留下來的宮廷文物，如努爾哈赤用過的劍等。

17　陝西秦始皇陵及兵馬俑

1974 年陝西省臨潼縣晏寨鄉西陽村的農民在村內掘井時，意外挖到一些奇形怪狀的陶片、身穿盔甲的瓦人與古代兵器。這一發現揭開了 20 世紀中國最壯觀的考古工程式幕，讓震驚中外的秦始皇陵與兵馬俑正式與世人相見。

秦始皇，第一個一統中國的皇帝，歿於西元前 210 年，陵墓位於中國北部陝西省臨潼縣城東 5 公里處的驪山北麓。陵墓建於西元前 246 ～西元前 208 年，是中國歷史上第一個規模龐大、設計完善的帝王陵寢，它的結

構複雜，是仿照始皇生前的都城咸陽的格局而設計建造的。

始皇陵的陵區分為陵園區和從葬區兩部分，陵園占地近 8 平方公里，築有內外兩重夯土城垣，象徵著皇城和宮城。陵塚位於內城南部，呈覆斗形，現高 51 公尺，底邊周長 1,700 餘公尺，地宮就在封土堆下 35 公尺深的地方，其東西邊長 175 公尺，南北邊寬 145 公尺，呈矩形狀。秦皇墓室位於地宮中央，大小相當於一個標準足球場。

始皇陵除了陵園區外，還有相當龐大的從葬區。陵墓四周有 181 座大小、內容、形制各不相同的陪葬坑，主要陪葬坑有兵馬俑坑、文官俑坑、水禽坑及百戲俑坑等，是現今了解 2,000 多年前秦代帝國面貌與生活文化的珍貴文物，歷年來已有 50,000 多件重要歷史文物出土。1980 年發掘出土的一組兩乘大型的彩繪銅車馬 —— 高車和安車，是迄今中國發現體形最大、裝飾最華麗、最完整的古代銅車馬，被譽為「青銅之冠」。

1974 年以來，陸續在陵園以東 1.5 公里處發現從葬兵馬俑坑三處，成品字形排列，面積廣達 20,000 平方公尺以上，出土陶俑 8,000 件、戰車百乘以及數萬件實物兵器等文物。其中一號坑為「右軍」，埋葬著和真人真馬同大的陶俑、陶馬約 6,000 件，象徵由步兵和戰車組成的主體部隊；二號坑為「左軍」，有陶俑、陶馬 1,300 餘件，戰車 89 輛，是一個由步兵、騎兵、戰車等三個兵種混合編組的，也是秦俑坑的精華所在；三號坑有武士俑 68 個、戰車 1 輛、陶馬 4 匹，是統帥地下大軍的指揮部，這個軍陣是秦國軍隊編組的縮影。

✝ 綠面俑

　　中國歷代帝王都十分重視修建死後的陵寢，秦始皇則將葬禮規模推到空前絕後的巔峰。根據史書記載，始皇 13 歲即位後，即開始在陝西臨潼的驪山之麓修建陵園，徵調 70 萬工匠，工期長達 38 年。

　　漢司馬遷在《史記‧秦始皇本紀》中，對秦陵工程及內部構造作了詳盡的記載：「穿三泉，下銅而至椁。宮觀百官奇器珍怪徒藏滿之。令匠作機弩矢，有所穿近者輒射之。以水銀為百川江河大海，機相灌輸，上具天文，下具地理。以人魚膏為燭，度不滅者久之。」

　　秦始皇以水銀象徵江河大海，不僅是為了營造恢宏的自然景觀，在地宮中瀰漫的汞氣體還可使入葬的屍體和陪葬品保持長久不腐爛。而且水銀是劇毒物質，大量吸入可致命，因此地宮中的水銀還可毒死盜墓者。

　　西元前 206 年西楚霸王項羽攻占關中時，火焚秦宮及陵園，火海綿延 300 多里，連兵馬俑也遭劫掠坍塌。由於建物塌陷與人為破壞，當年披堅執銳，氣勢威猛的秦軍將士，待重見天日時，許多早已支離破碎。

　　毫無疑問，如果不是 1974 年被發現，這座考古遺址上的成千件陶俑將依舊沉睡於地下。秦始皇，這個第一個統一中國的皇帝，歿於西元前 210 年，葬於陵墓的中心。在他陵墓的周圍環繞著那些著名的陶俑。結構複雜的秦始皇陵是仿照其生前的都城 —— 咸陽的格局而設計建造的。那些略小於人形的陶俑形態各異，連同他們的戰馬、戰車和武器，成為現實主義的完美傑作，同時也保留了極高的歷史價值。

✝ 遺產價值

秦始皇陵是世界上規模最大、結構最奇特、內涵最豐富的帝王陵墓之一，實際上它是一座豪華的地下宮殿。

秦皇陵兵馬俑的發現在考古史上具有重大影響，可以說是世界第八個奇蹟。秦兵馬俑，無論在數量、品質上，都是世界上所罕見的，它對深入研究西元前 2 世紀秦代的軍事、政治、經濟、文化、科學和藝術等，提供了極為珍貴的實物材料，具有重要的歷史意義。另一方面，秦始皇兵馬俑是以現實生活為題材而塑造的，藝術手法細膩、明快，手勢、臉部表情神態各異，具有鮮明的個性和強烈的時代特徵，顯示出泥塑藝術的頂峰，為中華民族燦爛的古老文化增添光彩，給世界藝術史補充了光輝的一頁，具有很高的藝術價值。

18　甘肅敦煌莫高窟

敦煌莫高窟是甘肅省敦煌市境內的莫高窟、西千佛洞的總稱，是中國著名的四大石窟之一，也是世界上現存規模最宏大，保存最完好的佛教藝術寶庫。

莫高窟位於敦煌市東南 25 公里處，開鑿在鳴沙山東麓斷崖上。南北長約 1,600 多公尺，上下排列五層、高低錯落有致、鱗次櫛比，形如蜂房鴿舍，壯觀異常。它是中國現存規模最大，內容最豐富的古典文化藝術寶庫，也是舉世聞名的佛教藝術中心。1987 年 12 月被聯合國教科文組織列為世界文化遺產。

前秦苻堅建元二年（西元 366 年）有沙門樂尊者行至此處，見鳴沙山

上金光萬道，狀有千佛，於是萌發開鑿之心，後歷建不斷，遂成佛門聖地，號為敦煌莫高窟，俗稱千佛洞。

莫高窟雖然在漫長的歲月中受到大自然的侵襲和人為破壞，至今保留從十六國、北魏、西魏、北周、隋、唐、五代、宋、西夏、元等十個朝代的洞 492 個，壁畫 45,000 多平方公尺，彩塑像 2,000 身，是世界現存佛教藝術最偉大的寶庫。若把壁畫排列，能伸展 30 多公里，是世界上最長、規模最大、內容最豐富的一個畫廊。近幾十年來，國內外學著對敦煌藝術極感興趣，不斷進行研究，形成一個專門學科「敦煌學」。

莫高窟是古建築、雕塑、壁畫三者相結合的藝術宮殿，尤以豐富多彩的壁畫著稱於世。敦煌壁畫容量和內容之豐富，是當今世界上任何宗教石窟、寺院或宮殿都不能媲美的。環顧洞窟的四周和窟頂，到處都畫著佛像、飛天、伎樂、仙女等。有佛經故事畫、經變畫和佛教史蹟畫，也有神怪畫和供養人畫像，還有各式各樣精美的裝飾圖案等。莫高窟的雕塑久享盛名。這裡有高達 33 公尺的坐像，也有 10 幾公分的小菩薩，絕大部分洞窟都保有塑像，數量眾多，堪稱是一座大型雕塑館。

從市區至莫高窟約有 25 公里，汽車行駛約 25 分鐘左右。莫高窟又稱千佛洞，這裡並不是指有一個千佛或 1,000 個洞窟，佛語泛指有許許多多的佛和洞窟。中國四大石窟分別是山西大同的雲崗石窟、河南洛陽的龍門石窟，甘肅天水的麥積山石窟，和敦煌莫高窟。之所以莫高窟的聲譽遠遠超越其他石窟，其原因一是敦煌莫高窟開鑿年代較早，迄今已有 1,638 年的歷史；二是規模宏大，現保存完好的洞窟 492 個，像蜂窩一樣密密麻麻排列著，錯落有致，綿延 1,600 多公尺；三是雕塑，壁畫十分精美，現存彩塑 2,499 身，壁畫 45,000 平方公尺，有人稱敦煌莫高窟既是一大雕塑館，又是一個佛教藝術畫廊。

　　據莫高窟的碑文記載，西元 366 年，有位叫樂尊的僧人雲游到鳴沙山東麓腳下，此時，太陽西下，夕陽照射在對面的三危山上，他舉目觀看，忽然間他看見山頂上金光萬道，彷彿有千萬尊佛在金光中閃爍，又好像香音神在金光中飄舞，一心修行的樂尊被這奇妙的佛光景象感動了，他認為這就是佛光顯現，此地是佛祖的聖地。於是樂尊頂禮膜拜，決心在這裡拜佛修行，便請來工匠，在懸崖峭壁上開鑿了第一個洞窟。此後，佛門弟子、達宮貴人、商賈百姓，善男信女都來這裡捐資開窟，從 4 ～ 14 世紀，1,000 多年的歷史長河中，朝拜者絡繹不絕，香火不斷，經久不衰。

19　明清皇家陵寢：明顯陵

　　明顯陵位於湖北省鍾祥市城東郊的松林山，是明世宗嘉靖皇帝的父親恭壑獻皇帝和母親章聖皇太后的合葬墓，是中國數千年歷史長河中最具特色的一座帝王陵寢。

　　顯陵始建於明正德十四年（1519 年），嘉靖四十五年（1566 年）建成，前後歷時共 47 年，面積 183.13 公頃，整個陵園雙城封建，城長 3,600 餘公尺，牆高 6 公尺，牆體厚 1.8 公尺，紅牆黃瓦、金碧輝煌、蜿蜒起伏於山巒疊嶂之中，雄偉壯觀，是中國歷代帝王陵墓中遺存最為完整的城牆孤品，陵園由內外邏城，前後寶城、方城明樓、棱思殿、陵恩門、神廚、神庫、陵戶、軍戶、神宮監、功德碑樓、新紅門、舊紅門，內外明塘、九曲御河、龍形神道等 30 餘處規模宏大的建築群組成，其布局構思巧奪天工，殿宇樓臺龍飛鳳舞，工藝浮雕精美絕倫、一陵雙塚舉世罕見，是中國古代建築藝術中的瑰寶。

顯陵之奇特主要源於王墓改帝陵而形成的一陵雙塚，舉世無雙的孤例，彌足珍貴。顯陵的墓主朱佑杬，生前為興獻王，死後葬於松林山，明正德十六年武宗駕崩，因其無子嗣，慈壽皇太后與首輔大學士楊廷和遵奉「兄終弟及」之祖訓，遺命「興獻王長子朱厚熜」嗣皇帝位，年號為嘉靖，後朱厚熜為自立體系，用武力平息了長達三年之久的「皇考」之爭，其間廷杖致死 17 人，入獄、奪俸、充軍、戎邊、革職等官員達 115 餘人，從而完成了自己的昭穆體系，這一重大事件，歷史上稱之為「大禮儀」之爭。此後嘉靖皇帝朱厚熜便將其父追尊為恭壑獻皇帝，並將王墓改為帝陵，開始了大規模的改建擴建工程，直至嘉靖駕崩，建設才停止。

顯陵以其獨特的環境風貌、精巧的布局構思、宏大的建築規模、豐富的地下寶藏及其珍貴的歷史價值而受到中國文物專家的高度重視，向聯合國世界遺產委員會申報世界文化遺產，聯合國教科文組織世界文化遺產委員會已投票通過，將中國湖北鍾祥市的明顯陵列入世界文化遺產項目。

顯陵為明睿宗獻皇帝朱佑杬和獻皇后的合葬墓。

朱佑杬是明憲宗朱見深的第四子、明孝宗朱佑樘的異母弟、明武宗朱厚照的叔父。生於 1476 年（成化十二年七月二日），生母為朱見深的宸妃邵氏。1487 年（成化二十三年七月十一日）封為興王，1494 年（弘治七年九月十八日）就藩湖廣安陸州（今鍾祥市）。1519 年（正德十四年六月十七日）薨逝，享年 44 歲。明武宗朱厚照賜諡為「獻」，在松林山選定吉地，按親王規制墳園，翌年四月三日安葬。1521 年（正德十六年三月），明武宗朱厚照無嗣崩殂，根據太祖朱元璋「兄終弟及」的遺訓，襲封為興王不久的朱厚熜，被迎往北京入繼大統，是為明世宗。朱厚熜即帝位後，自立統嗣體系，不顧朝臣反對，追尊生父朱佑杬為皇帝。1521 年（正德十六年十月）推尊朱佑杬為「興獻帝」；1523 年（嘉靖二年）「命興獻帝家廟享

祀樂用八佾」；1524 年（嘉靖三年三月）又加尊為「獻皇帝」，七月獻皇帝
神主奉安於奉先殿東室觀德殿，上尊號「皇考恭穆獻皇帝」，九月改稱孝
宗敬皇帝曰「皇伯考」；1526 年（嘉靖五年九月）「奉安恭穆獻皇帝神主於
世廟；1538 年（嘉靖十七年九月）則追尊廟號為「睿宗」；1548 年（嘉靖
二十七年）恭喜獻皇帝神主供入太廟。

　　朱佑杬被追尊為皇帝後，原有興獻王墳也相應按帝陵規制升級改建。
1523 年（嘉靖二年四月），興獻王墳原覆黑瓦換為黃琉璃瓦，並修築神路
橋等。1524 年（嘉靖三年三月），王墳正式更名為顯陵。同年八月，顯陵
太監楊保邀寵進言「陵殿門牆規模狹小，乞照天壽山諸陵制更造」，被工
部尚書趙璜以「陵制當與山水相稱，恐難概同」為由諫止。然而朱厚熜私
親推尊，於 1527 年（嘉靖六年十二月），「命修顯陵如天壽山七陵之制」，
修葺寶城、寶頂並重建享殿，增建方城明樓、睿功聖德碑樓、大紅門，
並在龍鳳門前的神路兩側，建置瞭望柱和 12 對石像生等，開始大規模的
改建。1531 年（嘉靖十年二月），又將松林山敕封為「純德山」，立碑建
亭。1532 年（嘉靖十一年十月），改建工程告一段落。1538 年（嘉靖十七
年十二月），朱厚熜的生母章聖皇太后病逝，朱厚熜親赴北京昌平天壽
山，在長陵西南的大峪山下卜定吉壤，準備將顯陵北遷，並下命武定侯郭
勛和工部尚書蔣瑤等督工建造新陵，並「欲迎皇考梓宮遷於此」。然而，
從 1524 年（嘉靖三年）以來，顯陵改遷天壽山之議，一直遭到朝臣及章
聖皇太后的反對，使朱厚熜夙存顧忌，從大峪山回宮後，又決定奉母后
棺槨南下合葬顯陵。翌年正月朱厚熜南巡承天府，由於「啟視顯陵玄宮有
水」，他又降諭禮部：「皇考顯陵，昔者建造狹隘，雖嘗增修，猶多未稱。
茲朕躬詣陵下，與諸左右大臣周閱山川，更卜吉兆，重建玄宮，以妥皇
考皇妣神靈於無窮。」駕臨顯陵展謁後，又「騎登陵山，立表於皇考陵寢

之北……命改營焉」。當月，工部左侍郎顧麟等受命督工，按朱厚熜欽定「圖式」興建新的玄宮，並用一座稱為「瑤臺」的高大磚石平臺，將新舊寶城串聯起來，形成明代帝陵中前所未有的特殊格局。1539 年（嘉靖十八年三月），朱厚熜南巡後返京，四月視察大峪山陵寢，並與顯陵風水形勢進行比較後，認定「峪地空淒，豈如純德山完美；決用前議，奉慈駕南祔」。大峪山地宮便空置下來。五月世宗派京山侯崔元護送母后靈柩南祔，七月與朱佑杬合葬在顯陵新玄宮內。1542 年（嘉靖二十一年），改荊州左衛為顯陵衛，以正軍李貌才等 1,200 餘充之。九月，命修顯裬恩殿，遣內宮監太監黃錦，與巡撫湖廣右侍郎陸傑提督工程。此後，顯陵建設繼續進行，1554 年（嘉靖三十三年四月），下命改建享殿，即裬恩殿「如景陵制」。以工部右侍郎盧勛兼都察院右僉都御史提督工程。1556 年（嘉靖三十五年七月），詔修顯陵二紅門左角門、便路及御橋、牆等。擴建工程直到 1559 年（嘉靖三十八年九月）才最後完竣。1566 年（嘉靖四十五年九月），又遣工部左侍郎張守直重修裬恩殿，顯陵的建造才告一段落。

明末，顯陵遭到破壞，據談遷《國榷》記載 1642 年（崇禎十五年十二月）「李自成至承天。……攻顯陵，焚享殿」，地面建築木構部分毀壞。

清代，顯陵在地方官員的干預下，得到了一定的保護。顯陵現存一咸豐年間的石碑，記載著地方官員要求鄉里保護顯陵的告示。

20　高句麗王城、王陵及貴族墓葬

位於吉林省集安市的高句麗王城、王陵和貴族墓葬及墓室壁畫，是已被歷史長河湮沒的高句麗所創造的輝煌文明經典。

搭火車穿過老嶺的盤山隧道，長白山麓、鴨綠江畔的邊境小城集安就映入眼簾。從車窗遠遠望去，龍山腳下聳立著巨大的金字塔形階梯式古墓。在集安搭公車就抵達高句麗王城遺址。

✝ 國內城和丸都山城

高句麗王城由平原城與山城相互依附，共為都城，包括國內城和丸都山城（始名尉那岩城）。這是高句麗早中期（西元 1 ～ 5 世紀）的都城，也是高句麗政權延續使用時間最長的都城。

國內城是為數不多、地表保有石築城牆的平原城類型都城址，保存下來的城牆依然堅實牢固而又不失美觀莊嚴，都城風範猶存。丸都山城位於向西低矮傾斜的山麓，布局因山形走勢而巧妙構思、合理規劃，完美實現自然風貌與人類創造的渾然一體。透過考古發掘呈現的宮殿址遺跡，仍可顯示原有建築的恢弘氣勢。建築群中發掘出對稱結構的 2 處八角形遺址，中國史學界認為鑑於寺廟等處經常出現八角形建築，可能是舉行祭祀和儀禮的場所。在東北亞地區中世紀時代城址中，國內城與丸都山城是都城建築的傑作。

✝ 壁畫精美的古墓群

高句麗王城外，在群山環抱的洞溝平原上，現存近 7,000 座高句麗時代墓葬，堪稱東北亞地區古墓群之冠。洞溝古墓群的許多墓室裡，繪有線條飄逸流暢、內容豐富並具有傳奇神話色彩的精美壁畫，距今雖已 1,000 餘年，仍色彩鮮豔。著名的壁畫墓有角抵墓、舞踊墓、三寶墓、四神墓、五盔墳等。洞溝古墓群中以將軍墳、太王陵為代表的 14 座大型高句麗王

陵及大量的王室貴族壁畫墓，不僅從不同側面反映高句麗的歷史發展進程，也是高句麗留給人類彌足珍貴的文化、藝術瑰寶。

✝「東方金字塔」

集安城東北 4 公里龍山腳下、懸崖上的將軍墳，據考為 20 代王長壽王陵，是最具代表性的大型高句麗王陵，造形頗似古埃及法老的陵墓，被譽為「東方金字塔」。將軍墳墓基長 31 公尺，高 12 公尺，墓體呈方錐形，共有 7 級階梯，全部採用精琢的巨型花崗岩石條砌築而成，墓室頂部用面積約 50 多平方公尺的整塊巨石覆蓋。墓室內並排置放兩個石棺床。在墳的頂端，四邊條石上，留有排列整齊的圓洞，墓頂的積土中，有板瓦、蓮紋瓦當和鐵鉤一類構件，可以看出是亭閣建築的遺跡，這與北方古代其他少數民族的喪葬習俗極為吻合。墓體建築雄偉，造型明快莊嚴，是高句麗建築技藝、藝術成就所達高度的一個縮影。將軍墳後面原有四座式樣相同的陪葬墓，規模小得多，現僅存一座。

✝「東方第一碑」

將軍墳的墓道朝向不遠處的太王陵。太王陵的東側矗立著被稱為「東方第一碑」的好太王碑，是長壽王為紀念第 19 代王永樂太王而建。碑石由一塊方柱形巨石修琢而成，高 6 公尺多，四面環刻文字共 1,775 個，字體介於隸書與楷書。漢字鐫刻的碑文記述好太王一生的功績，和有關高句麗起源及建立政權的傳說，是高句麗保存至今最長的一篇實物文字資料。

高句麗王城、王陵及貴族墓葬與長白山的奇麗風光，組成獨具魅力的吉林區觀。

21 北京頤和園

　　由東門內進入仁壽門，迎面一座石峰為屏，石峰後便是九開間的仁壽殿，這是頤和園內政治活動區的中心所在。清乾隆時（1736～1795 年）名勤政殿，光緒時（1875～1908 年）重建，改今名，是慈禧、光緒坐朝聽政的大殿。仁壽殿也是慈禧作壽時舉行筵宴的場所，一般在此殿舉行四次筵宴，排場壯觀、禮節繁複，在人力物力上的耗費更是舉世無雙，清漪園為一組四通八達穿堂殿，原是乾隆帝遊園休憩之所，光緒十八年重建後，成為光緒帝的寢宮。正殿即玉瀾堂，有東、西配殿，東名霞芬室，西稱藕香榭。光緒二十四年（1898 年）戊戌變法失敗後，慈禧曾幽禁光緒於此。

　　德和園位於仁壽殿北，主要由頤樂殿和大戲樓組成，是專供慈禧看戲的地方。慈禧是個戲迷，每年正月 15 日元宵節、5 月 5 日端午節、7 月 15 日中元節、8 月 15 日中秋節、10 月 10 日慈禧生日，都要在此園唱戲三天，以示慶賀。大戲樓建於光緒十七年（1891 年），是當時國內最大的戲樓，面對頤樂殿，翹角重簷三層，高 21 公尺，底層舞臺寬 17 公尺。三層舞臺之間均有地井通連，可表現生仙、下凡、入地諸情節。底層舞臺地下室有水井水池，可從臺底下噴射水景。南部相連的兩層扮戲樓是規模巨大的後臺。清末著名的京劇演員譚鑫培、楊小樓等都在這裡為慈禧演過戲，頤樂殿北五間殿房是慈禧看戲時休息和吸鴉片的地方。

　　樂壽堂位於德和園西，西臨昆明湖，題額「水木自親」。「樂壽堂」黑底金字匾額為光緒帝手書，堂前有慈禧乘船的碼頭。堂內西內間為慈禧的寢宮，東內間為更衣室，正廳設有寶座、御案、掌扇、屏風等，東西配殿是日夜侍候她的女官、宮女的值班室。後殿則是她存放衣服和裝飾品之處。樂壽堂庭院中植玉蘭、西府海棠、牡丹等花木，取「玉堂富貴」之

意，其中尤以玉蘭最為名貴，後院有一紫玉蘭——辛夷，更是罕見的珍品。這些花木是乾隆從江南移植來的，已有 200 多年歷史，正殿階上左右分列銅鹿、銅鶴、銅瓶等六種物件，表示「六合太平」之意。

　　長廊是循萬壽山南麓沿昆明湖北岸構築的一條蜿蜒曲折的廊道。它東起邀月門，西迄石太亭，中穿排雲門，兩側對稱點綴留佳、寄瀾、秋水、清遙四座重簷八角攢尖亭，象徵春夏秋冬四季，既有點景作用，又在一定距離倚襯和支撐著長廊。長廊長 728 公尺，共 273 間，是中國園林中最長的廊道，它像一條錦帶把前山各組建築連為一體，在山水之間蜿蜒而行，發揮攜領湖山的作用。沿廊而行，廊外景物隨步而移，令人目不暇接。廊內每根梁坊上都繪有精美傳統彩畫，共有風景、人物、山水、花鳥畫14,000 多幅，絢麗斑斕，內容豐富，因而長廊又有畫廊的美稱。當年乾隆和慈禧派人到西湖寫實，然後將其移繪到長廊舵上，如今長廊自邀月門內第一幅彩畫「西湖全景」起，凡迎面橫梁上前後皆繪有不同的西湖風景。廊內外枋上千餘幅半圓形畫面則繪山水、花鳥、人物等，其中人物故事上涉遠古三皇五帝，下及清朝王公大臣，跨 5,000 年之久。欣賞這些彩畫，就如同翻閱一部紀錄滄海桑田的歷史巨著，一幅包羅萬象的風情畫卷。

　　清宴舫位於長廊西端石丈亭旁，長 36 公尺，兩層，全用巨石雕砌而成。2 層艙樓是木結構，但都飾成大理石紋樣。該舫造於乾隆二十年（1755年），其前身是明朝圓靜寺的放生臺，改舫後每年四月八「浴佛日」，乾隆陪其生母孝聖皇太后至此放生。清宴舫中原中式艙樓在英法聯軍燒毀，光緒十九年（1893 年）改建成洋式舫樓，是慈禧飲酒作樂的場所。

　　萬壽山原名金山、甕山，屬燕山餘脈，海拔 108.94 公尺，氣勢雄偉，以佛香閣為中心，組成巨大的主體建築群，巍峨壯觀，雍容華貴。從山腳的「雲輝玉宇」牌樓，經排雲門、二宮門、排雲殿、德輝殿、佛香閣，直

至山頂的智慧海，形成一條層層上升的中軸線。東側有「轉輪藏」和「萬壽山昆明湖」石碑，西側有五方閣和銅鑄的寶雲閣。後山丘壑起伏，幽靜深邃，富於山林野趣。在大片蓊鬱的叢林中，掩映著宏麗的藏傳佛教建築四大部洲和五彩琉璃寶塔。山上還有景福閣、重翠亭、寫秋軒、聽鸝館、畫中游等樓臺亭閣。登臨山頂，可俯瞰昆明湖景色。

　　排雲殿位於頤和園萬壽山前山中部，專為慈禧祝壽而建。「排雲」語出晉郭璞〈遊仙寺〉中「神仙排雲出」之句，以喻慈禧自比神仙，企求長生不老之意。排雲殿依山而築，黃瓦玉階，是全園最富麗的建築，殿前有排雲門、二宮門，兩邊分列紫霄、玉華、芳輝、雲錦四配殿。排雲門與二宮門之間有長方形蓮池，上架金水橋。進二宮門即至排雲殿，正殿左右兩側有耳殿。中間有復道相連，橫列共 21 間。慈禧曾在此殿舉行多次「萬壽慶典」。殿中陳設的九龍寶座和沉香木大壽字，以及用臺灣產的烏木製成的屏風等，就是慈禧 70 大壽時臣僕們送的壽禮。如今排雲殿仍保留當年慈禧受賀的陳設，以及隔扇門等使用萬字不到頭的花樣，以喻長壽。

　　佛香閣位於萬壽山前山，建在一座 21 公尺高的石砌臺基上，加上閣自身的高度 41 公尺，高出了萬壽山頂，成為全園的中心制高點。佛香閣八面三層四重簷，頂為黃琉璃銅瓦綠剪邊，以八根大鐵梨木為擎天柱，內供接印佛三尊，整個建築結構繁複，巍峨莊嚴。清乾隆時在此築九層延壽塔，至第八層「奉旨停修」，改建佛香閣。咸豐十年（1860 年）被英法聯軍燒毀，光緒十七年（1891 年）重建，光緒二十年（1894 年）完工，耗銀 78 萬餘兩，是頤和園裡最大的工程項目。

　　智慧海位於萬壽山頂，取佛教頌揚佛的智慧如海的意思，是一座無梁佛殿，由縱橫相間的拱券結構組成。外表飾以五色琉璃磚，色彩絢麗，圖案精美，尤以嵌於殿外壁面的 1,000 餘尊琉璃佛更具特色。殿內供無量壽

佛。聽鸝館在萬壽山前山西部，原是清漪園內的一座小戲樓，是皇帝欣賞音樂和戲曲的地方，光緒十八年（1892 年）重建。現為餐廳，裡面桌椅陳設和菜餚都具有宮廷色彩風味。

萬壽山山脊以北俗稱後山，山下有後湖，景區以清幽和宗教色彩見勝。四大部洲是一組布達拉（Potalaka）宮式建築，建於清乾隆年間。由東勝身洲、南贍部洲、西牛貨洲、北俱盧洲四大部洲和八小部洲、日臺、月臺及紅、綠、黑、白四座梵塔，共 18 座建築組成。中心為象徵須彌山的佛殿香岩宗印之閣。咸豐十年（1860 年）毀於英法聯軍。清光緒時曾局部修整，近年大加修復，再現乾隆年代規模。

昆明湖面臨萬壽山前山，面積 220 多公頃，曾是天然湖泊，元朝定都北京後，引水注入湖中，遂成為大都城內接濟漕運的水庫。明代湖中多植茶花，湖旁築寺院、亭臺樓榭，酷似江南西湖，遂有「西湖」之譽。清乾隆建清漪園，將湖開拓成為現在的規模，並取名「昆明湖」。昆明湖被長堤分隔為三部分，每一部分都有島嶼。位於湖東南部的南湖島最大，占地 1 公頃多，又稱蓬萊島，島上有龍王廟、鑑遠堂、涵虛堂、月波樓等。南湖島與東堤之間有十七孔橋連接，橋長 150 公尺，寬 8 公尺，橋身若長虹臥波，橋下有 17 個大小不一的孔洞。南湖島十七孔橋與橋頭八方亭建築構成巨龜之形，以象徵長壽。

22　京杭大運河

京杭大運河北起通州，南至杭州，貫通於 1292 年，連接了北京、天津、河北、山東、江蘇、浙江六省市，連通了海河、黃河、淮河、長江、

錢塘江五大水系，全長 1,700 多公里。這條世界上最長的人工河，也是中國唯一南北走向的長河。

肇始於春秋時期，完成於隋代，繁榮於唐宋，取直於元代，疏通於明清，為人類改造自然的一項壯舉，大運河綿延千里、縱貫南北的水系，構成獨特的自然風情，沿岸幾十座城市的人文景觀和民俗風韻，也大多有意境別具的高品位文化。

然而，大運河獨有的文化特色，在現代文明和過度開發的衝擊下，正在迅速流失。

運河兩岸的許多古蹟大多已不復存在，取而代之的是建設中的橋東運河文化廣場、運河博物館和地下商城，以往淺吟低唱船歌、打魚運貨的運河人家杳無蹤跡，取而代之的是冒著黑煙轟轟而過的機動船舶。

歷史上，滄州段運河一直是條豐水河。在當地老人的記憶中，運河水深還有 67 公尺，能行 20 多公尺長的大船。1960 ～ 70 年代，運河的水還經常滿槽，「可現在，這些河流淌的是醬油色的汙水，嚴重缺水使滄州段運河成了『乾河』」。

今天，濟寧以南的河段（即魯、蘇、浙 3 省），儘管依然發揮部分交通運輸功能，但由於其他現代交通運輸方式的快速發展，加上河水不足，其載運能力已大大下降。許多河段，河水發黑，散發著難聞的氣味。

「失去運輸功能的大運河，其運河的本義也就不得不大打折扣。」北京大學景觀設計學研究院院長如此斷言。

專家介紹，目前大運河已不能全程通航，其中全年通航里程僅為 877 公里，季節性通航里程也只有 1,100 公里。運河的斷流停航和廢棄，城市的大規模改造，運河沿岸的歷史文脈已變得漫漶不清，古橋縱橫、河埠林立、古屋比鄰、商鋪連綿、巷弄穿錯的運河風光，已經或即將成為記憶。

　　「作為文化遺產，大運河的真實性和完整性有消亡的危險。」不少專家對此憂心忡忡，他們認為，大運河以其深厚的歷史文化內涵，不失為一條「古代文化長廊」、「古代科技庫」、「名勝博物館」和「民俗陳列室」，是研究中國古代政治、經濟、文化、社會等方面的絕佳實物資料。如不及早啟動保護工作，運河的歷史文化、遺跡和自然風光等將迅速消亡。

　　不僅如此，大運河還創下多項傲視寰宇的紀錄：論長度，它比巴拿馬運河長 21 倍，比蘇伊士運河長 10 倍，比有「運河之王」之稱的土庫曼運河長 400 多公里；論開鑿年代，這條運河比巴拿馬運河、蘇伊士運河早得多。

　　然而，同樣是古代水利工程，羅馬城內的 13 條古羅馬水道，最長不過 90 多公里，均是義大利國家重點文物保護單位。西班牙塞哥維亞至今仍在使用的「羅馬大渡槽」，建於西元前 1 世紀，長僅 813 公尺，早在 1985 年即被列入世界文化遺產名錄。

　　目前，大運河作為航運水道，一直由中國各地水運部門或交通部門分段管理，有關專家認為，其必然的結果是，重經濟效益而輕歷史文化，根本不可能從整體上關注沿線的文化遺存。

　　在資源利用上，人們只注意「黃金水道」內河貨運量的增長與否，很少去關心運河文化對環境生態、旅遊景點、風土建築等方面的影響，不注重對文化資源的開發利用，致使未將運輸體系的利用和文化資源的保護齊舉並重，沒有樹立長遠策略眼光來推動大運河文化帶的建設。

　　專家認為，要扭轉運河的這個趨勢，需要借助世界遺產的申報，儘管運河保護的現狀不盡如人意，但在有識之士提出運河申遺課題前，許多城市就已著眼於保護運河沿岸的歷史文化遺存。

　　「保護和發展可以並存。」世界遺產研究專家也認為，運河從春秋戰

國時開始流淌，到隋煬帝時期，後來又到元代，經過了幾次大的修整。保護並不是僅保護春秋戰國時期的運河，或是隋煬帝時候的運河、元代的運河，需要保護的是歷史遺留下來的東西，這種保護，也是可持續發展的保護。

「申遺」不是最終目的，更重要的是 —— 透過申遺這個契機，喚醒社會重視文化遺產的保護，也讓大運河千年文化得以流傳明天。

23　周口店北京猿人遺址

周口店「北京人」遺址位於北京市西南 48 公里房山區周口店村的龍骨山。這裡地處山區和平原交接處，東南為華北大平原，西北為山地。周口店附近的山地多為石灰岩，在水力作用下，形成許多大小不等的天然洞穴。山上有一東西長約 140 公尺的天然洞穴，俗稱「猿人洞」。1929 年在此洞中首次發現古代人類遺存後，被稱「周口店第一地點」。

周口店遺址區是中國華北地區重要的舊石器時代遺址，其中最為著名的是周口店第一地點——即「北京人」遺址。這一遺址是 1921 年由瑞典學者安特生首先發現的，周口店最早發現的地點是第六地點，是瑞典科學家安特生於 1918 年發現的。1921 年安特生、美國古生物學家格蘭階、奧地利古生物學家斯丹斯基，發現了周口店第一地點，同年發現了周口店第二地點。1927 年步達生將周口店發現的三枚人的牙齒正式命名為中國猿人北京種，這一年周口店正式遺址開始發掘，中國地質學家李捷參與發掘工作，並發現了周口店第 3 和第 4 地點，瑞典古生物學家步林也是新地點的發現者。1929 年裴文中發現了第 5、7、8 地點，找到了「北京人」第一個

頭蓋骨，轟動了世界。同年將已發現的地點，以「北京人」遺址為第一地點，其餘的依序編號至第 9 地點。在 20 號地點以前，包括山頂洞，是在裴文中領導或賈蘭坡領導下發現的。第 20 至 24 地點是在賈蘭坡領導下找到的。

周口店遺址歷經 80 餘年時斷時續的發掘，科考工作目前仍在進行中。第一地點現已發掘了 40 多公尺，但還不到洞內堆積的一半。「北京人」化石從第 11 層至第 3 層均有發現，共出土骨頭 6 具、頭骨碎片 12 件、下顎骨 15 件、牙齒 157 枚、股骨 7 件、脛骨 1 件、肱骨 3 件、鎖骨和月骨各 1 件，以及一些頭骨和面骨破片。這些「北京人」遺骨分屬 40 多個個體。但絕大多數人化石，在珍珠港事變前後，下落不明。現存第一地點的人化石，保存在中國的有 7 枚牙齒、1 段肱骨、脛骨 1 段、頂骨和枕骨各 1 件，以及一具保存完好的下顎骨；1927 年以前發現的 3 枚牙齒則在瑞典，由早期周口店工作的步林保管。在周口店北京人遺址出土的猿人化石、石製品、哺乳動物化石種類數量之多，以及用火遺跡之豐富，都是同時代其他遺址所無法相比的。

在周口店第一地點發現用火遺跡，把人類用火的歷史提前了幾十萬年。遺址中發現有 5 個灰燼層、3 處灰堆遺存以及大量的燒骨，灰燼層最厚處可達 6 公尺。這些遺跡表明北京人不僅懂得用火，而且會保存火種。

遺址中還出土了數以萬計的石製品，石器是「北京人」文化的主要代表，「北京人」創造了三種不同的打片方法，主要用砸擊法，生產出長 20 ～ 30 毫米的小石片；常見長度為 20 ～ 40 毫米；工具分兩大類，第一類包括錘擊石錘、砸擊石錘和石鑽，第二類有刮削器、尖狀器、砍砸器、雕刻器、石錐和球形器。原料均來自遺址附近，石製品多為小型器，器型種類繁多，早期石器較粗大，砍砸器居重要地位；中期石器形制變小，尖

刃器發展迅速；晚期石器更趨小型化，石錐是這時期特有的石器。

　　根據對文化沉積物的研究，北京人生活在距今 70 萬～ 20 萬年之間。北京人的平均腦量達 1,088 毫升（現代人腦量為 1,400），據推算，北京人身高為 156 公分（男）、150 公分（女）。北京人屬石器時代，加工石器的方法主要為錘擊法，其次為砸擊法，偶見砧擊法，並能捕獵大型動物。北京人的壽命較短，據統計，68.2% 死於 14 歲前，超過 50 歲的不足 4.5%。其早期為距今 70 ～ 40 萬年；中期為距今 40 ～ 30 萬年；晚期為距今 30 ～ 20 萬年。北京人是屬於從古猿進化到智人中間環節的原始人類，這一發現在生物學、歷史學和人類發展史研究上有極其重要的價值。

✝ 揭開人類歷史的序幕

　　早在舊石器時代初期，「北京人」已懂得選取岩石，製作石器，用它作為武器或原始的生產工具，在與大自然進行鬥爭中，改造自己，表明「北京人」已經學會使用原始的工具從事勞動，這是人和猿的根本區別所在。

✝ 把人類用火的歷史又提前了幾十萬年

　　在「北京人」居住過的洞穴裡，發現厚度達 4 ～ 6 公尺、色彩鮮豔的灰燼，表明「北京人」已懂得使用火、支配火、學會保存火種的方法，是人類由動物界跨入文明世界的重要里程碑。

✝ 為研究北京生態環境變遷史提供依據

透過對「北京人」及其周圍自然環境的研究，表明 50 萬年前北京的地質地貌與現在基本相似，在丘陵山地上有茂密的森林群落，其中棲息著種類豐富的動物種群。但也曾出現面積廣闊的草原和沙漠，其中有鴕鳥和駱駝棲息的遺跡，表明在這段漫長的歲月裡，北京曾出現過溫暖、溼潤和寒冷、乾燥的氣候狀況。

北京人及其文化的發現與研究，解決了 19 世紀爪哇人發現以來，圍繞科學界近半個世紀的「直立人究竟是猿還是人」的爭論。事實表明，在人類歷史的黎明時代，從體質形態，文化性質，到讓會組織等方面，的確有過「直立人」階段，他們是「南猿」的後代，也是以後出現的「智人」祖先。「直立人」處於從猿到人進化序列中重要的中間環節。到目前為止，「直立人」的典型形態仍然是以周口店北京人為準則，周口店遺址依然是世界同期古人類遺址中，資料最豐富、最系統、最有價值的一個。周口店遺址是當之無愧的人類遠古文化寶庫。

未曾謀面的古文明：

史前墓葬挖掘 × 傳說失落寶藏 × 海底考古遺跡……沉睡數千年的神祕古文明，重新建構歷史的奇景！

作　　者：陳深名，王龍，文海模
發 行 人：黃振庭
出 版 者：崧燁文化事業有限公司
發 行 者：崧燁文化事業有限公司
E-mail：sonbookservice@gmail.com
粉 絲 頁：https://www.facebook.com/
　　　　　sonbookss/
網　　址：https://sonbook.net/
地　　址：台北市中正區重慶南路一段六十一號八
　　　　　樓 815 室
Rm. 815, 8F., No.61, Sec. 1, Chongqing S. Rd.,
Zhongzheng Dist., Taipei City 100, Taiwan

電　　話：(02)2370-3310
傳　　真：(02)2388-1990
印　　刷：京峯數位服務有限公司
律師顧問：廣華律師事務所 張珮琦律師

定　　價：350 元
發行日期：2023 年 07 月第一版
◎本書以 POD 印製

國家圖書館出版品預行編目資料

未曾謀面的古文明：史前墓葬挖
掘 × 傳說失落寶藏 × 海底考古
遺跡……沉睡數千年的神祕古文
明，重新建構歷史的奇景！/ 陳深
名，王龍，文海模著 .-- 第一版 .--
臺北市：崧燁文化事業有限公司，
2023.07
面；　公分
POD 版
ISBN 978-626-357-438-0(平裝)
1.CST: 文 明 史 2.CST: 古 代 史
3.CST: 世界史
713.1　　112008739

電子書購買

臉書